개정 누리과정을 적용한

유아교과교육론

임 은 미

창지사

머 · 리 · 말

제4차 산업혁명 시대가 눈앞에 다가오면서 인공지능, 빅데이터, 로봇과 사물인터넷은 우리 일상생활의 근접한 곳까지 스며들고 있다. 또한, 2019 개정 누리과정이 발표되고 현장에 적용되면서 유아교과교육을 어떻게 적용해야 할지에 대한 여러 가지 질문이 생겨나고 있다. 유아의 놀이 중심으로 이루어진다면 활동교육계획안이나 활동유형의 수업은 지양해야 하는지, 교육계획안의 형태가 완전 자율적으로 이루어질 수 있다면 교생실습 때 수업은 어떻게 해야 할지 등 학생들의 다양한 질문을 받으면서 본서를 통해 교사가 갖추어야 할 수업 역량의 함양을 지원하고 교사의 수업이 개정 누리과정에서 지향하는 놀이와 어떻게 연결되어야 할지를 고민해 보고자 하였다.

유치원 2급 정교사 자격증 취득을 위한 필수교과목 중 교과교육과목으로는 '유아교과교육론', '유아교과교재연구및지도법', '유아교과논리및논술' 세 가지가 있다. 그중 '유아교과교육론' 과목을 가르치기 위해 필요한 교재로서 본서를 서술하게 되었다. 유아교육에서 교과교육이란 다른 학령기와 달리 각 교과를 활동유형으로 연계하여 하루의 일과 안에서 운영하게 된다. 2019 개정 누리과정이 발표되고 현장에 적용되면서 놀이의 중요성이 강조되고 있지만, 유아의 놀이를 지원하기 위한 교사의 수업은 여전히 중요하다. 이에 유아교육기관에서 하루 일과를 구성하는 놀이, 활동, 일상생활 중 활동이라는 영역에 해당하는 측면을 교사의 수업 역량으로 연결하여 설명하고자 하였다.

본서는 지난 7년여 기간 동안 사범대학 유아교육과에서 유아교과교육론을 강의하면서 쌓아 온 관련 분야 경험을 개정 누리과정이라는 틀에 기반하여 담아 보았다. 다른 학령기에서 교과교육이 국어, 영어, 수학, 사회, 과학 등의 분절된 교과의 내용으로 이루어진다면, 유아교육에서는 유아언어교육, 유아수학교육, 유아과학교육, 유아사회교육, 유아동작교육 등의 다양한 교과가 분절되지 않고 유아의 놀이를 중심으로 활동유형의 형태를 입어 통합적으로 이루어진다. 유아교육에서 활동유형이란, 이야기 나누기, 동화 감상, 동화 짓기, 동시 감상, 동시 짓기, 동극, 새노래 배우기, 음악 감상, 창의적 신체표현, 구조적 신체표현, 조형 활동, 미술 감상, 요리, 과학 활동, 게임의 형태로 이루어지는 수업을 말한다. 따라서 유아 교사라면 이러한 활동유형별 수업을 계획 · 실행 · 평가할 수 있는 역량을 갖추어야 하며, 개정 누리과정에 따르면, 유아의 놀이를 더욱 심화하고 확장하기 위한 놀이지원의 방식으로 계획된 활동유형의 수업이 이루어져야 하는 것이다.

그러나 본서가 '각 활동유형별 수업은 이렇게 진행되어야 한다'는 것을 규정하고자 하지는 않는다. 본서에서 각 활동유형의 가장 기본적이고 원론적인 수업을 소개하고 있는 것일 뿐, 유아교육을 전공하는 학생들은 이 기본 수업방식을 익힌 후 유치원 현장에 진출하여 교사로서의 경력을 쌓아 가면서 나름대로의 노하우가 쌓이면 수업을 다양한 방식으로 변형하고 창의적으로 설계하여 개발하고 적용하는 도전을 끊임없이 시도하기 바란다. 본래 기본을 탄탄히 알아야 그 바탕 위에 창의적인 시도가 더해질 수 있기 때문에 유아교육 전공생에게 그 기본기를 안내하기 위한 설계도로서의 내용까지만 포함한 것이다. 이를 기반으로 여러분의 특별하고 훌륭한 수업이 앞으로 계속 설계 · 개발 및 적용되고 평가를 통해 개선되어 다시 선순환될 수 있기를 응원한다.

이를 위해 본서는 제1장에서 교과의 의미, 교과교육의 의미, 그리고 유아교육에서 교과교육의 의미를 살펴본 후, 제2장부터 제13장까지 각 활동유형별 교과교육의 목표, 내용, 방법 및 평가를 담았다. 또한, 제14장과 제15장에서는 바깥놀이와 현장체험을 포함하여 유아 교사의 수업 역량 함양에 필요한 내용을 최대한 충실하게 담고자 하였다. 본서는 대학의 15주 차 강의에 맞추어 진행할 수 있도록 구성하였으므로 유아교육기관에서의 수업 역량 함양과 수업 장학 등을 위해 교육적으로 유의미하게 참고될 수 있기를 기대한다.

본서를 집필하면서, 유아교육을 전공하였기 때문에 경험할 수 있었던 구성주의에 대한 생각과 교육적 적용을 체험할 수 있었던 것에 깊이 감사하는 마음을 갖게 되었다. 그리고 아직도 진행형이지만, 수많은 교육 이론가들과 유아교육 분야의 스승과 멘토들을 통해 배울 수 있었던 유아교육이라는 학문을 비로소 오묘한 내면 깊은 곳에서 온전히 완성할 수 있도록 가르쳐 준 사랑하는 진용, 민용, 서연에게 눈부시게 소중하고 가슴 깊이 사랑한다고 말해 주고 싶다.

2022년 1월

임은미

차 · 례

CHAPTER 01

유아교과교육의 이해

1. 교과교육의 개념

1) 교과의 개념

교과(Subject Matter)란, 교육에서 추구하는 인간상을 형성하기 위해 시대와 사회의 가치와 철학에 적합하며 학문적 본질에 기초하여 학습자의 발달에 적합하도록 비슷한 내용끼리 유목화하여 조직한 학문의 기본 단위라고 할 수 있다. 즉, 학교교육에서 가르칠 내용을 하나의 단위로 묶어 놓은 것을 교과라고 하며, 학습자가 배워야 할 교육내용은 지식, 기술, 태도 및 가치로 이루어지는데 학교교육이 시작되면서 학습자가 성장하여 이 사회에서 그 역할을 잘 감당하기 위해 꼭 알아야 할 지식은 무엇인지, 사회인으로 살아가기 위해 필요한 기술은 어떤 것들인지, 그리고 살기 좋은 사회를 만들기 위해서는 어떠한 태도와 가치를 가진 인간으로 성장해야 하는지를 선정하고 정리하여 조직한 것이라고 할 수 있다.

최초의 교과는 고대 그리스 로마시대 귀족인 자유인들의 교양과정으로 편성되었던 자유7과(seven liberal arts)로, 문법, 수사학, 논리, 산술, 기하, 천문, 음악이 있었다. 당시 이러한 교과들은 학문적인 논리 체계를 갖추고 있었으나 시대가 흐르면서 사회에서 필요로 하는 교과도 변모하였다. 르네상스 시대에는 그리스어나 라틴어로 쓰인 고전 연구가 중심이 되어 문학, 역사, 철학, 종교 등 인문학 중심의 학문 본질에 충실한 형태의 교과가 주를 이루었다. 이것이 17세기 이후 실학주의나 자연주의의 영향으로 코메니우스(Comenius)와 루소(Rousseau)에 의해 감각 경험의 중요성이 강조되면서 실생활에 필요한 실용학문, 기술교육이 중요한 교과가 되었다. 이것은 19세기 산업혁명으로 인해 학교교육은 산업사회에서 필요로 하는 실제적인 지식을 가르치고 졸업 후 직업현장에 투입되어 곧바로 일할 수 있는 방직, 공작, 사회적인 일 등이 교과의 중심이 되었다가, 20세기 초 듀이(Dewey)를 중심으로 한 진보주의 교육운동의 영향을 받아서 직업 기술 등의 교과가 추가되었다. 현대에는 국어, 사회, 수학, 과학, 미술, 가정, 체육, 음악, 외국어, 윤리, 도덕 등 전통적인 교과와 동시에 컴퓨터, 코딩 등 첨단 기술 관련 교과가 포함된다.

즉, 교과는 각각의 학령기별 교육과정을 기반으로 교육목적을 달성하기 위해 교육하고자 하는 교육내용을 유사한 것들끼리 묶어 놓은 것으로, 초 · 중 · 고등학교 시간표에 작성되어 있는 국어, 영어, 수학 등을 교과라고 한다. 따라서 한 주간의 시간표에 담겨 있는 각 교과의 시수를 보면 해당 학교교육기관이 중점을 두고 있는 교과목이 무엇인지, 어떠한 학문을 중시하는지 알 수 있다.

2) 교과교육의 개념

지금까지 교과에 대해 살펴보았다. 교과교육이란, 교과와 교육이라는 두 용어의 합성어로서 교과를 교육하는 것, 다시 말해 '교과를 학습자에게 경험하고 배울 수 있도록 하는 것'이라고 할 수 있다. 각 교과의 기초 개념과 원리를 잘 이해하고 그 지식을 바탕으로 교과를 학습자에게 어떻게 잘 가르칠 수 있는지 탐구하는 것이 바로 교과교육이다. 교육학은 일반교육학 영역과 교과교육학 영역으로 구분할 수 있다. 일반교육학은 교육사, 교육철학, 교육방법및교육공학, 교육과정, 교육평가 등 교육학의 일반에 관한 것을 의미하고, 교과교육학은 교과교육론, 교과교재연구및지도법, 교과논리및논술 등 학문 주제에 대한 교육적 의미 안에서 교과를 재해석하고 그 방법적 측면을 연구하는 학문이라고 할 수 있다.

교육자는 가르치고자 하는 교과내용에 대한 전문적인 지식이 충분하게 있어야 하지만 잘 안다고 해서 잘 가르치는 것은 아니다. 즉, 해당 교과내용을 학습자에게 어떻게 효과적으로 잘 가르칠 것인가에 대한 앎도 있어야 한다. 따라서 교과교육은 각 교과의 목표, 내용, 교수-학습 방법에 대한 기초 지식을 습득하고 교수-학습 과정에서 요구되는 이론을 이해함으로써 실제로 교수를 수행할 수 있는 능력을 기르는 것이다.

3) 교과교육의 유형

학습자에게 교과를 가르치는 목적은 교육을 통해 지향하는 인간상을 구현하기 위한 것이다. 교육에서 추구하는 바람직한 인간상을 구현하기 위해서는 해당 학교가 지향하는 교육과정에 따라 교과를 선정하고 운영하게 된다. 교육과정이란, '달리다'라는 뜻으로서 가르치고자 하는 뚜렷한 교육목표를 가지고 이를 성취하기 위해 의도적으로 계획한 활동을 마칠 때까지의 모든 과정을 의미한다(임부연, 최남정, 양혜령, 2018). 그러므로 교육과정이란, 학습자에게 왜(교육목적과 목표), 무엇을(교육내용), 어떻게 가르치고(교수방법), 평가할 것인가(교육평가)에 대한 총체적인 교육설계도라고 할 수 있다(김진희, 강미영, 2020). 1918년 보비트(Bobbit)에 의하면 교육에서 교육과정의 개념은 다양하게 제시되어 왔는데, 그 시대와 사회가 요구하는 지식이나 가치를 중심으로 교육내용이나 교육 트렌드를 반영한다. 즉, 교육내용 및 교육 트렌드에 따라 교육과정이 변모하는 것을 교과중심, 경험중심, 학문중심, 인간중심, 관계중심, 놀이중심 교육과정으로 분류할 수 있다.

(1) 교과중심 교육과정(Subject-centered Curriculum)

학교교육이 시작되었던 때부터 1920년대 말까지 본질주의 교육사조의 영향으로 인해 교육과정에서 가장 중요한 것을 교수요목(course of study)으로 보는 관점이다. 본질주의 교육사조란, 인간이 지닌 문화적 전통 가운데 가장 항구적인 가치를 지닌 본질적 요소들을 교육해야 한다는 것이다. 즉, 학교교육은 현상적인 것보다는 본질적인 것을, 단편적인 사실보다는 원리원칙을, 실제적인 것보다 이론적인 것을, 항상 변하는 일시적인 것보다는 항구적인 것을 중요시하고 다루어야 한다고 생각했다.

그러므로 교과중심 교육과정에서는 교육에서 학습자에게 '무엇을 가르칠 것인가'라는 질문이 가장 먼저 제기되어야 하며, 성숙자인 교사가 미성숙자인 학습자에게 가르쳐야 할 주제와 내용을 열거하는 교수요목이 교육의 핵심이었다. 교수요목은 교과별로 작성되었으며, 각 교과를 중심으로 문화유산의 전달이 주된 교육내용으로 포함되어 교사중심, 설명 위주의 교수법, 한정된 교과영역 내에서의 학습활동이라는 특징을 갖는다. 따라서 짧은 시간에 많은 교과 지식을 학습 계획에 따라 학습자에게 전달하고 평가할 수 있다는 장점이 있지만 학습자의 흥미나 실제적인 경험을 경시한다는 단점이 있다.

(2) 경험중심 교육과정(Experience-centered Curriculum)

1930년대 전후부터 1950년대 말까지 지속된 진보주의 교육사조의 영향으로 인해 교육과정을 '학교교육 내에서 학교의 지도 · 계획 · 의도에 의해 학습자가 갖게 되는 모든 경험'으로 보는 견해이다. 진보주의 교육사조는 변화를 중심으로 하며, 변화란 새로움, 신기함, 참신함을 내포하는 용어이다. 학교교육에서 동일한 교수요목을 가르치더라도 학습자 개개인에 따라 다르게 받아들이는 경험 자체에 교육적 의미를 두며, 교육에서 특정 지식에만 집중하지 말고 일상생활과 관련된 사회적으로 필요한 다양한 기능을 갖출 수 있도록 해야 한다는 입장이다. 교육과정을 조직할 때 교과목도 고려하기는 하지만 교과보다는 인간 생활의 제 영역에서 나타나는 문제들을 중심으로 교육내용을 조직하는 것의 중요성을 강조한다.

교과 구성의 기초는 학습자의 흥미 · 필요 · 요구에 기인해야 하며, 자발적으로 생기는 경험에 초점을 둔다. 교육의 관점은 학습자의 실제적인 생활과 경험에 중점을 두며, 교육과정은 실제적인 생활문제를 해결하는 과정을 중시하여 급변하는 세계에 잘 적응하도록 돕는 것이다. 따라서 교사는 조력자 · 안내자 · 상담자의 역할로서 학습자가 사회 변화에 따른 다양한 문제를 현명하게 해결해 나갈 수 있도록 실생활의 문제해결능력을 함양하는 데 중점을 두고 있다. 경험중심 교육과정은 학습자의 흥미와 욕구를 중시하며, 학습자가 적극적이고 자발적으로 교육에 참여하도록 한다는 장점이 있지만, 교과 지식의 체계성이 소홀해질 수 있고 개인의 흥미를 파악하며 실제적 경험에 따른 학습평가를 하는 데 미숙한 초임교사의 경우 교육과정 운영에 어려움이 있다는 단점이 있다.

(3) 학문중심 교육과정(Discipline-centered Curriculum)

1957년 러시아(구소련)의 인공위성 스푸트니크(Sputnik)호 발사로 인해 충격을 받은 미국이 경험중심 교육에서 소홀했던 교육의 체계를 재정비해야 한다고 강조하면서 1960년대부터 주류가 된 교육과정이다. 이때 사회적으로는 지식과 기술이 폭발적으로 증가하면서 제한된 학교 교육기간 중 효과적인 교육을 하기 위해서는 다양한 문제상황과 맥락으로의 전이(transfer)가 가능한 '지식의 구조(Structure of Knowledge)'를 가르쳐야 한다고 생각하였다.

학문중심 교육과정의 대표적인 학자인 브루너(Bruner)는 그의 저서 『교육의 과정(*The Process of Education*)』에서 교육과정에 대해 각 교과가 가지고 있는 지식의 본질(구조)을 가장 명확하게 포함할 수 있도록 그 지식을 체계적으로 조직해 놓은 것이라고 하였다. 여기서 학문, 즉 '지식의 구조'란 '각 학문에 내재한 지식 탐구과정의 조직'이며, 지식의 기본 개념, 기본적인 아이디어, 핵심개념 등을 말한다. 이러한 기본 개념은 교사가 학습자에게 전달하거나 주입할 수 있는 성질의 것이 아니고 학습자가 스스로 탐구의 과정을 통해 '발견의 기쁨'을 경험하면서 얻게 되는 것이다. 따라서 학문중심 교육과정에서의 교과내용은 발견학습과 학습자의 능동적 참여를 강조하며, 초등학교에서부터 고등학교까지 동일하지만, 그 수준이 학년에 따라 달라지는 나선형 구조로 조직되어 있다.

(4) 인간중심 교육과정(Human-centered Curriculum)

1970년대에 들어와서 많은 교육자들이 연구를 통해 학교생활 경험 중에 교과 교육내용 외에도 인간관계, 가치, 흥미 등 잠재된 요소들이 학습자에게 지속적이고 일관된 영향력으로 학습된다는 것을 발견하게 되었다. 즉, 교육과정은 '학습자가 학교생활을 하는 동안 갖게 되는 모든 경험'이라고 보았는데, 여기서 학교생활 중의 경험은 경험중심 교육과정과 달리 학교의 지도 · 계획 · 의도가 없는데도 갖게 되는 경험을 모두 포함한다. 따라서 교육과정은 학교의 철저한 계획 가운데 교과를 통해 배우는 지적인 경험 위주의 표면적 교육과정과 교과가 매가는 되지만 지적인 것에 대한 태도나 가치관 등이 형성되어 학교 문화풍토의 영향을 받는 잠재적 교육과정으로 구분될 수 있다.

예를 들어, 세계사를 학교교육의 지식적인 내용으로 배우더라도 학습자 개개인마다 학교에서 지향하는 이념적 · 정치적 가치관과 태도를 무의식적으로 형성하게 된다는 것이다. 국수주의적인 가치관을 갖게 되거나 애국주의적인 가치관과 태도를 갖게 되는 등 지식이라는 표면적 교육과정과 함께 학습자가 내면적으로 형성하게 되는 국가와 세계관, 이념과 가치관 등을 갖게 된다는 것이다.

20세기 초 과학기술이 급속도로 발전하고 고도의 산업화가 이루어지면서 교육을 사회와 경제 발전에 필요한 인재를 양성하는 것이라고 강조하며 인간성이 무시되는 교육의 수단관이 팽배하였다. 그러나 20세기 후반에 들어서면서 교육의 수단관에 회의를 갖게 되었고 교육은 인간의 삶을 충실하게 해야 하며 교육에서 갖는 인지적 측면 못지않게 정의적 측면에서의 교육이 본질이 되어야 한다고 생각하게 되었다. 인간중심 교육과정에서의 교육 핵심은 학습자의 자아실현이다. 인간의 자아실현은 각 사람마다 다른 의미를 가질 수 있지만 이를 위한 교과내용은 인간의 잠재적 가능성을 실현할 수 있어야 한다. 그러므로 교사는 학습자의 자아실현을 위해 인간주의적이고 진실해야 하며, 학습자를 한 개인으로서 존중하면서 공감적 이해를 할 수 있는 교육을 행해야 한다. 따라서 인간중심 교육과정은 학습자의 건전한 자아개념의 형성, 바른 가치관과 태도의 함양을 위해 정서적 교육의 중요성을 강조하는 특징이 있지만, 개개인이 가지고 있는 잠재력을 이끌어 내는 것이 어려우며, 인간적인 존중 관계로서의 교육 체계나 방법이 무엇인가에 대한 개념이 불명확하기 때문에 현실적용에는 한계가 많았다고 비판받고 있다.

(5) 관계중심 교육과정(Relation-centered Curriculum)

인간중심 교육과정이 개인의 잠재적 가능성의 실현에 중점을 두었다면, 관계중심 교육과정은 자신과 자신과의 반성적 관계, 자신과 타인과의 배려적 관계, 자신과 자연과의 질서이해적 관계를 바라보도록 하였다. 관계중심 교육과정은 20세기 후반의 지나친 인간 중심의 폐단으로 인한 자연환경의 훼손, 기술문명의 발달로 인한 환경오염 및 기후변화, 정보통신혁명과 개인주의적 사고의 역작용 등으로 나타난 가정의 해체, 물질만능주의, 조울증의 증가 등이 오히려 개인 삶의 질적인 문제에 심각한 폐해를 초래하면서, 교육과정에서 '학습자가 자신과 자신을 둘러싼 세계에 대해 맺고 있는 구체적 관계들의 이해 및 관계 수행'의 중요성을 강조한 것이다.

이는 생태계의 구성원 모두가 상호의존적 관계 및 공생관계를 잘 이해하고 각자의 위치에서 허용된 역할을 충실하게 행할 때 바람직한 생태계의 조화가 유지될 수 있다고 주장한 생태윤리학의 영향을 받았다. 대표적인 학자인 하워즈(Howes)는 개인의 성장과 발달을 이루는 중심 개념으로 관계를 주장하면서 사회적 존재인 개인의 자아는 절대 고립적으로 발달할 수 없으며, 사회문화적 환경인 생태계와의 상호작용을 통해서 공동체적으로 발달해 가야 한다고 말했다. 따라서 관계중심 교육과정에서의 교육은 학습자 자신을 포함한 인간이 누구인지, 인간을 둘러싼 생태계가 무엇인지를 이해하도록 하며, 교사는 학습자와 생태계의 관계를 매개하고 교사와 학습자 간의 관계를 수행하는 역할을 한다. 이를 통해 다양한 관계를 경험하고 공동체적으로 유의미하게 발달하게 되면 다변화적인 사회에 조화롭게 적응할 수 있는 학습자를 길러 낼 수 있다.

(6) 놀이중심 교육과정(Play-centered Curriculum)

2019년에 발표되고 2020년 3월부터 유치원에 적용되기 시작한 유아 · 놀이중심 교육과정인 2019 개정 누리과정에서는 유아가 중심이 되고 진정한 놀이가 다시 살아나는 놀이중심 교육과정을 수립하면서 유아의 자발적이고 주도적인 놀이의 가치와 중요성이 강조되었다. 개정 누리과정에서 추구하는 인간상은 건강한 사람, 자주적인 사람, 창의적인 사람, 감성이 풍부한 사람, 더불어 사는 사람이며, 교육목적은 유아가 놀이를 통해 심신의 건강과 조화로운 발달을 이루고 바른 인성과 민주 시민의 기초를 형성하는 데 있다. 이러한 교육목적을 실현하기 위한 목표는 인간상 각각에 대한 목표로서 다음과 같다.

가. 자신의 소중함을 알고, 건강하고 안전한 생활습관을 기른다.
나. 자신의 일을 스스로 해결하는 기초능력을 기른다.
다. 호기심과 탐구심을 가지고 상상력과 창의력을 기른다.
라. 일상에서 아름다움을 느끼고 문화적 감수성을 기른다.
마. 사람과 자연을 존중하고 배려하며 소통하는 태도를 기른다.

개정 누리과정은 국가 수준의 공통 교육과정으로서 의미가 있으며, 유아놀이의 의미와 배움을 이해하고 유아가 주도하는 놀이시간을 충분히 확보해 주어야 한다고 강조한다. 유아가 경험해야 할 내용을 59개 내용으로 간략화하고 연령의 구분 없이 유아의 실제 경험을 중시하면서 교사의 자율성을 강조하고 있다. 교육계획안의 형식과 방법의 자율화, 흥미영역 운영방식의 자율화, 5개 영역(신체운동 · 건강 영역, 의사소통 영역, 사회관계 영역, 예술경험 영역, 자연탐구 영역)의 통합방식 다양화, 평가의 자율화를 골자로 하고 있다.

놀이중심 교육과정에서 교사는 유아의 놀이를 관찰하고 유아의 흥미와 요구에 적합한 놀이를 지원하며, 유아 주도적 놀이를 지원하기 위한 활동을 유아와 함께, 또는 교사의 계획에 의해 준비하여 실행하는 역할을 한다. 유아가 놀이를 통해 배울 수 있는 유능한 존재임을 인정하고 존중하며, 놀이 속에서 유아 스스로 세상을 경험하고 결과보다는 과정이 중요한 배움 안에서 내적 동기에 의한 놀이의 전개를 지원한다.

지금까지 여섯 가지 교육과정의 다양한 유형을 살펴보았다. 이를 통해, 각 시대와 사회에서 요구하는 지식, 교육의 개념 및 학습의 주체를 바라보는 견해 등에 의해 각 교육과정마다 추구하는 교육목적과 내용이 달라졌다는 것을 알 수 있을 것이다.

2. 유아교과교육의 개념

유아교육에서 수업은 교과가 아닌 하루 일과에서 활동의 형태로 나타난다(임부연, 최계령, 류미향, 2010). 즉, 유치원의 하루 일과는 이야기 나누기, 동화, 동시, 동극, 음악, 신체표현, 게임, 요리, 미술 등 대 · 소집단 활동과 쌓기놀이 영역, 역할놀이 영역, 언어 영역, 수 · 조작 영역, 과학 영역, 조형 영역, 음률 영역 등 흥미영역에서 유아 스스로 하고 싶은 놀이를 자유롭게 선택하여 할 수 있는 자유놀이 그리고 바깥놀이로 구성되어 있다. 이는 초 · 중 · 고등학교와 같은 다른 학령기에서 하루 일과가 국어, 수학, 영어, 과학, 사회, 음악, 미술, 체육 등 교과목별로 나뉘어 배정되어 있는 것과 대조된다.

유아는 논리·추상적 사고보다는 직관적인 사고를 하며, 감각을 이용하여 놀이에 몰입함으로써 주변 세계를 경험하고 학습을 한다는 발달적 특성을 고려해 본다면, 유아교육에서의 교과교육은 다른 학령기와 달리 분절된 교과로서 경험하는 것이 유아에게는 별로 의미가 없다. 오히려 통합적 놀이 경험을 통해 긍정적인 자아상을 형성하고 사회·정서적 발달을 이루며 자연스러운 교사 대 유아, 유아 대 유아, 유아 대 교구의 상호작용을 통해 언어적 발달과 상상력, 창의력 등 고차원적

〈표 1-1〉 유아에게 필요한 교육내용

구분	내용
지식	신체 각 부분의 명칭을 안다.
	새로운 낱말을 안다.
	가족의 의미를 안다.
	우리나라 전통문화를 안다.
	생활 속에서 수의 의미를 안다.
	……
기술	여러 감각기관을 이용할 수 있다.
	상황에 맞게 말할 수 있다.
	자신의 감정을 조절할 수 있다.
	움직임으로 자신을 표현할 수 있다.
	간단한 도구와 기계를 이용할 수 있다.
	……
태도 및 가치	주변 정리하는 습관을 기른다.
	차례를 지켜 말한다.
	우리나라에 대해 자부심을 갖는다.
	타인의 예술표현을 존중한다.
	생명체를 소중히 여긴다.
	……

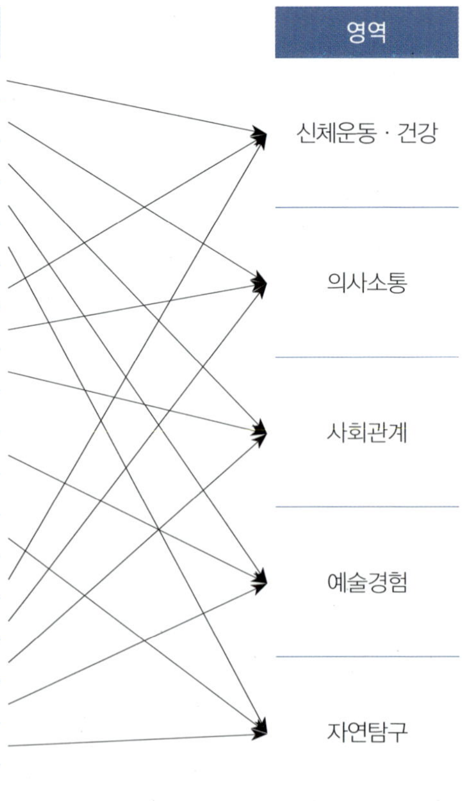

출처: 남기원, 김남연, 박선영, 고선아, 이은형(2017).

인 사고로의 발달이 가능해지는 것이다. 이를 위해 유아교과교육은 만 3~5세가 경험할 필요가 있는 지식, 기술, 태도 및 가치를 교육내용으로 하는 개정 누리과정의 5개 영역으로 생각해 볼 수 있다. 〈표 1-1〉을 보면 유아에게 필요한 지식, 기술, 태도 및 가치가 어떻게 개정 누리과정의 5개 영역인 신체운동 · 건강 영역, 의사소통 영역, 사회관계 영역, 예술경험 영역, 자연탐구 영역과 연결되어 있는지 알 수 있다. 그리고 이러한 통합적 교육이 가능하도록 하기 위해서는 대학의 유아교사를 양성하는 교원양성과정 중에 유아언어교육, 유아사회교육, 유아과학교육 등 유아교육의 핵심 교과내용을 전문적 지식으로서 교사가 이해하고 내면화해야 하며, 이를 교과교육학인 '유아교과교육론', '유아교과교재연구및지도법', '유아교과논리및논술' 과목과 연계하여 교과교육을 할 수 있는 지식으로 갖추어야 하는 것이다.

1) 유아교과교육의 목표

교육에서 지향하는 변화의 종착점, 즉 교육을 통해서 유아가 성취하기를 기대하는 유아의 행동변화를 교육목표라고 한다. 교육의 효과적인 성과를 위해 교사는 실제 교육을 수행하기에 앞서 먼저 교육목표를 가장 먼저 명확히 수립해야 한다. 교육목표와 교육활동 목표를 구분해서 이해할 필요가 있는데, 교육목표가 학습자의 1년 또는 수년간의 교육과정을 통해 달성하게 되는 것이라고 한다면, 교육활동 목표는 하나의 단위 활동수업이나 놀이를 통해 유아가 경험하고 성취할 것으로 기대되는 성과라고 할 수 있다.

교육활동 목표는 활동교육계획안에서 수립되는 활동목표라고 할 수 있으며, 행동적 목표(Mayer)와 표현적 목표(Eisner)로 구분된다. 행동적 목표는 교육활동의 결과로 얻어진 관찰 가능한 특수한 행동(지식, 기술, 태도 및 가치)을 명확하게 진술하는 목표이며, 표현적 목표는 학습자가 교육 또는 놀이 상황에서 경험하게 될 교육적 개념이나 교육적 경험 자체를 중요시하는 과정 자체의 목표라고 할 수 있다.

예 재활용품을 종류대로 구분하여 정리한다. (행동적 목표)
다양한 재료를 이용하여 자신만의 마라카스를 꾸며 본다. (표현적 목표)

교육활동 목표를 작성할 때 고려해야 할 사항은 다음과 같다(우수경 외, 2009; 신화식 외, 2015 재인용).

① 교육활동 목표는 유아의 행동이나 성취에 관하여 진술해야 하므로 교사 중심이 아닌 유아 중심의 진술, 즉 유아를 주어로 한 성취로 기술한다.

예 즐거운 마음으로 노래하게 한다. (×)
즐거운 마음으로 노래한다. (○)

② 교육활동 목표는 일반적이며 추상적으로 제시된 교육과정의 거시적 목표로서 기술하지 않고, 구체적인 교육활동 내용과 밀접하게 관련된 내용과 행동에 대해 기술한다. 즉, 단위 수업이나 놀이 안에서 경험할만한 지식, 기술, 태도 및 가치에 대해 구체적으로 진술한다.

예 음악에 맞추어 악기를 연주한다. (×)
음악의 빠르기에 변화를 주며 악기를 연주해 본다. (○)

③ 학습과정을 나타내는 동사나 학습방법을 나타내는 용어를 피하고 표현적 진술 또는 학습 결과의 성취 측면에 초점을 두어 진술한다.

예 여러 가지 놀이지원 활동을 배우게 된다. (×)
놀이를 지원하는 활동을 계획할 수 있다. (○)

예 점토를 이용해서 표현하는 다양한 방법을 배운다. (×)
점토를 이용해서 원하는 조형물을 만들 수 있다. (○)

④ 인지적 기능학습이나 운동 기능학습 관련 활동목표는 관찰 가능한 성취행동을 명확히 진술하고, 태도와 관련된 활동목표는 과정적 측면에 초점을 두고 진술한다.

예 나뭇잎의 크기와 모양이 다름을 안다. (지식)
스스로 양말을 신고 벗을 수 있다. ('벗는다'가 아님) (기술)
다른 사람의 생각이나 감정을 존중하는 마음을 갖는다. (태도)

⑤ 하나의 목표에는 한 가지의 결과만을 진술한다.

예 잠자리의 생김새에 관심을 갖고 그 움직임을 표현한다. (×)

잠자리의 생김새에 관심을 가진다. (○)
잠자리의 움직임을 표현한다. (○)

⑥ 유아의 발달 수준을 고려하여 학업성취의 정도를 평가할 수 있는 기준을 제시하여 진술한다.

예 내 몸의 신체 부위를 3가지 이상 말할 수 있다.
한 발로 5초 이상 서 있을 수 있다.

2) 유아교과교육의 내용

유아교과교육의 내용은 먼저 유아의 흥미와 요구에서 시작된 유아 중심의 놀이가 된다. 유아가 시작한 놀이는 유아의 유연한 사고와 자유로운 상상력, 유아의 아이디어와 제안 등을 통해서 전개되며, 교사는 이러한 유아의 생각과 제안에 대해 열린 마음으로 최대한 수용하고 지원하는 역할을 한다. 놀이 중심의 교과내용을 선정한 후에는 유아에게 바람직한 학습의 경험이 반복되어 쌓일 수 있도록 내용을 조직하여 유아에게 유의미한 놀이와 학습의 경험이 되도록 해야 한다. 교과내용을 조직하는 데 필요한 원리는 다음과 같다.

첫째, 계속성의 원리로서, 교과내용 중 반드시 익히고 알아야 할 중요한 원리나 개념, 기술이 있을 경우에는 이를 반복적으로 제시하고 계속 연습할 수 있도록 반복적 경험의 기회를 제공하여 조직해야 한다. 예를 들어, 올바른 손씻기를 익히기 위해 기회가 될 때마다 반복적으로 올바른 손씻기를 한다.

둘째, 계열성의 원리로서, 계속성의 원리가 동일한 내용의 단순 반복이라면 계열성은 학습내용이 단계적으로 점차 심화 및 확장되도록 조직하는 것을 의미한다. 브루너의 나선형 교육과정에서 동일한 내용을 학습자의 지적 발달 수준과 표현양식에 따라 어린 연령의 단계에서는 직접적이고 구체적인 활동으로 제시하고, 다음에는 그림이나 영상적인 활동 등 조금 높은 단계로 확장하여 제시하며, 점차 추상적이고 상징적인 고차원적 수준으로 반복·제시하는 것이다. 이것이 브루너가 주장한 동작적 양식, 영상적 양식, 상징적 양식의 표현양식이다. 예를 들어, 어떤 사물에 대해 처음에는 직접 만져 보았다면 그다음에는 관련 영상이나 동화를 통해 살펴보고 그 이후에는 글, 그림, 작품 등으로 표현해 보도록 한다.

셋째, 통합성의 원리로서, 한 교과 내에서 여러 내용을 연결하거나 각 교과들을 서로 수평적으로 연계하는 것을 말한다. 특히, 유아는 다양한 발달영역이 통합적으로 성장하고 발달하는 전인적 발달을 이루어야 바람직하므로 교과의 분절된 경험이 아닌 놀이와 주제, 활동으로 서로 연결되어 통합적으로 경험이 정교화될 수 있도록 한다. 예를 들어, 코끼리의 특성을 이해하기 위해 동물원에 현장학습을 가서 직접 코끼리를 관찰하고 코끼리가 움직이는 영상을 본다거나 창의적 신체표현을 통해 코끼리의 움직임을 몸으로 표현하고 언어영역에 제시된 코끼리 관련 동화를 보고 게임을 하는 등 중요한 개념이나 원리에 대해 통합적으로 경험하도록 한다.

유아교육에서 다루게 될 각 교과의 중요한 내용을 살펴보면, 유아언어교육에서는 유아의 생각이 언어를 매개로 표현될 수 있도록 하면서 생각의 깊이와 넓이를 확장하기 위한 방향을 모색한다. 유아문학교육은 유아가 동화, 동시, 동극 등을 통해 심미적인 문학 경험을 하고 상상력과 창의력을 펼쳐 나갈 수 있도록 하며, 유아사회교육에서는 유아를 중심으로 하는 주변 세계에 대한 지식을 넓혀 가면서 사회구성원으로서 성장하고 다른 사람과 관계를 맺기 위해 필요한 사회적 기술(inter-personal skill)을 익힐 수 있도록 하고 자신을 소중히 여기는 마음을 갖도록 한다. 유아음악교육에서는 다양한 노래와 음악을 통해 유아 스스로 정서의 안정감을 경험하고 심미적 아름다움을 표현할 수 있도록 하고, 유아미술교육은 유아의 생각과 느낌을 조형적 활동을 통해 표현하고 나타낼 수 있도록 격려하며, 유아과학교육은 주변 세계의 동식물과 자연에 대해 관심을 갖고 소중히 여기는 마음을 가지며 인간과 환경이 공존하기에 필요한 생태학적 가치관을 소유하도록 하고, 과학적 현상과 개념에 관심을 가지며 자신이 세운 가설을 검증하기 위한 과학적 탐구과정에 몰입해 보는 경험을 갖는다. 유아수학교육은 논리 · 수학적 사고를 하며 수학의 일상성을 경험하면서 다양한 수학적 개념(분류, 서열화, 공간, 시간, 수 개념, 연산, 기하 등)을 직관적으로 체험한다. 유아동작교육은 신체를 움직이며 다양한 동작을 통해 구조적 · 창의적 신체표현을 하고 즐거움을 경험한다.

3) 유아교과교육의 교수-학습 방법

유아교육에서의 교수-학습 방법은 다양하다. 교사는 유아의 흥미와 요구, 발달 수준과 학급의 형태 등을 고려하여 적절한 교수-학습 방법을 선택해야 하는데 이를 위해 고려해야 할 교수-학습 원리는 다음과 같다.

(1) 개별화의 원리

각 학급에는 다양한 발달 수준과 개성을 지닌 유아들이 있으며, 교사는 이러한 개인차(Individual Difference)를 인정하고 개별 유아의 흥미와 요구, 발달 수준에 적합한 상호작용을 통해 각 유아의 교육적 효과를 극대화하도록 도와야 한다. 또한, 유아 개인의 흥미를 반영하고 유아의 학습 속도와 방법에 최적화되도록 적절한 개별적 교재 · 교구를 제공하고 존중하는 개별화 교육을 지향한다.

(2) 자발성의 원리

유아교육은 특히 다른 학령기보다 더욱 유아 개인의 자발적인 흥미와 필요에 의해 교육의 시발이 이루어져야 효과적인 교육적 경험을 가질 수 있다. 이를 위해 유아가 흥미를 갖는 주제에 대해 교사는 열린 마음으로 지지하고 지원하며 해당 유아의 흥미를 발현하는 데 필요한 적절한 교재 · 교구의 제공과 환경의 구성을 통해 자발적으로 시작된 학습의 주체로서 유아의 유능성을 존중해 주어야 한다.

(3) 놀이중심의 원리

유아는 감각적인 직관에 의한 놀이상황에 참여함으로써 주변 세계를 경험하고 지식을 구성하게 된다. 코메니우스는 직관의 원리를 주장하며 아동의 감각기관에 의한 직접경험이 지식의 유일한 기초라고 하였으며, 페스탈로치(Pestalozzi)는 감각을 모든 인식의 기초로 보고 아동이 주체적으로 감각을 통해 주변 세계를 파악해야 한다고 강조하였다. 몬테소리(Montessori)는 감각교구로 작업함으로써 유아의 전인적 성장을 이룬다고 하였고, 듀이는 "행함으로 배운다(learning by doing)"라는 말로 진정한 학습은 경험을 통해서 재구성되며 이러한 경험을 기초로 성취된 행동이야말로 명확한 지식이라고 하였다. 유아는 놀이를 통해 몰입하고 생각과 느낌을 표현하며 유연한 사고를 실험하고 다양한 상상을 펼쳐 나가게 된다. 따라서 유아가 시작하고 주도적으로 참여하며 전개해 나가는 흥미롭고 즐거운 놀이 경험을 통해 유아는 인지, 정서, 사회, 신체, 창의성 등 전반적 발달을 균형 있게 이룰 수 있다.

(4) 흥미의 원리

교육에 가장 동기부여를 줄 수 있는 요소 중 하나가 학습자의 흥미라고 할 수 있다. 유아는 흥미 있는 주제나 사물에 몰입하며, 지구력과 과제집착력을 가지고 꾸준히 탐색하고 놀이에 참여한다. 유아의 흥미는 유아가 놀이를 시작하고 학습 경험에 참여하도록 하는 시발점이 될 수 있고 동시에 놀이와 학습이 지속적으로 유지되도록 하는 역할로도 중요하다. 또한, 유아의 흥미를 중심으로 유아의 경험과 관심 분야를 확장시켜 나갈 수 있으며, 이것은 유아교육에서 통합적 교육경험을 제공하는 데 핵심이 된다. 예를 들어, 공룡에 관심이 있는 유아가 매일 쌓기영역에서 공룡시대를 만들며 놀이하는 것만 몰입한다면 언어 영역에 여러 종류의 공룡에 대한 책을 제공한다거나 과학 영역에 공룡 화석을 내어 주는 등 다양한 영역으로 놀이 경험이 확장되고 심화될 수 있도록 유아의 흥미를 주제로 연결할 수 있다.

(5) 통합성의 원리

유아는 성장과 함께 신체적 · 인지적 · 정서적 · 사회적 · 언어적 · 논리적 · 창의적 전 영역에서의 전인적인 발달을 이루게 된다. 또한, 교육은 언어교육, 사회교육, 미술교육, 음악교육, 과학교육, 수학교육 등 다양한 교과가 분절되지 않고 주제와 활동으로 통합되어 이루어지며, 이는 유아의 놀이 안에서 제 영역의 통합을 통한 경험으로 학습이 이루어진다. 유아교육에서의 통합은 교과목 및 주제와 내용의 통합, 환경구성 및 여러 흥미영역을 연결하는 공간의 통합, 발달의 제 영역의 통합을 의미한다.

(6) 균형성의 원리

유아의 발달은 어느 한 영역에 치중되지 않도록 골고루 균형 있게 이루어져야 전인 발달을 이룰 수 있으며, 유아가 전체 교육과정에서 경험하는 통합적 교과도 균형 있게 경험될 수 있도록 해야 한다. 교과의 통합인 주제와 활동도 일정한 놀이와 활동이 반복되는 것보다는 다양한 놀이와 활동이 균형 있게 이루어지도록 고려해야 한다. 하루 일과를 계획할 때도 정적 활동과 동적 활동, 개별활동과 대·소집단 활동, 실외활동과 실내활동, 교사 주도적 활동과 유아 주도적 활동 간의 균형 있는 구성을 해야 한다.

(7) 다양성의 원리

유아는 다양한 경험을 할 수 있어야 하고 유아에게 제공되는 교재·교구도 다양해야 하며, 유아가 자신의 생각과 느낌을 표현하는 방식도 다양하고 융통성 있게 열려 있어야 한다. 학급에서는 개별 유아의 다양한 흥미와 요구, 발달 수준이 존중되어야 하며, 다양한 표현이 허용되고 일과 운영도 융통성 있게 다양한 환경적 변화나 유아의 요구를 반영할 수 있어야 한다. 교육에서의 가치는 획일적인 한 방향이 아닌 다양하고 유창하며 융통성 있는 발달을 인정하고 존중하는 접근방식으로 이루어져야 한다.

4) 유아교과교육의 평가

유아교과교육에서 평가는 유아의 현재 발달 수준을 확인하고 바람직한 방향으로의 성장과 발달을 지지하기 위해 언제, 어떻게, 어느 정도로 지원해 줄 것인지를 알기 위해 실시한다. 이러한 평가는 교육과정 운영에 대한 평가와 유아에 대한 평가로 나누어 생각해 볼 수 있다. 교육과정 운영에 대한 평가는 교육목표를 달성하기 위한 교육계획과 실행을 평가하고 그 평가 결과를 다시 다음 교육과정 운영을 위한 목표 설정, 교육의 계획 및 실행에 반영하기 위한 것이다. 유아에 대한 평가는 유아를 서열화하고 비교하기 위한 정량적 평가가 아니라 개별 유아마다 성장과 발달이 이루어지는 것을 면밀히 관찰하기 위한 정성적 평가가 되어야 한다.

먼저, 유아 평가는 유아 개개인의 전인적인 성장과 발달을 제대로 이해하고 유아의 고유한 개인적 특성과 요구, 시간적 흐름에 따라 이루어지는 바람직한 변화를 파악하고 분석하기 위한 것이다. 이러한 유아 평가는 유아의 현재 수준을 이해함으로써 교육과정을 운영하기 위한 기초자료로 이용되며, 부모와 교사 간의 교육적 의사소통을 위한 자료로 활용된다. 유아 평가는 수시로 이루어지며, 유아의 일상 중 의미 있는 일화를 상세히 담을 수 있는 일화기록법, 관찰하고자 하는 행동의 출현 여부를 표시하는 행동목록법, 유아행동이나 특성의 정도를 단계로 나누어 평가할 수 있는 평정척도법, 주어진 시간에 유아 행동의 출현을 기록할 수 있는 시간표집법, 사건 발생의 원인과 결과를 함께 파악할 수 있는 사건표집법과 같은 다양한 유아관찰법을 이용할 수도 있고, 검사나 면담을 통해서도 이루어진다. 각각의 유아 관찰 방법별로 장단점이 있으므로 다양한 평가방법을 통해 상호보완적으로 사용할 때 유아에 대한 정확한 관찰과 평가가 이루어질 수 있다.

교육과정 운영에 대한 평가는 유아중심의 놀이 운영에 대한 평가라고도 할 수 있다. 유아의 놀이를 관찰하고 놀이의 흐름과 전개를 살펴보면서 유아의 놀이가 더욱 심화되고 확장되도록 지원하기 위한 적절한 자료의 변화, 공간의 변화, 상호작용적 지원, 일과 운영의 변화 등을 계획하도록 하고 유아의 교육적으로 유의미한 놀이지원을 위한 활동의 계획과 실행을 평가하는 것이다. 이러한 놀이 운영에 대한 평가는 유아의 놀이를 중심으로 일과가 운영되고 있는지, 유아의 놀이 흐름이 유아의 생각과 의도를 반영하여 유아 주도적으로 이루어지고 있는지, 유아의 놀이 확장을 위해 적절한 교육적 지원을 하고 있는지, 유아의 놀이를 통해 유아가 경험하고 있는 개념과 가치는 무엇인지, 개정 누리과정의 인간상과 5개 영역을 통합적으로 경험할 수 있도록 운영되고 있는지, 유아는 놀이를 통해 배움과 즐거움을 충분히 경험하고 있는지, 다양한 교과는 놀이를 매개로 통합적으로 경험할 수 있는지 등에 대해 평가할 수 있다.

3. 활동교육계획안

1) 활동교육계획안의 작성

유아교육기관에서는 유아의 놀이를 지원하기 위한 활동을 계획하는 단계에서 활동교육계획안을 작성한다. 활동교육계획안의 양식을 중심으로 각 항목별 작성하는 내용은 다음과 같다.

〈표 1-2〉 활동교육계획안 양식

<table>
<tr><th colspan="4">활동교육계획안</th></tr>
<tr><td>수업일시</td><td></td><td>수업장소</td><td></td></tr>
<tr><td>놀이주제</td><td></td><td>대상연령</td><td></td></tr>
<tr><td>활동시간</td><td></td><td>활동유형</td><td></td></tr>
<tr><td rowspan="2">활동명</td><td rowspan="2"></td><td>집단크기</td><td></td></tr>
<tr><td>대형</td><td></td></tr>
<tr><td>활동계획 배경
(놀이와의 연계)</td><td colspan="3"></td></tr>
<tr><td>활동목표</td><td colspan="3"></td></tr>
<tr><td>누리과정 관련요소</td><td colspan="3"></td></tr>
<tr><td>준비물</td><td colspan="3"></td></tr>
<tr><td>사전활동</td><td colspan="3"></td></tr>
<tr><td>절차</td><td colspan="2">활동내용</td><td>준비물 및 유의점</td></tr>
<tr><td>도입
(○분)</td><td colspan="2"></td><td></td></tr>
<tr><td>전개
(○○분)</td><td colspan="2"></td><td></td></tr>
<tr><td>마무리
(○분)</td><td colspan="2"></td><td></td></tr>
<tr><td>사후/확장활동</td><td colspan="3"></td></tr>
<tr><td>평가</td><td colspan="3"></td></tr>
</table>

① 수업일시: 본 활동을 하게 될 연도, 월, 일, 요일을 적는다.

② 수업장소: 주로 학급 교실에서 대집단으로 모이는 쌓기놀이 영역이 대부분이지만 활동유형에 따라 강당, 바깥놀이 영역의 잔디밭 등 실제 활동을 할 수업 장소를 작성한다. 소집단 활동이라면 교실 내, 특히 조형 영역인지, 역할영역인지 구체적으로 작성한다.

③ 놀이주제: 예전에는 생활주제를 작성했던 칸이지만 개정 누리과정에서는 유아의 놀이가 중심이 되는 교육과정이므로 진행되는 놀이의 주제를 작성하는데, 개정 누리과정에서 하루의 일과는 놀이, 활동, 일상생활로 구성된다. 놀이와 활동을 구분한다면 유아가 관심과 흥미를 가지고 시작하여 유아 주도적으로 지속해 가는 것은 놀이이며, 해당 놀이를 지원하기 위해 교사가 또는 교사와 유아가 함께 계획하고 진행하는 것은 활동이다. 이야기 나누기, 동화, 동시, 게임 등이 활동이라고 할 수 있으며, 화장실 다녀오기, 정리, 급 · 간식 등은 일상생활에 해당한다. 따라서 놀이주제에는 유아가 어떠한 주제로 몰입하여 놀이하고 있는지를 작성한다. 예를 들어, 반짝이끈, 빛과 그림자, 돌멩이 등이 놀이주제일 수 있다.

④ 대상연령: 본 활동을 하는 학급의 연령을 작성하면 된다. 동일한 활동이라도 대상연령에 따라 활동의 내용이나 수준, 교사 발문의 난이도가 달라지므로 대상연령을 고려하여 활동을 계획한다.

⑤ 활동시간: 하루 일과 중 해당 활동을 진행하게 될 시간으로, 도입, 전개, 마무리를 모두 합한 시간으로 생각하면 된다. 주로 20분 내외에서 한 활동이 계획되며, 연령이 어리거나 학기 초에는 활동시간을 짧게, 연령이 높아지거나 학기 말에 가까워질수록 활동시간을 충분히 가질 수 있다.

⑥ 활동유형: 유아의 놀이를 지원하기 위한 본 활동의 유형으로는 이야기 나누기, 동화, 동시, 동극, 게임, 새노래 배우기, 신체표현, 음악 감상, 미술 감상, 조형 활동, 과학 활동, 요리 등이 있다.

⑦ 활동명: 본 활동의 주제를 유아에게 친숙한 이름으로 하여 활동의 제목을 정

한다. 주로 동화, 동시, 동극, 새노래 배우기의 경우에는 해당 작품이 활동명으로 쓰이기도 한다. 활동명은 해당 활동의 주제, 즉 중심내용이 들어가도록 정한다. 예를 들어, 분리수거를 하는 게임이라면 활동명은 '분리수거 해 봐요'로 정할 수 있으며, 나비 신체표현을 한다면 활동명은 '나비가 되어 보아요'로 정할 수 있다.

⑧ 집단크기: 활동을 진행하게 될 집단크기가 대집단인지, 소집단인지 미리 계획하고 정한다. 집단크기에 따라 수업장소를 정해야 하고 소집단의 경우에는 다른 집단이 해당 시간에 해야 할 활동을 미리 계획하고 인솔할 교사도 정해야 한다. 집단크기에 따라 사용하는 교재 · 교구의 크기와 종류도 달라지므로 집단크기에 대해서도 미리 숙고하여 결정한다.

⑨ 대형: 어떤 대형으로 앉아서 활동할 것인지도 미리 생각해야 한다. 특히, 게임이나 신체표현의 경우에는 강당에 대형을 세팅해 두거나 색테이프로 표시하여 유아들이 자리 배치를 이해하고 대형을 만들도록 돕는다. 이야기 나누기나 동화, 동시 등은 주로 교사와 마주 보게 반원형으로 앉지만, 게임의 경우에는 게임 기구의 세팅에 따라 대형이 달라지고 신체표현의 경우에는 ㄷ자형으로 주로 앉는다거나 요리의 경우에는 원형으로 앉는 등 각 활동마다 대형이 달라지므로 미리 계획하고 작성한다.

⑩ 활동계획 배경(놀이와의 연계): 개정 누리과정에서는 유아 주도적인 놀이를 지원하기 위해서 활동을 계획하게 되므로 본 활동을 고안하게 된 배경을 작성한다. 유아가 어떠한 놀이에 대해 관심과 흥미를 가지고 시작하여 놀이가 어떻게 전개되어 가고 있는지, 그 놀이 중 어떠한 면을 지원하기 위해 활동을 계획하게 되었는지, 유아의 놀이와 연계하여 본 활동을 계획하게 된 배경에 대해 기술한다.

⑪ 활동목표: 모든 활동은 교육적으로 해당 활동을 함으로써 달성하고자 하는 활동목표가 있다. 활동교육계획안의 활동목표는 해당 활동만으로 유아가 경험하게 될 지식, 기술, 태도 및 가치로 나누어 작성한다. 따라서 활동목표에

보통 지식, 기술, 태도 및 가치 각 1개씩 총 3개 정도의 활동목표를 작성한다. 지식은 '~을 안다/이해한다', 기술은 '~을 할 수 있다/해 볼 수 있다', 태도 및 가치는 '~에 관심을 가진다/~을 소중히 여기는 마음을 가진다'로 작성할 수 있다.

⑫ 누리과정 관련요소: 개정 누리과정 중 본 활동과 관련된 요소를 작성한다. 예를 들어, 과학적 탐색을 하는 이야기 나누기라면 '① 의사소통 〉 말하기 〉 자신의 경험, 느낌, 생각을 말한다. ② 자연탐구 〉 과학적 탐구하기 〉 물체와 물질 알아보기' 등을 기술한다.

⑬ 준비물: 본 활동을 위해 해당 학급의 교사가 활동에 참여할 전체 유아 수를 토대로 준비해야 할 준비물과 구체적인 수량을 작성한다.

⑭ 사전활동: 해당 활동을 하기 위해 유아들이 선경험 해야 할 내용이 있다면 그것을 사전활동으로 계획한다. 예를 들어, 분리수거 하는 게임 활동을 한다면 유아들은 분리수거가 무엇인지, 분리수거를 하는 구체적인 방법이 무엇인지를 알아야 한다. 즉, 종이, 플라스틱, 비닐 등 재질별로 구별하고 나눠서 버리는 방법, 각 분리수거의 상징 기호에 대해 이해해야 한다. 이를 위해 분리수거에 대한 이야기 나누기나 동화 감상을 통해 분리수거의 내용을 알아보는 것, 이것이 사전활동이다.

⑮ 절차(도입, 전개, 마무리): 수업은 도입, 전개, 마무리로 구성되는데 도입과 마무리는 3~5분 정도로 간략히 하며, 전개에서 가장 주된 내용이 다루어지도록 한다.

⑯ 활동내용: 수업 진행의 도입, 전개, 마무리를 작성할 때는 기호(예 ○, •)를 이용해서 큰 줄거리가 되는 내용을 먼저 작성하고 그 각각의 기호마다 교사의 발문(T)과 유아의 예상되는 대답(C)의 순서로 작성하면 활동의 흐름이 흐트러지지 않고 중심 주제에 맞게 잘 진행되도록 계획할 수 있다.

⑰ 준비물 및 유의점: 단계별로 필요한 준비물이나 교사로서 주의해서 진행해야 할 사항을 작성한다. 예를 들어, 요리 활동을 한다면 전개에서 각 단계별로

필요한 재료를 작성하고, 도구가 사용될 경우 유의점 칸에는 '프라이팬이 뜨거워서 만지지 않도록 주의한다./빙수기의 칼날을 조심해서 작동한다.' 등을 작성한다.

⑱ 사후/확장활동: 사후활동은 사전활동의 반대어로서, 본 활동 이후에 하는 모든 활동을 광의의 사후활동이라고 할 수 있다. 광의의 사후활동은 협의의 사후활동과 확장활동으로 구분할 수 있다. 협의의 사후활동은 동일한 본 활동을 한 번 더 소그룹으로 해 보는 것을 의미하며, 확장활동은 본 활동의 주제나 소재와 관련되어 다른 영역의 활동으로 해 보면서 유아의 경험을 심화시키는 활동을 말한다. 예를 들어, 「멋쟁이 토마토」라는 새노래 배우기를 하고 자유놀이시간에 음률 영역에서 동일한 「멋쟁이 토마토」 노래를 불러 보는 활동을 다시 한번 해 본다면 이것은 사후활동이다. 그러나 토마토와 관련되어 바깥놀이 영역 옆 텃밭에 토마토 심기, 「멋쟁이 토마토」 그림 그리기, 토마토가 되어 신체표현하기, 토마토에게 편지 쓰기 등 새노래 외의 다양한 영역과 연계된 통합적 활동을 계획하여 하는 것은 확장활동이다.

⑲ 평가: 평가는 활동교육계획안의 상단 부분에 있는 활동목표를 의문문의 형태로 변형하여 작성하고 그 내용으로 평가해 볼 수 있다. 또한, 본 활동을 진행하고 나서 교사가 느끼고 생각한 평가내용을 주관식 서술형으로 작성한 후 향후의 교육과정에 반영할 수 있다. 예를 들어, 유아가 분리수거 게임을 하면서 아직 플라스틱과 비닐을 구분할 수 없어 어려움을 겪는 것을 관찰했다면 평가란에는 "유아들이 플라스틱과 비닐의 구별에 어려움을 느끼므로 향후 실물을 이용한 이야기 나누기를 통해 제대로 이해하도록 한다./게임에 소요되는 시간이 생각보다 오래 걸려 한 번밖에 해 보지 못했으므로 내일 다시 게임을 하겠다." 등을 작성해 볼 수 있다.

2) 활동교육계획안 작성의 예시

활동교육계획안을 작성할 때는 다음의 3단계로 작성하면 좋다.

① 도입-전개-마무리의 큰 흐름을 소제목으로 적는다.

예 〈도입〉

- 「멋쟁이 토마토」를 부르며 주의집중을 한다.
- 토마토를 먹어 본 경험이 있는지 이야기한다.
- 오늘 감상할 동화를 소개한다.

〈전개〉

- 동화의 표지를 보며 동화 내용을 추측해 본다.
- 동화구연을 한다.
- 동화를 그림만 보여 준다.
- 동화 내용에 대해 이야기 나눈다.

〈마무리〉

- 동화 감상 활동을 평가한다.
- 다음 활동을 소개하고 전이한다.

② 각 소제목별 교사의 발문 위주로 작성한다.

예
- 토마토를 먹어 본 경험이 있는지 이야기한다.
  - 너희들은 토마토를 먹어 본 경험이 있니?
  - 토마토를 좋아하는 어린이 있니? 왜 좋으니?
  - 토마토를 먹기 힘들어하는 어린이가 있니? 왜 그렇니?
- 오늘 감상할 동화를 소개한다.
  - 오늘은 토마토를 싫어하는 어린이 이야기를 동화로 감상해 보려고 해.
  - 어떤 이야기가 나오는지 함께 보자.

③ 그다음에 각각의 교사 발문에 대답할 것으로 예상되는 유아의 가능한 반응을 쓴다.

예 • 토마토를 먹어 본 경험이 있는지 이야기한다.

T: 너희들은 토마토를 먹어 본 경험이 있니?

C: 직접 길러서 먹어 봤어요./집에서 먹어 봤어요.

T: 토마토를 좋아하는 어린이 있니? 왜 좋으니?

C: 맛있어서요./입안에서 터지는 게 재미있어서요.

T: 토마토를 먹기 힘들어하는 어린이가 있니? 왜 그렇니?

C: 먹을 때 툭 터지면서 옷에 다 묻었었어요. 속상했어요./맛이 없어서요.

• 오늘 감상할 동화를 소개한다.

T: 오늘은 토마토를 싫어하는 어린이 이야기를 동화로 감상해 보려고 해.

T: 어떤 이야기가 나오는지 함께 보자.

〈주의사항〉

유아교사가 직접 유아들과 수업을 할 때는 유아들의 반응과 대답을 교사가 다시 한번 이야기해 준다.

• 토마토를 먹어 본 경험이 있는지 이야기한다.

T: 너희들은 토마토를 먹어 본 경험이 있니?

C: 직접 길러서 먹어봤어요./집에서 먹어봤어요.

T: 직접 길러서 먹어 봤구나. 집에서 먹어 본 어린이도 있네. 토마토를 좋아하는 어린이 있니? 왜 좋으니?

C: 맛있어서요./입안에서 터지는 게 재미있어서요.

T: 맛있어서 좋구나. 입안에서 톡 터지는 게 재미있었구나. 그러면 토마토를 먹기 힘들어하는 어린이가 있니? 왜 그렇니?

→ 활동교육계획안 안에는 굳이 위의 빨간색을 작성하지 않는다. 교사의 중심 발문 위주로 작성하고 가능한 한 유아의 응답으로 작성하는 것이 전체 수업의 흐름을 한눈에 볼 수 있으므로 바람직하다.

CHAPTER 02

이야기 나누기

유아교육에서 각 교과는 분리된 교과목으로서 전달되는 것이 아니라 유치원의 하루 일과 안에서 통합적으로 운영된다. 서로 다른 교과 간 또는 교과 내 교육내용이 연계되거나 통합되어 진행될 수 있는 것이다. 따라서 유치원의 일과는 다른 학령기처럼 특정 교과목 단위의 수업으로 나뉘어 구성되는 것이 아니라 유아의 놀이와 놀이를 지원하기 위한 다양한 활동, 일상생활로 구성된다. 여기서 놀이지원을 위한 활동으로는 이야기 나누기, 동화, 동시, 동극, 새노래 배우기, 신체표현, 게임, 요리, 음악 감상, 미술 감상, 조형 활동, 과학 활동 등이 있다. 개정 누리과정에 따르면 유치원에서의 교육과정은 유아의 흥미와 관심에서 시작된 유아 주도적 놀이가 가장 주요하게 이루어져야 하며, 유아의 놀이를 시발시키거나 지속시키기 위해 또는 심화하거나 확장시키기 위한 지원의 방법으로서 활동을 이용할 수 있다. 또한, 같은 연령의 유아라고 해서 반드시 각자 경험한 내용이나 범위, 관심사, 학습능력, 발달 수준 등이 같지 않다. 따라서 교사는 유아의 연령만을 기준으로 교육활동을 계획하지 말고 개별 유아의 특성, 즉 개인차를 고려하여 활동을 제공해야 한다.

1. 이야기 나누기의 개념

이야기 나누기란, 특정 주제와 관련하여 다양한 관점에서의 이야기를 서로 나누면서 정보를 교환하고 생각을 공유하며 생각의 깊이와 넓이를 확장시킬 수 있는 시간이다. 주제 관련 이야기 나누기는 개미, 나비, 꽃 등 동식물의 성장과정에 대해 알아보거나 은행이나 우체국에서 하는 일, 여러 가지 대중교통의 종류, 신호등과 횡단보도 등 교통안전 등에 대한 이야기 나누기를 예로 들 수 있다. 반면에 일상생활 관련 이야기 나누기는 하루 일과의 계획과 평가, 유아의 출결 확인, 오늘의 날짜와 날씨 알아보기, 학급의 약속이나 규칙 정하기, 문제상황에 대한 토의와 해결책 찾기, 주말 지낸 이야기 등이 있다. 이처럼 이야기 나누기를 할 때 교사는 지식을 일방적으로 전달하는 것이 아니라 유아가 이미 경험하고 아는 것을 표현하게 함으로써 해당 주제에 대해 계속 흥미와 관심을 가지고 지식의 범위를 확장해 가도록 돕는 안내자의 역할을 해야 한다. 개정 누리과정에서 중요한 유아·놀이중심 교육과정이 교육적으로 유의미하게 이루어지기 위해서는 다음과 같은 놀이지원을 위한 이야기 나누기가 계획되고 실행될 수 있다.

1) 놀이를 시작하도록 돕는 이야기 나누기

유아의 놀이를 관찰하다 보면 학급의 수많은 유아들의 흥미가 제각각이어서 하나의 놀이로 선정하여 지원한다는 것이 어려울 수도 있다. 그러나 유아들의 흥미가 보이기 시작할 때 그 순간을 잘 포착해서 유아의 흥미와 관심을 놀이로 연결 지을 수 있도록 도와주기 위해 이야기 나누기라는 활동을 계획해 볼 수 있다. 예를 들어, 유아가 하원 할 때 줄을 서서 유치원 버스를 기다리다가 유치원 마당의 개미에 관심을 갖게 되었다고 하자. 유아들이 모두 모여 앉아 개미들이 서로 신호를 해서 과자 부스러기 주변에 모여들고 여러 마리의 개미들이 하나의 작은 과자 조각을 들어 올려 어디론가 줄을 지어 가는 것을 한없이 바라보며 흥미로워한다. 유치원 버스가 도착했지만 개미를 더 보고 싶어서 아쉬워한다면 교사로서 유아들의 곤충, 특히 개미에 대한 관심과 흥미를 관찰한 순간이라고 할 수 있다. 교사도 이러한 유아들의 관심과 흥미를 지속시켜 주고 싶고 놀이로 연결 지어 주고 싶다고 생각하게 될 것이다. 그렇다면 교사는 먼저 자료 조사를 해 보고 개미와 관련해서 다음 날 유아들과 이야기 나누기를 하면서 개미에 대해 더 알아보고 싶은 점이 무엇인지, 개미와 관련지어서 하고 싶은 놀이가 있는지를 알아보고 이러한 놀이를 하기 위해서 필요한 준비물이 있는지 등을 논의해 볼 수 있다. 즉, 개미에 대한 유아의 관심과 흥미를 놀이로 이어 주고 놀이가 시작되도록 하기 위해 이야기 나누기라는 활동을 이용하여 유아의 흥미를 모으고 놀이로 연계할 수 있다.

2) 놀이 중 문제 해결을 위한 이야기 나누기

유아의 놀이가 진행되다 보면 갈등상황이 발생하기도 하고 유아가 원하는 놀이자료가 없어서 놀이가 지속될 수 없거나 공간이 부족하여 새로운 공간을 찾을 필요도 생긴다. 놀이공간의 변형이 불가피하여 학급의 흥미영역 구성을 변경하거나 유아들 간의 협의를 통해 흥미영역의 이동이 필요할 수도 있다. 이처럼 유아가 주도적으로 이끌어 가는 놀이 중 발생하는 여러 갈등상황과 문제상황을 해결하기 위해 학급 유아들의 생각을 들어 보고 가장 좋은 해결방안을 찾아 이를 적용해 본 후 평가해 보고 개선점을 찾아 다시 적용해 보는 등 문제해결을 위한 제 과정을 경험할 수 있는 좋은 교육의 기회를 제공할 수 있다. 예를 들어, 개미에 흥미를 갖고 개미집을 만들어서 기르기로 하면서 유아들이 조형 영역에 남는 상자를 이용해 개미를 담고 관찰할 수 있는 개미집을 만들었다고 하자. 바깥놀이 영역에서 개미 몇 마리를 잡아 와 상자에 넣고 보니 개미들이 자꾸만 상자 밖으로 나가는 것이다. 그래서 상자의 윗부분을 투명한 아세테이트지로 막아 개미가 나갈 수 없게 하고 관찰을 하였다. 그런데 시간이 지나면서 유아들은 개미들이 먹을 먹이를 넣어 줘야 한다는 생각을 하게 되었고 이야기 나누기를 통해 문제를 해결하기로 하였다. 유아들과 지금의 상자 개미집이 개미가 살기에 적합한 공간인지 이야기해 보고, 개미집을 검색하여 자유놀이시간에 다양한 형태의 개미집을 알아본 후 다시 이야기 나누기를 하면서 개미집의 여러 유형 중 우리가 쉽게 개미를 키울 수 있는 개미집을 구입하기로 한다. 그리고 그 개미집에 유아들이 직접 잡은 개미가 살도록 하며 관찰하기로 하고 개미가 집을 짓는 모습, 먹이를 먹는 모습 등을 관찰한 후에는 다시 놓아주기로 약속하는 등 우리 반 유아들이 함께 관심과 흥미를 가지고 놀이하는 주제에 대해 어떻게 놀이를 지속하고 필요한 자료를 구하거나 변형할 것인지 논의하는 이야기 나누기가 있을 수 있다.

3) 놀이를 확장하기 위한 이야기 나누기

유아의 놀이가 유아 주도적으로 유능하게 잘 진행되다가 유사한 놀이 패턴만 계속 반복된다거나 놀이가 한정되어 더 이상의 진전이 없는 경우가 있다. 이럴 때 교사는 유아들과 이야기 나누기를 통해 놀이를 더 확장시킬 수 있는 방향에 대해 생각의 폭을 넓힐 수 있는 발문을 할 수 있다. 예를 들어, 개미에 대해 관심을 갖고 놀이를 한 지 한 달이 넘어가면서 다양한 개미 놀이를 했다고 하자. 개미에 대해서는 많은 것을 알아보고 다양한 경험을 해서 더 이상의 진전이 없다면 개미 말고 또 알아보고 싶은 곤충이 있는지에 대한 이야기 나누기를 하면서 새로운 방향으로 관심과 흥미를 확장해 볼 수 있다. 또는 유아들이 방아깨비에 대해 관심을 갖게 되면서 방아깨비가 사는 곳, 먹는 것, 방아깨비에 대한 여러 놀이를 이미 다해서 더 이상 방아깨비 관련 놀이가 진전 없이 반복되기만 한다면 유아들의 놀이가 반복되는 것이 무조건 나쁜 것은 아니지만 장시간 계속 반복된다면 이는 물꼬를 트고 새로운 방향으로 확장되도록 놀이지원을 위한 활동의 계획이 필요한 순간이다. 예를 들어, 방아깨비에 대한 많은 관심과 놀이에 대해 방아가 무엇인지 알아보는 이야기 나누기를 할 수 있다. 우리 조상들에게 방아는 어떤 도구였는지, 왜 방아깨비에 방아라는 이름이 붙었을지, 방아의 생김새를 보며 원리에 대해 알아볼 수도 있다. 이러한 이야기 나누기 후에 유아들은 방아를 직접 만들어 볼 수도 있고 곡식을 빻는 것에 대한 놀이 등 지금까지 했던 방아깨비에 관련하여 한정되었던 놀이가 방아에 대한 관심과 흥미라는 새로운 국면으로 방향을 틀어 열어 줄 수 있게 되며 방아와 관련된 놀이로 연결될 수 있다.

4) 놀이 중 유아의 제안을 반영하기 위한 이야기 나누기

유아중심 · 놀이중심 교육과정에서는 유아가 놀이를 시작하고 놀이를 주도적으로 지속하는 것이 중요하며, 이 과정에서 유아의 의견이나 생각을 최대한 반영하는 것이 필요하다. 지금까지 유아의 안전을 위해 제한했던 놀이의 방식이라든지, 학급의 규칙이나 약속을 지키기 위해 제한했던 놀이가 있었다면, 개정 누리과정에서는 유아가 놀이를 제안할 때 어떻게 하면 유아의 아이디어나 제안을 최대한 지지하고 반영할 수 있을지에 대해 고민해 볼 필요가 있다. 개정 누리과정의 놀이실행자료에서 안전에 대한 예시를 보면 많은 유치원에서 안전을 위해 쌓기놀이 영역에서 블록을 쌓을 때 유아의 어깨높이 이상은 쌓지 않는다는 규칙이 있는 경우가 많다. 그러나 유아의 놀이를 최대한 지원하기 위해 유아들이 블록을 높이 쌓는 놀이에 열중할 때 이를 허용해 주었던 것이다. 자연적인 결과로서 유아들은 블록을 높이 쌓는 놀이 중 종이블록을 떨어뜨려서 이마를 다치게 되고 옆에서 놀이하던 유아들의 구조물을 망가뜨리기도 하였다. 교사는 이 사안에 대해 유아들의 제안을 최대한 반영하기 위해 어떻게 하면 좋을지 유아들의 의견을 물어보기로 한다. 그래서 이야기 나누기를 계획하고 유아들과 논의해 보았는데 유아들은 교사도 생각하지 못했던 기발한 제안을 하게 된다. 앞으로 블록을 높이 쌓고 싶을 때는 안전모를 쓰기로 하고 놀이를 하면서도 안전에 대한 실제적인 생각을 하는 모습을 볼 수 있었다. 이처럼 유아중심 · 놀이중심 교육과정을 제대로 실행하기 위해서 유아들이 놀이 중에 제안할 때 최대한 유아의 생각과 제안을 반영할 수 있도록 지원하려면 어떤 방법이 있을지에 대해서도 유아들이 의견을 낼 수 있도록 이야기 나누기를 통해 생각을 표현하고 좋은 아이디어를 모아 나름대로의 해결방안을 내고 적용해 볼 수 있도록 하는 교육적 기회를 제공하는 데 이야기 나누기가 활용될 수 있다.

5) 놀이 결과물에 대한 공유를 위한 이야기 나누기

유아들이 놀이를 하다 보면 놀이와 관련된 다양한 결과물이나 놀이 과정 중 발생하는 여러 소품, 도구 등이 만들어진다. 이 모든 것은 놀이와 관련된 소중한 유아들의 작품이므로 이러한 놀이 과정 또는 결과로 생기는 유아의 작품을 소개하고 전시하기 위한 이야기 나누기를 해 볼 수 있다. 유아는 놀이를 하면서 스스로 만든 작품을 어떤 재료로 어떻게 만들게 되었는지, 왜 이것을 만들겠다고 생각하게 되었는지 등에 대해 또래 유아들에게 소개하기도 하면서 자신의 생각을 다른 사람에게 전달하는 경험을 갖게 된다. 또한, 또래 유아들은 친구의 작품 소개를 들으면서 새로운 생각을 읽을 수 있게 되고 자신도 시도해 보고자 하는 동기부여를 받기도 하며 새로운 해결방법이나 만들기 기법에 대한 정보도 알게 되어 자신의 놀이에 적용해 볼 수도 있다. 예를 들어, 개미 놀이가 한창 진행되던 중 조형 영역에서 다양한 재료를 이용해서 여왕개미, 일개미, 병정개미 등 다양한 개미를 만들어 개미마을을 꾸민 유아가 있다고 하자. 이야기 나누기를 통해 개미 만들기 활동을 했던 유아들에게 개미마을 작품을 소개하도록 시간을 주고 왜 개미마을을 만들게 되었는지, 개미마을을 만들기 위해 어떤 재료를 사용해서 어떻게 만든 것인지, 만들면서 어려운 점은 없었는지, 개미마을을 만들어 보고 싶은 친구들에게 해 주고 싶은 말이 있는지 등 자유롭게 친구들의 질문에 대한 이야기도 해 볼 수 있다. 이를 통해 유아는 자신의 작품을 소개하면서 긍정적인 자아상을 갖게 되고 자신감과 심리적 만족감도 얻으며, 자기가 경험한 것을 다른 유아들에게 소개하면서 생각과 느낌을 조리 있게 표현하는 발표력도 기를 수 있고 정보를 공유하면서 서로의 생각이 합쳐져 전체 유아들의 경험과 생각이 풍부해질 수 있다는 소중한 경험을 할 수 있게 된다.

2019 개정 누리과정에서 이야기 나누기 활동은 의사소통 영역으로서 해당 영역의 목표는 다음과 같다(교육부 · 보건복지부, 2019).

영역	목표
의사소통	일상생활에 필요한 의사소통 능력과 상상력을 기른다. 1. 일상생활에서 듣고 말하기를 즐긴다. 2. 읽기와 쓰기에 관심을 가진다. 3. 책이나 이야기를 통해 상상하기를 즐긴다.

2019 개정 누리과정에서 의사소통 영역의 내용은 다음과 같으며, 그중 이야기 나누기의 누리과정 관련요소는 진하기로 표시한다(교육부 · 보건복지부, 2019).

내용범주	내용
듣기와 말하기	**말이나 이야기를 관심 있게 듣는다.**
	자신의 경험, 느낌, 생각을 말한다.
	상황에 적절한 단어를 사용하여 말한다.
	상대방이 하는 이야기를 듣고 관련해서 말한다.
	바른 태도로 듣고 말한다.
	고운 말을 사용한다.
읽기와 쓰기에 관심 가지기	말과 글의 관계에 관심을 가진다.
	주변의 상징, 글자 등의 읽기에 관심을 가진다.
	자신의 생각을 글자와 비슷한 형태로 표현한다.

내용범주	내용
책과 이야기 즐기기	책에 관심을 가지고 상상하기를 즐긴다.
	동화, 동시에서 말과 재미를 느낀다.
	말놀이와 이야기 짓기를 즐긴다.

개정 누리과정에서 이야기 나누기의 교육적 가치는 다음과 같다.

- 유아 스스로 놀이 중에 발견하고 더 알아보고 싶은 현상에 대해 탐구하고 정보를 수집해 가는 배움의 방법과 과정을 경험할 수 있다.
- 문제를 해결하기 위해 문제의 원인과 그 해결책을 다양한 방향으로 모색하고 정보를 활용하는 과정을 통해서 논리적 사고와 창의적 사고능력, 문제해결능력을 기를 수 있다.
- 자신의 생각과 느낌, 의견과 판단을 다른 사람에게 논리적이며 설득력 있게 주장할 수 있는 능력을 기른다.
- 유아가 자기주도적으로 사고하면서 문제를 해결함으로써 자신에 대한 긍정적 자아상과 성취감을 형성한다.
- 다른 사람의 말을 경청하여 듣고 의도와 내용을 제대로 이해하며 타인과 소통하는 태도와 능력을 기른다.
- 다른 사람들과 상호 의견을 나누며 열린 마음을 가지고 협력하고 존중하는 태도를 기른다.

2. 이야기 나누기의 계획 · 실행 · 평가

유아의 놀이를 지원하기 위한 활동으로서의 이야기 나누기를 하려면, 교사로서 어떻게 수업을 준비하고 계획할 것인지, 이야기 나누기 활동을 도입, 전개, 마무리를 통해 어떻게 유아를 대상으로 진행할 것인지, 그리고 이야기 나누기 활동에 대한 교수자로서의 평가를 어떻게 해야 할지 알아보려고 한다.

1) 이야기 나누기의 계획

(1) 주제 선정하기: 놀이맥락 이해, 놀이지원을 위한 내용 선정

이야기 나누기의 주제는 유아의 관심과 흥미, 선경험, 계절과 기념일, 유치원이나 지역사회 행사 등을 고려하여 정할 수 있다. 특히, 개정 누리과정으로 유아 중심의 놀이가 중요해지면서 유아의 놀이를 지원할 수 있는 내용으로 이야기 나누기의 주제를 계획할 필요가 있다. 유아의 발달과 흥미를 고려해서 해당 연령의 유아들이 충분히 공감할 만한 친숙하고 선경험이 있을 법한 주제로 정하는 것이 좋다. 이야기 나누기를 진행하는 동안 유아들이 주제를 이해하고 자신의 생각과 느낌을 표현하며 참여할 수 있는 내용이어야 한다.

또한, 본 이야기 나누기가 유아들의 놀이를 어떻게 지원하기 위해서 필요한 활동인지 놀이중심 개정 누리과정과 연계해서 생각할 필요가 있다. 유아들이 시작한 놀이가 하루 진행된 놀이일 수도 있고 며칠 동안 지속된 놀이일 수도 있는데 그 놀이의 어떤 부분을 교사로서 지원해 주려고 이야기 나누기를 할 건지 생각해 볼 필요가 있다. 유아들이 관심과 흥미로 시작해서 어떤 놀이를 하는데 갈등상황이 발생해서 그 문제상황의 해결책을 찾기 위해 이야기 나누기를 할 수도 있고, 놀이가 교육적으로 유의미한 방향으로 확장되고 심화되도록 하기 위해 이야기 나누기를 통해 다양한 놀이 방법을 소개하거나 정보를 제공할 수도 있다.

예를 들어, 역할놀이 영역에서 꽃가게 놀이를 하고 있는데 모든 유아가 꽃을 만들고 꽃가게 주인이 되고 싶어 하여 정작 꽃가게에 손님이 없어서 불만이 생긴 상황이라고 가정해 보자. 그러면 꽃가게 놀이가 진행되는 과정에서 발생한 문제상황을 해결하기 위해 이야기 나누기를 계획해 볼 수 있다. "애들아, 우리가 역할영역에서 꽃가게 놀이를 하고 있지. 그런데 몇몇 아이들이 어려움이 있다고 해. 어떤 어려움이 있는지 누가 이야기해 줄 수 있니?"라고 물었을 때 유아가 "선생님, 저는 꽃가게 주인을 하고 싶은데 친구들이 다 주인이어서 꽃가게 자리가 없어요.", "선생님, 저는 꽃가게 주인인데 손님이 없어서 재미가 없어요."라고 대답한다면 어떻게 하면 좋을지에 대해 이야기 나누기를 할 수 있다. 이때 교사가 해결책을 주려고 하지 말고 유아 스스로 생각해서 문제를 해결해 갈 수 있도록 기회를 주는 것이 좋다. 이건 정답이 없으므로 아이들 나름대로의 해결책을 최대한 인정하고 상황에 적용하여 그 자연스러운 결과(Natural Consequence)를 유아 스스로 보고 평가하며 개선할 수 있는 기회를 제공해 주는 것이 중요하다. 순서표를 정해서 5명씩 돌아가며 하자는 의견이 있을 수도 있고, 주인 역할을 하고 싶은 아이들 모두 할 수 있도록 가게를 많이 만들자거나, 손님이 없으니 동생반을 초대하자고 할 수도 있다. 동생반을 초대하기 위해 초대장을 만들 유아를 2~3명 정하고, 초대장을 들고 가서 동생반 유아들에게 전달하며 꽃가게 놀이를 소개할 유아를 정해서 진행해 볼 수 있다. 그 후 아이들이 의견을 낸 대로 해 보고 이를 평가해 본다. "너희들이 동생반을 초대해 보기로 했는데 실제 해 보니 어땠니? 어떤 점이 좋았니? 어떤 점이 불편했니? 다음에 다시 꽃가게 놀이를 한다면 어떻게 해 보고 싶니?" 등의 질문을 통해 유아의 다양한 생각을 촉진시키는 발문을 한다. 이야기 나누기를 하는 동안 유아들은 다른 유아들의 생각지도 못했던 의견을 들으며 생각의 다양한 방향, 서로 다른 관점을 이해할 수 있게 된다. "꽃가게 주인만 재미있는 줄 알았는데 손님 역할을 해 보니 좋았어요." 등 유아 스스로 생각해 보지 못했던 것에 대해 다른 유아들의 의견을 들으며 그럴 수도 있겠다고 생각해 보고 공감하거나 감정이입을 해 볼 수 있고 생각의 폭이 넓어지는 것을 경험할 수 있다. 이와 같은 유아 스스로의 평가내용대로 개선책을 적용해 보고 시도해 보는 것을 통해 자신의 생각과 의견대로 실행해 보고 이에 대해 평가 후 개선하는 일련의 과정에 주도적으로 참여하도록 할 수 있다.

(2) 활동명, 활동목표와 방법 계획하기

주제를 정하면, 이야기 나누기 활동 안에서 다루고자 하는 지식의 내용과 범주를 정하고 활동의 구체적인 목표를 설정하여 이야기 나누기 주제와 유아의 연령 및 발달 수준, 시기 등을 고려한 활동을 계획한다. 적절한 활동명도 정하고 해당 이야기 나누기를 통해 유아들이 경험하게 될 지식, 기술, 태도 및 가치가 포함되도록 활동목표를 구체적이고 세부적으로 작성한다. 활동은 문제상황에 대한 해결방안을 찾기 위한 토론을 할 것인지, 새로운 정보를 소개하고 지식을 확장하는 활동으로 할 것인지, 자료를 제시하며 소개할 것인지, 시범을 보이며 할 것인지 등 해당 활동 내용에 가장 효과적인 활동 방법을 계획한다.

(3) 집단 구성 정하기

이야기 나누기를 위한 집단 구성을 어떻게 할 건지, 학급 전체가 함께 이야기하는 대집단 활동으로 진행할 것인지, 부담임과 반으로 나눠서 소집단으로 이야기할 것인지를 정한다. 우리 학급의 문제상황을 해결하기 위한 이야기 나누기나 특정 행사를 계획하는 이야기 나누기의 경우에는 전체 대집단 활동으로 진행하는 것이 모든 유아들의 의견을 수렴할 수 있어서 효과적일 것이고, 유아의 작품을 소개하거나 개별 유아의 이야기를 소개해야 하는 이야기 나누기의 경우에는 학급을 절반, 또는 1/3로 나눠서 소집단으로 운영할 때 교사 대 유아, 유아 대 유아의 상호작용이 증가할 수 있고 개별 유아들의 발표 시간도 증가할 수 있다.

(4) 활동의 적절한 시간 정하기

이야기 나누기 활동을 하루 일과 중 언제 할지 생각해 볼 필요가 있다. 유아교육과정을 생각해 보면 유치원의 하루 일과는 대집단–소집단, 동적 활동–정적 활동, 실내활동–실외활동, 교사 주도–유아 주도 활동이 교대로 이루어지도록 균형 있게 계획하는 것이 중요하다. 만약, 동시 감상 후 동화 감상을 하고 이야기 나누기를 이어서 하는 등 정적 활동만 계속하면 유아들이 집중하기 어렵다. 정적인 활동인 동시 후에는 동적인 활동인 신체표현을 계획해서 유아들이 주의집중하며 활동에 즐겁게 참여할 수 있도록 균형 있는 일과 계획이 필요하다. 또한, 이야기 나누기의 활동시간을 만 3세 유아 대상이면 약 15분 내외, 만 4, 5세는 20분 내외로 하면 적당하며, 활동의 내용이 많아서 길더라도 25분까지 정도로 진행하되 30분을 넘는 것은 지양하는 것이 좋다. 일반적인 이야기 나누기는 대략 20분 전후가 바람직하며, 학기 초보다는 학기 말에 유아가 오랜 시간 집중해서 앉아 있을 수 있으니 학기 말로 갈수록 시간을 늘려 가는 것이 바람직하다. 날씨에 따라서도 비가 많이 오거나 눈이 와서 마음이 안정적이지 않은 날씨에는 융통성 있게 바깥놀이 후 이야기 나누기를 진행하는 것이 좋다.

(5) 주의집중 계획하기

주제를 정한 후에는 어떻게 주의집중을 해서 이 주제에 대한 관심을 갖게 할까? 도입에서 사용할 주의집중을 생각해 본다. 주의집중은 손유희, 관련 노래 부르기, 궁금상자 이용하기, 수수께끼, 그림자료의 부분과 전체 등으로 맞추기 등 다양한 방법이 있다. 예를 들어, 아이들과 토마토에 대한 이야기를 할 때 수수께끼로 시작한다면, '나는 빨간색입니다. 나는 먹는 겁니다. 나는 채소입니다.'와 같은 식으로 큰 카테고리에서 작은 카테고리로 좁혀 가면서 유아로 하여금 추론해 볼 수 있도록 문제를 낸다. 꼭 정답이 아니더라도 유아가 다양하게 생각하며 흥미와 관심을 느끼게 하고 다양한 방향으로 생각해 볼 수 있도록 한다.

(6) 도입, 전개, 마무리 계획하기

이야기 나누기 주제에 대해 도입에서는 어떻게 주의집중해서 주제를 소개할지, 유아의 선경험과 어떻게 발문해서 연결할지, 활동목표를 어떻게 언급할지 결정한다. 활동목표는 "오늘은 토마토에 어떤 영양분이 있는지 알아볼 거야." 하는 식으로 오늘의 활동목표를 풀어서 이야기하면 된다. 전개에서는 하고자 하는 주제 관련 내용을 중점적으로 알아본다. 예비교사의 경우 전개에서 유아들에게 알려 주고 싶은 내용이 너무 많아 내용이 방대해지는 경향이 있는데 이를 지양하며, 활동목표에 적합하게 단순한 핵심 주제를 중심으로 이야기를 정리하여 계획한다. 그리고 이야기 나누기의 주요 내용은 교사가 설명하는 식이 아니라 그 중요한 내용이 유아들의 입에서 나오도록 발문을 한다는 마음으로 계획하고 준비한다. 또한, 활동계획안 작성 시 도입, 전개, 마무리에서 큰 동그라미에 해당하는 큰 줄거리를 먼저 정한 후 각각의 줄거리 흐름별로 상세한 교사의 발문, 예상되는 유아의 대답을 작성하여 활동계획안이 큰 맥락을 가지고 작성되고 이야기가 흐트러지지 않도록 주의한다.

(7) 적절한 활동장소와 교수-학습 자료 준비하기

이야기 나누기 할 장소는 출입문이 보이지 않는 방향이어서 늦게 등원하는 유아들이 교실에 들어올 때마다 유아들의 주의가 산만해지지 않는 장소가 적합하다. 또한, 출석 확인이나 대단위로 모일 때 쌓기영역이나 역할영역의 카펫이 큰 곳에 주로 모이게 되는데 햇빛이 너무 강하면 블라인드 등을 통해 채광을 조절하여 유아가 이야기 나누기와 자료에 집중할 수 있게 한다. 그리고 이야기 나누기를 위해 전체 유아가 모일 때는 끝에 앉은 유아들이 손을 뻗어도 교구가 닿지 않도록 쌓기영역 교구장을 융통성 있게 옆으로 벌려 둔다.

교사는 항상 유아들이 대집단으로 모였을 때 이야기 나누기에 참여하기에 적합한 대형으로 앉았는지 확인한다. 서로 장난이 심한 유아들은 자리를 변경하여 장난이 심한 아이와 조용한 아이들이 함께 앉도록 배려하고 유아들이 교사와 너무 가까워서 교구를 바라보기 불편하다면 조금 뒤로 움직여 앉도록 한다. 이야기 나누기 대형으로 앉을 때 직선으로 앉기보다는 유선형으로 앉아서 모든 유아들이 교사와 동일 거리로 앉을 수 있도록 하며, 너무 큰 유아가 앞에 앉아서 뒤에 앉은 유아의 시선을 가린다면 자리를 옮기거나 엇갈려 앉혀서 모든 유아들이 이야기 나누기 활동에 참여하는 데 어려움이 없도록 전체적인 자리 배치를 확인한다.

이야기 나누기는 특히 시청각자료가 중요한데, 이야기만 하면 유아가 이해하기에 추상적이고 이해하기 어려울 수 있으므로 구체적 자료를 통해 주의집중과 흥미도, 이해도를 높인다. 가장 좋은 시청각자료는 실물이며, 그다음은 동영상자료, 사진, 미니어처, 그림 등의 자료이다. 교수-학습 자료는 유아 모두가 자세히 편히 볼 수 있도록 적당한 크기로 준비하며 실물화상기나 빔프로젝터로 확대하도록 한다. 자료를 융판이나 화이트보드에 제시할 때 자료가 계속 누적되어 마무리 활동에서의 회상 때에는 지금까지 이야기했던 자료들이 모두 유아의 시선에 있어서 이야기 나누기 내용을 회상하는 데 힌트가 될 수 있어서 좋다.

(8) 전이와 확장활동 계획하기

이야기 나누기를 끝마치면 어떤 일과로 전이할지, 어떻게 전이할지도 미리 생각하고 계획한다. 교실 내 흥미영역의 이동이 되는 전이가 될 수도 있고, 교실 외의 장소로 이동할 수도 있으니 다음 활동과의 자연스러운 연결을 전이활동으로 계획한다. 또한, 이야기 나누기 활동에서 다룬 내용에 대한 심화나 확장이 가능하도록 통합적으로 연계될 수 있는 확장활동도 계획한다.

2) 이야기 나누기 활동의 실행

(1) 도입

- 도입에서 주의집중을 생각할 때 손유희, 촉감상자, 노래 등 다양한 방법이 있다. 도입에서 수수께끼를 낼 때 교사는 유아가 생각할 수 있는 시간을 주며 기다리는 여유를 가진다. 중요한 것은 이야기 나누기를 통해 깊이 생각해 보고 추론해 보고 다양한 측면으로 접근해 볼 수 있는 생각의 유연함, 유창성을 경험해 보는 것이다. 따라서 수수께끼 문제를 기계적으로 내기보다는 유아가 궁금해하고 여러 가지를 생각해 보도록 사고의 여백을 활용한다. 예를 들어, '나는 동물입니다'라는 카테고리에 들어갈 다양한 동물을 생각해 보게 하고 교사는 "코끼리일까? 기린인 것 같니? 장수풍뎅이일까?" 등 정답을 맞추는 데만 집중하지 말고 다양한 생각을 해 보도록 여유 있게 진행한다.
- 교사는 발문을 통해 이야기 나누기 주제에 대한 교사와 유아의 상호의견 교환식 수업이 되도록 하는 것이 중요하며, 유아의 선경험과 주제를 연결해 주어야 한다. 예를 들어, 바람에 대해 이야기 나누기할 때 "바람이 분다는 걸 어떻게 알 수 있을까?"라고 질문하면, 유아들은 바람개비, 태극기, 바다의 파도, 민들레 홀씨 등 유아들이 선경험했던 바람과 관련된 이야기를 할 것이다. 이처럼 이야기 주제인 바람과 유아의 선경험을 연결 지을 수 있도록 발문하면 유아 자신의 경험과 또래 친구들의 경험을 듣고 선경험의 확장과 흥미의

확대를 경험할 수 있다.

- 도입의 끝부분은 활동의 소개, 즉 이야기 나누기를 할 주제에 대한 소개를 하면서 활동목표를 소개한다. 활동목표는 활동계획안에 작성하는 방식으로 유아가 해당 이야기 나누기 활동에 참여하면서 경험하게 될 지식, 기술, 태도 및 가치의 내용이다. 활동목표를 소개할 때는 계획안의 문구처럼 딱딱하게 언급하지 않고 "그래서 오늘은 재활용하는 방법에 대해서 알아보려고 해."라는 식으로 풀어서 유아가 이해하기 쉽도록 설명한다.
- 평소 발표를 어려워하는 유아의 경우에는 이야깃거리를 가지고 말해 보도록 돕는다. 제4차 산업혁명 시대에는 자신의 생각과 느낌을 다른 사람 앞에서 분명하게 잘 이야기하고 발표할 수 있는 능력이 중요하다. 따라서 주말 지낸 이야기를 통해 발표의 기회를 많이 주고 유치원에 다니는 기간 동안 발표력을 길러 줄 수 있다. 이럴 때 발표를 잘 하지 않는 유아의 경우 이야깃거리를 가지고 말해 보도록 하면 좋다. 예를 들어, 주말에 할아버지 댁에서 가져온 목화솜을 직접 가져와 이야기하도록 한다거나, 어린 시절 사진을 소개하며 이야기 나누기를 한다면 아무 것도 없이 이야기하는 것보다 쉽게 접근할 수 있다. 따라서 이야기 나누기 할 때 앞에 나와 잘 발표하지 않는 유아가 있다면 이야깃거리를 가지고 와서 발표를 조금씩 시작할 수 있도록 가정과 연계하여 준비해 볼 수 있다.

(2) 전개

- 전개에서는 이야기 나누기의 주제를 본격적으로 유아들과 이야기하는데, 쉬운 것에서 어려운 것으로, 구체적인 것에서 추상적인 것으로, 유아에게 근접한 범주의 이야기에서 점차 넓은 범주로 확장되는 이야기식으로 전개한다. 예를 들면서 설명하거나 인형극 등 상황극을 통해 소개하거나 자료를 활용하여 이야기하는 등 유아가 쉽게 이해하고 주제에 관심을 갖도록 전개 부분을 구성해 간다. 이때 교사가 장황하게 새로운 정보를 소개하기보다는 유아의

입에서 중요한 주제 내용이 나올 수 있도록 발문하는 데 중점을 두고, 교사가 일방적으로 전달하는 식이 아니라 교사와 유아 간의 상호교류로 주고받는 이야기 나누기가 될 수 있도록 한다.

- 유아가 교사의 질문에 대해 어떤 대답을 하거나 발언을 했을 때 교사는 유아의 발언을 한 번 더 되말해 준다. 이와 같은 반응적 발언(Reflective utterance)은 첫째, 유아가 한 이야기를 교사가 잘 이해했는지 확인할 수 있고, 둘째, 지금 이야기 나누기에서 어떠한 이야기가 진행되고 있다는 정보를 다른 유아들과 공유할 수 있으며, 셋째, 유아의 발언을 문법적으로 조리 있게 다시 한번 정리해서 바른 문장 표현으로 들려줄 수 있고, 넷째, 발언한 유아로 하여금 자신이 말한 내용을 객관적으로 들어 보며 스스로 평가해 볼 수 있는 기회를 제공한다. 예를 들어, 교사가 "토마토 먹었을 때 맛이 어땠어?"라고 물었을 때 한 유아가 "싱싱해서 맛있었어요."라고 했다면 "유정이는 토마토가 싱싱해서 맛있었구나."라고 반응적 발언을 통해 한 번 더 정리하여 말해 준다. "저는 토마토가 터지는 게 재밌었어요."라고 한다면 "지성이는 토마토를 입에 넣고 먹을 때 톡 터지는 게 재미있었구나." 등으로 되말해 준다.
- 이야기 나누기를 전개할 때 특히 중요한 것은 허용적 분위기를 조성하는 것이다. 유아가 어떤 이야기를 하더라도 유아가 무안하게 반응하지 말고 일단 공감하면서 "그렇게 생각해 볼 수도 있겠다. 재미있는 생각을 했네. 왜 그런 생각이 들었어? 그럴 수도 있겠구나."라고 허용적이고 공감하는 분위기를 조성해야 유아가 자신의 생각과 느낌을 자유롭고 편하게 표현할 수 있고 적극적으로 발표하고 이야기 나누기에 즐겁게 참여할 수 있다. 유아는 유치원에서 생활하면서 교사가 유아 자신을 어떻게 대하는지, 그리고 교사가 다른 유아에게 어떻게 대하는지를 보면서 교사가 공정하고 친절하며 믿고 기댈 만한 사람인지 교사와의 신뢰감(rapport)을 형성하게 된다.
- 이야기 나누기는 유아의 어휘가 확장될 수 있는 좋은 교육의 장이다. 어휘 확장을 위해 교사는 다양한 수준의 유사어를 사용하여 유아가 모국어의 뉘앙스를 통해 새로운 어휘로의 확장이 가능하도록 돕는다. 예를 들어, "비슷한 것

끼리 모아 보자. 분류해 보자. 유목화할 수 있구나." 등 다양한 어휘를 사용하면서도 다양한 수준의 언어로 표현하여 모든 언어발달 수준의 유아들이 이해하고 활동에 참여하면서 자연스럽게 어휘의 확장을 경험하도록 한다.

- 이야기 나누기 중 교사는 단순한 기억을 묻는 수렴적 질문과 다양한 생각을 묻는 확산적 질문이 혼용되도록 발문한다. 그렇다고 수렴적 질문, 정답이 있는 질문을 무조건 하면 안 된다는 의미는 아니며, 발산적 질문으로 가기 위한 기초로서 수렴적 질문도 필요하다. 여기서 발산적 질문의 비중을 크게 하여 유아가 지식과 정보를 암기하고 수용하는 존재가 아니라 새로운 생각을 하고 참신한 시도를 적극적으로 하도록 촉진한다. 예를 들어, "우리나라의 사계절에는 무엇무엇이 있지? 지금은 무슨 계절이지?"라는 수렴적 질문의 비중은 최소화하고 "가을은 무슨 색이라고 생각해? 왜 그렇게 생각하니? 가을 하면 생각나는 것이 무엇이니?"와 같이 가급적 생각해서 대답할 수 있는 발산적 질문과 정답이 없는 질문을 많이 하여 "온 세상이 은행잎으로 덮여 있어서 황금빛이 된 것 같아요." 등 아이들이 최대한 창의적으로 다양하게 생각하면서 느껴지는 대로 독창적으로 말해 볼 수 있도록 한다. 또한, 유아들이 다른 사람이 생각하지 않았을 만한 것을 생각해 보고 이야기하도록 격려한다.
- 이야기 나누기 도중 유아가 질문에 대한 대답을 잘 못 한다면 질문의 난이도를 조절할 필요가 있다. 같은 질문을 반복하기보다는 질문의 수준을 낮추거나 더 구체적으로 설명하여 유아가 질문의 의도를 이해하고 대답할 수 있도록 다시 발문한다. 예를 들어, "약속이 무엇일까?"라고 묻는다면 막연하고 어떻게 대답해야 할지 모를 수 있다. 그때 교사는 "우리가 유치원에서 모두 즐겁게 지내려면 지켜야 할 것이 있지? 어떤 것들을 지켜야 하니?"라고 한 번 더 풀어서 질문해 본다. 그것도 어려워한다면 역할영역에서는 "어떤 약속들이 있니?"라고 질문해 보고, 그 질문도 어렵다면 "만약, 역할영역에서 놀이한 후 정리를 하지 않는다면 어떻게 될까?" 등의 가정법을 사용하는 것이 좋다. 이처럼 질문이 막연하고 추상적일 때는 좀 더 구체적이고 실제 상황이나 사례와 관련된 질문, 또는 가정법을 사용한 질문으로 쉽게 풀어 나갈 수 있다.

- 이야기 나누기 진행 중 주제와 무관한 발언을 하거나 분위기를 산만하게 하는 유아가 간혹 있다. 간혹, 유아가 주제와 무관한 이야기를 하더라도 나쁜 의도를 가진 것이 아니라 유아의 선경험 상에서 아직 생각과 발언이 그 정도에 머무는 것일 수도 있으니 무안을 주지 말고 "그렇게 생각할 수도 있겠구나." 또는 "그랬군요."라고 짧게 공감하고 다시 주제 맥락으로 돌아가도록 한다. 그러나 유아가 주제에 흥미를 못 느껴 일부러 상관없는 이야기를 하며 이야기 나누기를 훼방하려고 한다면, 이 활동을 하기 위해 정한 약속을 지키지 않으면 우리가 놀이를 즐겁게 할 수 있는 시간이 줄어든다는 점을 이야기하며 집중하도록 유도한다. 교사는 의태어나 의성어를 사용하거나, 효과음, 목소리 크기의 변화(크게 말하거나 작게 속삭이기), 또는 음을 붙여 노래처럼 말하기 등 다양한 변화를 통해 유아의 주의집중이 흐트러지지 않도록 한다.
- 이야기 나누기는 다양한 유아들이 의견을 이야기할 수 있도록 공평하게 기회를 부여하도록 노력한다. 만약, 한 유아만 계속 발표한다면 "이번에는 이야기하지 않았던 유아가 해 보자."라고 여러 유아가 이야기해 볼 수 있도록 한다. 또한, 교사가 원하는 대답을 잘할 수 있는 유아에게 발언권을 주며 교사가 원하는 방향으로 이야기 나누기를 이끌어 가야 한다는 강박관념을 버리고 유아의 유연하고 다양한 생각을 들어 본다는 마음으로 다양한 유아에게 발언 기회를 제공한다.
- 교사가 모르는 것을 질문할 경우 함께 알아보기로 약속한다. 이때 약속을 했다면 교사는 약속을 꼭 지키도록 한다. 예를 들어, 유아가 급식시간에 배식을 하고 싶다고 한다면 교사는 내일 급식시간에 유아가 배식을 해 보도록 배려한다. 만약, 만 3세반 학기 초여서 아직 유아 배식이 어려운 상황이라면 "그래. 내일은 너희들이 배식해 보자."라고 지킬 수 없는 약속을 하지 말고 "너희가 배식해 보고 싶었구나. 멋진 생각을 했네." 하며 공감하되 약속을 한다면 꼭 지켜야 한다.

(3) 마무리

- 내용 정리하기: 마무리에서는 지금까지 이야기 나눈 내용을 기반으로 새롭게 알게 된 점, 좋았던 점, 앞으로 유치원 교실에서 실천해 보고 싶은 것 등에 대해 자유롭게 말해 보도록 하거나, 오늘 이야기 나누기를 하면서 아쉬웠던 점, 불편했던 점이나 앞으로 개선하고 싶은 점이 있는지에 대해 간략히 이야기 나누어 볼 수 있다. 주의할 점은 전개에서 이야기 나눈 내용에 대해 기억을 요하는 질문이나 내용을 잘 이해했는지 확인하는 질문은 가급적 지양하고 유아가 생각을 해서 대답할 만한 질문으로 한다. 마무리에서는 활동목표에 해당하는 이야기 나누기의 핵심 주제를 유아들이 다시금 생각해 볼 만한 질문을 해서 생각해 보도록 하는 것이 바람직하다.
- 확장활동 소개하기: 이야기 나누기 했던 내용과 연계되는 통합적 활동을 확장활동으로 소개한다. 예를 들어, 나비의 일대기에 대해 이야기 나누기를 했다면 확장활동은 조형 영역에서 나비의 일생을 만들어 이야기 꾸미기를 한다거나 언어 영역에서 나비의 일생인 알, 애벌레, 번데기, 나비에 대한 단어책을 만드는 활동, 음률 영역에서 음악에 따라 나비의 일대기를 몸으로 표현해 보는 활동 등으로 연계하여 해 볼 수 있다.
- 전이활동으로 전개하기: 이야기 나누기 활동이 끝나고 다음 일과로 자연스럽게 전이되도록 안내한다. 예를 들어, 만 5세 유아라면 "다음은 간식시간이구나. 선생님이 이름을 거꾸로 불러 주는 어린이는 손을 씻고 간식 먹을 준비를 하자."라고 하며 이름이 김교과라면 "과, 교, 김"이라는 식으로 유아의 이름을 거꾸로 불러 주면 유아의 듣기 집중력에도 긍정적인 전이를 할 수 있다.

3) 이야기 나누기의 평가

이야기 나누기 수업에 대한 평가내용은 다음의 표와 같다. 이 표의 내용을 살펴보면 이야기 나누기 수업 시 고려해야 할 사항들을 알 수 있다.

범주			내용	평가
수업설계			주제와 연계되는가?	
			유아의 경험과 연계되는가?	
			유아의 발달에 적합한가?	
			목표 진술은 적절하며, 평가의 요소를 고려하는가?	
			도입, 전개, 마무리 구성이 적절한가?	
교수-학습 활동	지도 과정	도입	본 수업과 관련된 이전의 학습내용을 회상하면서 관련 짓는가?	
			유아가 주제에 대해 호기심과 흥미를 가질 수 있도록 동기유발을 하는가?	
		전개	목표에 부합하는 내용으로 진행하는가?	
			본 시의 학습목표 달성을 위하여 관찰, 대화와 질문 등을 사용하여 유아들이 서로 상호작용하도록 격려하는가?	
			새로운 정보를 제공하여 유아의 지식과 경험을 확장시키는가?	
			주제에 따라 발문의 유형(인지적 · 확산적 · 수렴적 · 평가적)을 적절하게 구사하는가?	
		마무리	목표를 고려하여 종합 정리하는가?	
			이야기 나누기 시간을 마무리하고 다음 활동을 알려 주는가?	
			차시 예고를 하는가?	
	수업 분위기 조성		이야기 나누기를 하기에 적합한 환경인가?	
			이야기 나누기를 시작하기 전에 생리적인 욕구를 해결했는가?	
			이야기 나누기에 적절한 대형인가?	
	교사 역할		유아들이 이야기하는 내용을 적절하게 처리하는가(종합, 확장, 정보제공, 수정 등)?	
			유아들의 부적절한 반응이나 행동을 긍정적인 방법으로 조정하는가?	
			유아의 적절한 반응에 대하여 격려 혹은 칭찬을 하는가?	
			이야기 나누기에 흥미와 호기심을 가지고 적극 참여하도록 하는가?	
			자유롭고 수용적인 분위기를 유지하는가?	
			교사의 언어, 태도, 위치가 적절한가?	
			유아에게 질문에 대해 생각할 시간을 주는가?	
			유아의 수준에 맞고 정확한 문장으로 질문하며, 유아의 반응에 따라 적절하게 재질문 하는가?	
학습 자료 활용			유아의 발달과 흥미에 적절하고 효과적인 매체를 사용하는가?	
			매체를 적절하게 활용하는가?	

출처: 교육부(2000).

3. 이야기 나누기의 활동교육계획안 예시

수업일시	2021. 5. 13.	수업장소	쌓기영역
놀이주제	동물	대상연령	만 5세
활동시간	20분	활동유형	이야기 나누기
활동명	내 짝꿍 반려동물	집단크기	대집단
		대형	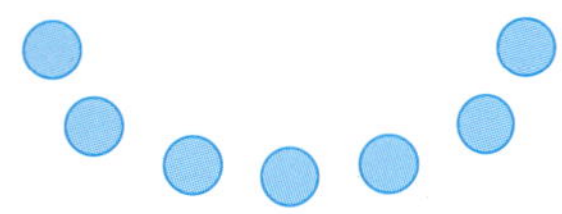
활동계획 배경 (놀이와의 연계)	역할놀이 영역에서 유아들이 소꿉놀이를 하며 강아지와 고양이 흉내를 내고 있었다. 그러던 중 어떤 유아가 자신은 꽃게라며 꽃게 흉내를 내자, 함께 놀이하던 유아들이 꽃게는 집에서 키우는 사람이 없고, 바다에 살고 있는데 어떻게 집에 있을 수 있냐고 이야기한다. 이 모습을 본 교사는 반려동물의 의미를 알려 주며 강아지와 고양이 이외에도 집에서 키울 수 있는 동물들이 많다는 것을 함께 생각해 볼 기회를 가진다.		
활동목표	- 다양한 반려동물이 있음을 안다. - 반려동물에 대한 생각과 느낌을 이야기할 수 있다. - 반려동물을 아끼고 소중히 여기는 마음을 가진다.		
누리과정 관련요소	• 의사소통 〉 듣기와 말하기 〉 자신의 경험, 느낌, 생각을 말한다. • 의사소통 〉 듣기와 말하기 〉 상대방이 하는 이야기를 듣고 관련해서 말한다. • 자연탐구 〉 자연과 더불어 살기 〉 주변의 동식물에 관심을 가진다. • 자연탐구 〉 자연과 더불어 살기 〉 생명과 자연환경을 소중히 여긴다.		
준비물	동요 mp3, 다양한 반려동물 사진		
사전활동	새노래 배우기 「내 동물친구」		

절차	활동내용	준비물 및 유의점
도입 (3분)	**○ 「내 동물친구」 동요를 함께 부른 후 이야기 나눈다.** - 이 동요에는 어떤 동물이 나오니? - 그 동물들을 실제로 본 적이 있니? - 어디서 보았니? - 이 동물들은 어떤 공통점을 가졌을까?	

절차	활동내용	준비물 및 유의점
도입 (3분)	○ **이야기 나누기의 주제에 대해 알려 준다.** - 오늘은 사람들과 함께 생활하는 반려동물에 대해 이야기 나누어 보려고 해.	
전개 (12분)	○ **반려동물의 의미를 알아본다.** - '반려동물'이라는 말을 들어 본 적이 있니? - '반려동물'은 무슨 뜻일까? - 내 짝꿍이 되는 친구를 조금 어려운 말로 '반려'라고 해. - 그럼 다시, 반려동물은 무슨 뜻일까? - "우리 집에 반려동물이 있어요~" 하는 아이 있니? - 어떤 반려동물과 함께 살고 있니? ○ **다양한 동물들이 반려동물이 될 수 있다는 것을 알아본다.** - 그럼, 고양이랑 강아지 같은 동물들만 우리와 함께 살 수 있을까? - 거북이, 도마뱀, 개구리와 같은 동물들도 우리와 살 수 있겠구나. 소라게도 우리와 함께 집에서 살 수 있을까? - 소라게는 바다에 살아서 안 될 것 같았구나. 이 그림을 한번 볼까?  	

절차	활동내용	준비물 및 유의점
전개 (12분)	- 이건 무슨 그림이야? - 그렇다면 소라게도 우리와 함께 살 수 있을까? - 그렇구나. 소라게도 함께 살 수 있겠다. - 어떤 사람들은 원숭이를 반려동물로 키우고 있대.   - 그리고 또 어떤 사람은 호랑이를 반려동물로 키우기도 해. - 이렇게 다양한 동물이 우리의 반려동물이 될 수 있겠다.  	

절차	활동내용	준비물 및 유의점
전개 (12분)	○ **내가 함께 지내고 싶은 반려동물에 대해 이야기 나눈다.** - 너희들은 어떤 반려동물과 함께 지내보고 싶니? - 반려동물은 사람들과 함께 살면 어떤 점이 좋을까? - 사람들은 왜 반려동물과 함께 지낼까? ○ **반려동물과 생활할 때 지켜야 하는 약속에 대해 알아본다.** - 반려동물이 귀엽다고 해서 무조건 키울 수 있을까? - 소중한 생명을 한 가족으로 맞이하기 전에는 많은 것을 생각해야 한단다. - 반려동물도 우리 가족이 될 수 있을까? - 그럼, 우리 가족이 아플 때 어디에 가니? - 그렇다면 반려동물이 아프면 어디로 가야 할까? - 동물병원에 있는 의사 선생님은 우리가 뭐라고 부를까? - 조금 어려운 말이지만 '수의사'라고 해. - 우리가 반려동물과 함께하기 위해서는 반려동물에 대해 많은 것을 알고 있어야 해. - 그렇다면 어떤 것을 알고 있어야 할까? - 사는 곳과 먹는 것도 알고 있어야 하고, 좋아하는 것도 알고 있어야 하는구나. - 우리의 짝꿍인 반려동물과 함께 지내기 위해 어떤 마음을 가져야 할까? - 우리가 책임감을 가지고 사랑으로 돌봐 줄 수 있어야 되겠구나.	
마무리 (5분)	○ **이야기 나누기를 통해 새롭게 알게 된 점과 느낌을 이야기 나눈다.** - 오늘은 반려동물에 대해 이야기해 보았는데 새롭게 알게 된 점이 있었니? - 어떤 점을 새롭게 알게 되었니? - 어떤 점을 느꼈니? - 오늘 이야기 나누었던 반려동물에 관해서 어떤 놀이를 해 볼 수 있을까?	

절차	활동내용	준비물 및 유의점
마무리 (5분)	- 이렇게 다양한 놀이를 해 볼 수 있겠구나. - 다음은 어떤 시간이지? - 자유놀이시간이구나. "저는 역할영역에서 놀이하겠어요." 하는 어린이들은 일어나서 의자 정리하고 가자. 이번에는 "저는 수 · 조작 영역에서 놀이하겠어요." 하는 아이들이 의자 정리하고 가세요. 그리고 "저는 쌓기영역에서 놀이하겠어요." 하는 아이들이 의자 정리하고 가세요. 다른 영역에서 놀이하고 싶은 어린이들도 의자 정리하고 가세요.	
사후/확장활동	역할놀이 영역에서 동물병원 놀이	
평가	• 다양한 반려동물이 있음을 아는가? • 반려동물에 대한 생각과 느낌을 이야기할 수 있는가? • 반려동물을 아끼고 소중히 여기는 마음을 가지는가?	

CHAPTER 03

동화

1. 동화의 개념

동화란, 유아의 동심을 바탕으로 지어진 이야기로서, 유아가 일상생활에서 했을 법한 경험과 연관된 이야기부터 상상의 나래를 펼 수 있는 공상이야기까지 다양한 장르가 있다. 유아는 친숙한 목소리의 성인(부모 또는 교사 등)이 들려주는 동화를 들으면서 동화책의 그림을 동시에 바라보며 상상력과 창의력을 확장시킬 수 있고 언어표현능력, 논리사고력, 문장을 듣고 이해하는 문해능력, 사건의 발달, 전개, 위기, 절정, 결말과 같은 이야기 구조에 대한 이해를 하게 된다. 또한, 동화 이야기 내의 반전을 통해 발상의 전환, 사고의 카타르시스를 경험하며, 동화 주제나 결말의 감동을 통해 다양한 정서를 경험하고 문학적 감성을 자극받으며 문학 작품을 통한 정서적 만족감을 향유하게 된다. 이처럼 동화를 활용하여 유아와 함께할 수 있는 활동은 크게 동화 감상과 동화 짓기가 있으며, 동화 짓기는 개작하기와 창작하기로 나눠서 생각해 볼 수 있다. 동화 활동을 할 때 교사는 책 속의 지식이나 정보를 가르친다거나 암기하고 기억하게 하는 방식으로 접근하는 것이 아니라 유아가 동화를 들으면서 생각하고 느낀 것을 이야기해 보고 동화에서 말하고자 하는 주제에 대해 생각해 보도록 적절한 발문을 통해 유아의 생각주머니를 키우도록 도울 수 있다. 개정 누리과정에서 중요한 유아 · 놀이중심 교육과정이 교육적으로 유의미하게 이루어지기 위해서는 다음과 같은 놀이지원을 위한 동화 활동이 계획되고 실행될 수 있다.

1) 놀이를 시작하도록 돕는 동화

개정 누리과정의 놀이실행자료에는 만 3세 유아들이 비 오는 날 산책길에서 마주한 젖은 흙에 흥미와 관심을 갖게 되면서 '흙 속에 숨은 색깔'이라는 놀이를 시작하게 된 사례 이야기가 있다. 이때 교사는 유아들의 흙에 대한 흥미가 사라지지 않도록 어떻게 하면 이러한 유아의 관심과 흥미를 놀이로 연결해 줄 수 있을까 고민하던 중 진흙 관련 동화를 들려주어 유아에게 진흙으로 할 수 있는 놀이에 대한 생각을 해 보도록 지원하였다. 이처럼 유아의 놀이를 관찰하던 중 유아들의 관심과 흥미를 포착하게 된 순간, 어떻게 하면 이러한 유아의 흥미가 놀이로 연결되고 지속되도록 도울 수 있을지 고민될 때 해당 소재로 연계될 수 있는 놀이 아이디어를 담은 동화를 소개함으로써 유아들에게 "진흙으로 어떤 놀이를 해 볼 수 있을까?"와 같은 질문을 하면서 유아의 관심과 흥미가 놀이로 이어지도록 지원하는 활동을 해 볼 수 있다. 이때 동화 감상 후 발산적 발문을 통해 유아 스스로 다양한 놀이 아이디어를 생각해 보고 발표해 볼 수 있도록 하는 것이 필요하며, 유아가 낸 아이디어를 실행에 옮길 수 있도록 최대한 자료와 공간 등을 제공하여 적극적으로 놀이를 지원해 줄 수 있다.

2) 놀이 중 문제 해결을 위한 동화

유아들이 놀이를 하다 보면 친구들과 공간을 공유해야 하는 데서 발생하는 문제, 한정된 놀잇감을 나누면서 발생하는 문제, 친구의 감정을 공감하지 못해 발생하는 문제 등 다양한 문제상황이 발생할 수 있다. 유아의 놀이 중 발생하는 다양한 문제상황은 유아로 하여금 더불어 살아가는 방법, 다른 사람과 상호작용하는 사회적 기술 등을 배울 수 있는 매우 귀중한 배움의 시간이 될 수 있다. 따라서 이 문제상황을 긍정적으로 바라보고 유아로 하여금 건전한 방식으로 문제를 해결하기 위한 생각을 하고 방법을 찾아보며 실천을 통해 결과를 평가해 보도록 격려하는 것이 필요하다. 이러한 문제상황에는 특히 생활지도와 관련된 동화책, 감정이입이나 공감의 중요성을 생각해 보도록 하는 동화책, 협동이나 배려의 방법을 알려 주는 동화책, 사회적 기술을 알 수 있는 동화책 등을 사용해 볼 수 있다. 유아는 문제상황에 대한 해결의 실마리를 동화를 통해 얻을 수 있으며, 동화 감상에서 얻은 해결방법을 바탕으로 유아들 스스로 좋은 문제 해결 방식을 고안해 낼 수 있도록 발문할 수 있다.

3) 놀이 흐름 중 필요한 정보 제공을 위한 동화

유아가 주도적으로 놀이를 진행해 가는 동안 놀이와 관련하여 좀 더 정보가 필요한 경우가 관찰될 수 있다. 예를 들어, 유아들이 은행 놀이에 관심을 갖고 역할놀이 영역에서 은행 놀이를 하게 되었다. 지금까지 유아들이 은행에 갔던 경험을 기반으로 놀이를 전개해 나가다 보니 놀이가 얕은 사회적 지식만 활용하여 표면적으로 진행될 수 있다. 이때 교사는 은행에서어떠한 일들을 할 수 있는지 등을 동화로 소개해 줌으로써 은행 놀이에 활용할 수 있는 다양한 에피소드에 대한 아이디어를 제공할 수 있다. 그래서 처음에는 은행에서 돈을 맡기고 저금하는 놀이만 했었는데 은행 동화를 감상한 후 은행 ATM기기를 만들어서 활용하는 놀이, 은행에서 동전 바꾸는 기계를 유아들끼리 모방하여 조형 영역에서 기계를 만들고 이를 역할놀이 영역에 설치해서 동전 바꾸는 활동도 하게 되었다. 즉, 유아의 관심과 흥미로 시작된 놀이가 유아의 선경험을 기반으로 진행되다 보니 내용의 깊이를 더욱 심화하고 싶거나 관련 지식을 더 제공하여 다양한 경험을 할 수 있도록 지원하기 위해 현재의 놀이를 심화할 수 있는 필요 정보를 제공하는 동화의 활용을 할 수 있다.

4) 유아의 놀이를 확장하기 위한 동화

유아가 흥미를 느껴서 시작된 놀이가 유아들의 제안과 아이디어로 인해 계속 변형되며 지속될 수 있는데 어느 순간 한계에 다다를 때도 있다. 이때는 유아의 놀이가 늘 비슷한 패턴과 내용으로 반복된다거나 늘 같은 주제로만 식상하게 놀이하게 되어 유아들의 흥미가 반감되어 가는 때가 올 수 있다. 이때 해당 놀이주제에 대한 다양한 측면의 생각들을 소개함으로써 유아로 하여금 새로운 놀이로 확장해 갈 수 있도록 자극할 수 있는데 이때 동화를 활용할 수 있다. 예를 들어, 유아들이 하원 버스를 기다리다가 개미를 관찰하게 되고 곤충에 관심을 갖게 되어 방아깨비를 잡게 되었다. 한동안 방아깨비를 잡고 관찰하며 방아깨비가 사는 곳, 먹는 것에 대해 알아보고 이를 활용하여 방아깨비를 사육해 보기도 하였다. 또한, 방아깨비를 이용해서 누구의 방아깨비가 더 많이 방아를 찧는지 게임도 하고 방아깨비가 되어 보는 신체표현도 하였다. 그러다가 어느 순간 방아깨비에 대한 놀이의 레퍼토리가 고갈되어 가는 것을 관찰하게 되었다. 교사는 아직도 방아깨비와 관련하여 더 많은 놀이 경험을 충분히 할 수 있을 텐데 하는 아쉬움이 있었다. 이럴 때 교사는 우리 선조들의 방아에 대한 소개를 해 주었다. 방아가 무엇인지, 곡식을 빻았던 방아를 통해 지렛대의 원리도 관심을 갖게 되고 물레방아에도 관심을 갖게 되면서 방아깨비 놀이로 시작되었던 곤충에 대한 관심은 도구에 대한 관심으로 연결되어 더욱 확장되어 지속되었다. 이처럼 현재의 놀이에 대한 확장이 필요할 때 적절한 내용이 연결될 수 있는 동화를 소개함으로써 생각과 경험의 폭이 확장될 수 있는 놀이지원을 할 수 있다.

5) 놀이 결과물에 대한 공유를 위한 동화 짓기

유아가 놀이를 시작해서 다양한 방향으로 유연하고 자유롭게 지속 및 변형하게 되면 놀이의 흐름이 보이게 된다. 때로는 놀이를 통해 유아들의 창의적인 놀이 결과물이 만들어지기도 하며, 다른 사람들을 초대하는 전시를 하게 되거나 홍보를 통한 판매로 기부를 하는 등 놀이의 다양한 결과물이 교육적으로 유의미하게 발생할 수 있다. 이때 놀이를 통해 유아들이 깊이 깨닫게 된 가치나 태도가 있다거나 유아들 스스로 배우고 알게 된 정보인데 다른 사람들에게 공유하고 싶은 소중한 자료가 생겨서 동화로 기록하여 남기거나 창의적으로 동화 짓기를 해 볼 수 있다. 예를 들어, 버려진 털실을 이용해 다양한 뜨개질이나 짜기를 경험하면서 유아들이 만든 작품을 유치원 학부모와 유아를 대상으로 벼룩시장을 운영하고 그 수익금은 기부를 하는 경험을 하게 되었다. 유아들이 다양한 색깔과 두께, 질감의 털실에 관심을 갖게 되면서 오랜 기간 만들기에 열중하며 놀이해 왔던 것들이 수익을 내고 홍보와 함께 다른 사람들에게는 기쁨을 주는 소중한 경험을 하게 되면서 유아들이 놀이하는 과정을 이야기로 만들어 다른 반 유아들에게도 기부하는 마음, 다른 사람에게 나누는 행복을 느꼈던 것에 대한 감동을 함께해 보려고 하였다. 이것은 유아의 놀이 시작, 진행, 마무리라는 놀이 흐름만으로도 소중한 기록이 될 수 있겠지만 더 나아가 유아가 몰입했던 놀이에서 파생된 놀이 결과물에 대한 유아들만이 경험했을 소중한 감동의 동화 짓기가 될 수 있다.

2019 개정 누리과정에서 동화 활동은 의사소통 영역으로서, 해당 영역의 목표는 다음과 같다(교육부 · 보건복지부, 2019).

영역	목표
의사소통	일상생활에 필요한 의사소통 능력과 상상력을 기른다. 1. 일상생활에서 듣고 말하기를 즐긴다. 2. 읽기와 쓰기에 관심을 가진다. 3. 책이나 이야기를 통해 상상하기를 즐긴다.

2019 개정 누리과정에서 의사소통 영역의 내용은 다음과 같으며, 그중 동화의 누리과정 관련요소는 진하기로 표시한다(교육부 · 보건복지부, 2019). 특히, 개정 누리과정에는 문학에 해당하는 '책과 이야기 즐기기'라는 내용범주가 추가되었다.

내용범주	내용
듣기와 말하기	**말이나 이야기를 관심 있게 듣는다.**
	자신의 경험, 느낌, 생각을 말한다.
	상황에 적절한 단어를 사용하여 말한다.
	상대방이 하는 이야기를 듣고 관련해서 말한다.
	바른 태도로 듣고 말한다.
	고운 말을 사용한다.
읽기와 쓰기에 관심 가지기	**말과 글의 관계에 관심을 가진다.**
	주변의 상징, 글자 등의 읽기에 관심을 가진다.
	자신의 생각을 글자와 비슷한 형태로 표현한다.
책과 이야기 즐기기	**책에 관심을 가지고 상상하기를 즐긴다.**
	동화, 동시에서 말과 재미를 느낀다.
	말놀이와 이야기 짓기를 즐긴다.

개정 누리과정에서 동화의 교육적 가치는 다음과 같다.

- 이야기를 듣고 상상하며 창의력을 함양하는 경험을 할 수 있다.
- 등장인물의 다양한 특징과 성격을 통해 유아 스스로 자신을 돌아보고 객관화하여 올바른 민주시민으로 성장할 수 있는 태도를 가진다.
- 이야기의 기승전결을 이해하고 동화 이야기를 들으면서 동화에서 말하고자 하는 주제를 알고 이에 대해 논리적으로 사고할 수 있다.
- 동화의 문학적 언어를 접하면서 언어발달을 촉진할 수 있고 구어체와 문어체의 차이점을 경험할 수 있다.
- 그림책의 그림을 통해서 예술적 심미감을 발달시킬 수 있고 문학적 감수성을 키운다.
- 동화 속 주인공의 다양한 삶을 통해 희로애락 등 다양한 정서를 경험하고 공감하며 감정이입하는 능력을 함양한다.

2. 동화 감상의 계획 · 실행

유아의 놀이를 지원하기 위한 활동으로서의 동화 감상을 하려면, 교사로서 어떻게 수업을 준비하고 계획할 것인지, 동화 감상 활동을 할 때 도입, 전개, 마무리를 통해 어떻게 유아를 대상으로 진행할 것인지를 알아보려고 한다. 특히, 동화 감상은 교사가 사전에 동화의 내용을 숙지하고 등장인물의 특징, 상황이나 감정에 따른 목소리 톤, 억양, 호흡을 미리 연습해 보는 등 구체적으로 계획하고 준비해야만 유아에게 동화가 지닌 재미나 감동, 상상의 요소들을 제대로 전달할 수 있다.

1) 동화 감상의 계획

(1) 동화 선정하기

동화 감상의 주제는 유아의 관심과 흥미로부터 시작된 유아 주도적 놀이와 관련이 있고, 해당 놀이를 지원할 수 있는 내용으로 주제를 계획할 필요가 있다. 유아의 발달과 흥미를 고려해서 해당 연령의 유아들이 충분히 공감할 수 있어야 하며, 동화의 내용이 단순하고 명확하여 유아가 이해하기 쉬운 것이 적절하며, 유아에게 재미, 유머, 감동, 문제 해결 등 교육적으로 유의미한 내용을 담고 있어야 한다. 특히, 동화는 그림책이므로 이야기 구조뿐만 아니라 그림도 심미적인 측면에서 우수한 작품으로 선택한다.

또한, 놀이중심 개정 누리과정과 연계해서는 본 동화 감상이 유아들의 놀이를 어떻게 지원하기 위해서 필요한 활동인지 생각해야 한다. 유아의 관심과 흥미를 놀이로 연결하기 위한 아이디어를 제공할 목적인지, 유아의 놀이를 심화 또는 확장하기 위해 정보를 제공하고 경험을 넓혀 주기 위한 목적인지, 유아의 놀이 중 발생한 갈등상황을 해결하기 위한 목적인지, 유아의 놀이주제와 연관된 상상력을 자극할 수 있는 문학작품으로 소개하려는 목적인지를 생각해 볼 필요가 있다.

(2) 활동명, 활동목표와 방법 계획하기

동화 주제에 맞는 동화책을 선정하면, 활동명은 대부분 동화책 제목으로 정하거나 동화가 말하고자 하는 주제, 또는 동화를 소개하게 되는 놀이와 관련된 목적이 담기도록 정할 수 있다. 활동목표는 동화 감상을 통해서 다루고자 하는 주제에 대한 유아의 경험을 지식, 기술, 태도 및 가치로 작성한다. 특히, 동화를 소개한 후 어떤 발문을 통해 유아에게 주제를 생각해 보게 할지를 정한다. 그리고 동화의 내용을 효과적으로 전달할 수 있으면서 집단크기와 활동장소를 고려한 매체 유형(그림동화, 융판동화, 자석동화, 테이블동화, 그림자동화, 앞치마동화, TV동화, 디오라마, OHP 등)을 결정한다.

(3) 교수-학습 자료 준비하기

적절한 동화 매체 유형을 결정하면 동화자료를 제작한다. 유아에게 동화를 들려주기 위해서는 원본 동화에 대한 개작이나 단순화가 필요할 수도 있다. 특히, 문어체에 많이 등장하는 간접화법은 이야기를 들려주는 분위기에 적합하게 직접화법으로 수정하여 제작할 때 유아에게 등장인물의 생생한 목소리 톤, 억양, 화법, 분위기를 담아 들려줄 수 있다. 그리고 유아를 대상으로 할 때는 복잡하고 긴 복문보다는 가급적 단문으로 나누어 알아듣기 쉽고 이해하기 쉽게 한다.

(4) 동화자료 시연하기

동화 매체 유형별로 조작방법이 다르므로 사전 시연을 통한 연습은 필수이다. 그림동화나 TV동화의 경우에는 각 장별로 뒷면에 전 장의 스토리를 적어 둘 수 있기 때문에 동화구연에 큰 무리가 없는데, 융판동화, 테이블동화, 앞치마동화 등의 경우에는 동화 이야기를 완전히 이해해서 교사가 보고 읽는 것이 아니라 자유롭게 머릿속의 이야기를 구연할 수 있도록 준비한다. 매체의 조작방법뿐만 아니라 등장인물의 목소리 톤, 억양, 감정 표현 등도 함께 연습하여 실감 나는 동화구연이 될 수 있도록 준비한다. 각 동화자료의 제시 순서대로 정리해 두고 특별히 화면 조작이 필요한 장은 사전에 표시를 해 두어 실수하지 않도록 한다. 예를 들어, 자석이나 낚싯줄을 이용하여 동화 그림을 움직여야 하는 경우 놓치지 않도록 잘 표시하고 기억해 둔다.

(5) 주의집중 계획하기

동화를 소개하기 위한 주의집중을 어떻게 할지 계획한다. 동화 제목이나 주제와 관련된 수수께끼, 또는 노래를 이용하여 주의집중을 할 수도 있고, 동화의 제목은 가린 상태로 책 표지를 보여 주면서 어떤 이야기일지 추측하며 주의집중해 볼 수도 있으며, 등장인물의 목소리로 상황극을 하면서 주의집중할 수도 있다. 동화의 주제와 내용에 따라 가장 적합한 주의집중을 계획하여 유아로 하여금 동화 감상에 몰입하도록 흥미유발과 동기부여를 한다.

(6) 도입, 전개, 마무리 계획하기

동화 감상 주제에 대해 도입에서는 어떻게 주의집중해서 책 제목을 유추하도록 하고 책을 소개할지, 어떻게 책 내용을 궁금해하도록 할지를 결정한다. "그림을 보니 이 책은 어떤 이야기일 것 같니? 그림을 보니 이 책의 제목은 무엇일 것 같니? 주인공이 어떻게 ~할지 보자."라는 식으로 도입을 한다. 전개에서는 준비한 대로 동화 매체를 조작하며 동화구연을 실감 나게 한다. 동화와 관련된 질문, 동화를 바탕으로 생각해서 답할 만한 질문을 하여 유아로 하여금 주제에 대해 생각해 보도록 한다. 예를 들어, "동화에 나온 부채는 어떤 부채였니? 파란 부채를 부치면 어떻게 되었니?" 등 동화 내용과 연결된 질문을 할 수도 있고, "동화에서 가장 기억에 남는 장면이 어디니? 왜 그 장면이 가장 기억에 남니?" 등 동화와 관련된 태도나 느낌을 묻는 질문을 할 수도 있다. "동화를 지은 작가는 우리에게 무슨 이야기를 하고 싶었던 걸까?"와 같이 동화 주제, 즉 활동목표와 관련된 질문을 할 수도 있다. 마무리에서는 동화를 기반으로 응용해 볼 수 있는 질문을 한다. 예를 들어, "만약, 너희가 주인공을 만나면 뭐라고 말해 주고 싶니? 왜 그렇게 생각했니?" 또는 "너희가 요술구슬을 갖게 된다면 어떤 소원을 말하겠니? 왜 그렇게 생각했니?" 등의 질문을 한다.

(7) 전이와 확장활동 계획하기

동화 감상을 끝마치면 어떤 일과로 전이할지, 어떻게 전이할지도 미리 생각하고 계획한다. 또한, 동화 감상 활동에서 다룬 내용에 대한 심화나 확장이 가능하도록 통합적으로 연계될 수 있는 확장활동도 계획한다. 예를 들어, 주인공에게 편지 쓰기, 동화 속 낱말책 만들기, 동화 내용으로 동극하기, 동화로 신체표현하기, 동화에 대한 그림 그리기 등 다양한 확장활동을 계획할 수 있다.

2) 동화 감상 활동의 실행

(1) 도입

- 도입에서 주의집중을 생각할 때 책 표지에 대한 탐색, 동화 작가의 다른 작품을 감상한 적이 있다면 "이 작가는 지난번 너희들이 읽었던 ~책의 작가야." 라고 작가에 대한 짧은 소개도 할 수 있다. 또는 책 제목을 포스트잇 등으로 가린 상태에서 그림만 보고 동화 내용이나 책 제목을 추론해 보도록 하여 유아 나름대로 다양하게 생각하고 상상해 보도록 할 수 있다. 반드시는 아니지만 대체로 책 제목, 글쓴이인 작가, 그림 그린 이, 출판사 등을 말해 준다.
- 도입의 끝부분은 동화 내용에 대한 궁금증으로 어떤 이야기가 나올지 기대하도록 말한다. 예를 들어, "주인공 ○○의 모험의 세계로 함께 가 보자! 팥죽 할머니에게 어떤 일이 생겼는지 들어 보자." 등으로 앞으로 펼쳐질 동화 이야기에 대한 기대감을 갖도록 도입한다.

(2) 전개

- 동화구연하기: 동화자료를 사용하여 실감 나게 동화구연을 할 때 동화자료가 교사와 유아 사이에 있더라도 교사의 시선을 가리지 않도록 한다. 그래서 교사는 항상 유아의 반응을 살피며 유아가 동화를 잘 이해하며 따라오고 있는지, 동화의 내용을 어려워하는지, 지루해하는 유아가 있는지 등을 관찰하고 적절한 때 유아의 주의집중이 흐트러지지 않도록 목소리를 변조하거나 효과음을 사용하거나 노래를 부르는 식으로 동화에 다시 집중하도록 유도한다. 동화의 특정 어휘가 어렵다면 어휘를 풀어 설명한다거나, 유아가 이해하기에 동화의 상황이 낯설다면 짧게 풀어 설명해 준다. 유아가 어려워서 주의가 산만해질 때는 이해하기 쉬운 표현으로 바꾸어 동화구연함으로써 유아들이 내용을 이해하고 몰입하는 데 어려움이 없도록 상호작용한다.
- 그림만 보며 마음속 회상하기: 동화구연을 마치면 동화를 앞에서부터 한 페

이지씩 다시 한번 넘기며 보여 준다. 이때는 동화구연을 하지 않고 유아들이 그림만 보면서 동화의 내용을 전반적으로 회상하도록 한다. 교사는 그림 위주로 회상할 충분한 시간을 주지만 가끔 유아에게 "여기서 주인공이 뭘 가져왔었지?" 등 해당 페이지와 관련된 질문을 하여 유아의 주의집중을 증대시킨다. 간단한 질문으로 스토리의 전개를 떠올려 보게 하거나 인과관계에 대한 이해를 돕는 정도로만 간헐적으로 하고 전반적으로는 말없이 그림만 보며 회상하도록 돕는다. 지나치게 많은 질문을 통해 내용을 기억해서 대답하도록 하는 발문은 부적절하다. 이때 유아가 미처 보지 못하고 지나쳤을 수 있는 대사나 그림은 유아들로 하여금 찾아보도록 제안해 본다. 예를 들어, 그림책 『너는 특별하단다』에서는 펀치넬로의 몸에 점표를 봤는지? 루시퍼의 몸에는 별표와 점표 중 무엇이 붙어 있었는지 등을 질문하여 유아가 그림을 좀 더 자세히 볼 수 있도록 한다.

(3) 마무리

- 내용 정리하기: 동화의 줄거리나 등장인물의 이름, 특징을 단순히 기억해서 답하는 질문은 지양하고 유아의 새로운 아이디어나 등장인물의 감정, 등장인물과의 상호작용 식으로 정답 없이 유아가 생각해서 자유롭게 대답할 수 있는 발산적 질문을 한다.
- 전이활동으로 전개하기: 동화 감상 후 일과가 무엇인지 소개하며 다음 일과로 자연스럽게 이동할 수 있도록 자리의 정돈, 장소의 이동, 다음 일과에 대한 준비를 시킨다. 예를 들어, 다음 시간이 자유놀이라면 "'저는 오늘 역할영역에서 놀이할래요.' 하는 아이들 일어나서 출발! '저는 오늘 조형 영역에서 놀이할래요.' 하는 아이들 일어나서 출발!" 식으로 다음 일과를 할 수 있도록 전환한다.

3. 동화 짓기의 계획 · 실행

동화 짓기는 크게 두 가지 방법으로 할 수 있다. 첫째, 기존의 동화 내용에서 등장인물만 이용하여 새로운 이야기로 개작하거나 기존 이야기를 재구성하는 개작하기, 둘째 기존의 동화가 열린 결말일 경우에 이어질 뒷이야기를 새로 지어 보거나 완전히 새로운 이야기를 만드는 창작하기가 있다. 연령이 어릴수록 부분적 개작 경험하기를 해 보다가 점차 개작하기, 창작하기로 진행하면 유아도 충분히 동화 짓기 활동에 적극적으로 참여할 수 있다.

1) 동화 짓기의 실행

(1) 동화 소재 정하기

동화 짓기를 할 소재를 정하는 방법은 여러 가지가 있다. 동화를 들려주고 그 뒷이야기를 생각해 보도록 하는 경우, 기존 동화의 삽화를 이용해서 이야기만 다르게 바꾸는 경우, 글 없는 그림책에 이야기를 넣어 보는 경우, 유아가 동화 짓기를 하고 싶은 소재를 물어보고 정하는 경우, 하나의 장면 그림을 보고 연상되는 것을 동화 짓기 하는 경우 등 다양한 방법으로 동화 짓기를 할 수 있다. 또한, 동화 짓기가 반드시 기승전결을 가져야 하는 것은 아니고 유아가 관심 갖는 주제나 소재에 대해 그린 그림과 소개글을 묶어 병렬식으로 동화 짓기를 해 볼 수도 있다. 예를 들어, 모 대학 부설 연구원의 만 3세반은 교실의 구멍에 관심을 갖게 되면서 구멍 속 괴물을 상상해 보았다. 유아마다 자신이 상상하는 구멍 속 괴물을 그리고 그 괴물의 이름과 설명을 적은 짧은 단편적 페이지들을 여러 장 묶어 동화책이 된 것도 동화 짓기 활동이다. 유아가 처음부터 동화를 모두 창작한다는 것은 어렵기 때문에 다양한 방식으로 작고 단순하게 개작을 경험하다가 점차 순수한 전체 창작으로 이야기 창작의 비중이 증가하도록 한다. 동화를 개작하는 경우에는 기존 동화에서 어떤 부분을 바꿀지 이야기해 본다. 주인공을 바꾸거나 동화 속 등장인물, 장소, 결말 중 하나를 바꾸어 이야기를 만들어 본다.

(2) 이야기 이어 가며 만들기

동화의 소재가 정해지면 "다음은 어떻게 될까?" 등의 발문을 통해 유아가 계속 이야기를 이어 갈 수 있도록 하고 유아들의 동화 짓기 내용을 잘 메모하여 기록한다. 유아들의 의견이 두 개 이상으로 나뉠 경우에는 교사가 판단하지 말고 유아들에게 어떤 이야기로 하는 것이 더 재미있을지 물어보며 다수결을 통해 많은 유아들이 선호하는 방향으로 정한다. 누가(주인공이나 등장인물), 언제, 어디서(장소), 무엇을(사건이나 갈등), 어떻게(갈등의 해결방식), 왜(이유) 등을 육하원칙에 따라 동화의 주제에 맞게 지어 보도록 발문하고 유도한다. 유아의 경우에는 주로 한 가지 사건이나 등장인물에 대한 이야기가 시간 순서에 따라 전개되는 단순한 순행적 플롯이 가장 적절하고, 누적적 또는 순환적 플롯도 유아기에 적합한 이야기 구조이다. 이야기 이어 가며 만들기는 최대한 다양한 유아들의 참여가 이루어지도록 발표 기회를 골고루 부여한다.

(3) 완성된 동화 감상하기

일단 초고의 동화가 만들어지면 유아들이 지은 동화를 들려주어 유아가 감상해 보도록 한다. 유아에게 "너희가 만든 동화를 들어 보니 어때? 어떤 점이 좋았니? 어떤 점이 재미있니?" 등의 질문을 하여 스스로 만든 작품에 대한 자긍심과 자신감을 갖도록 하고 동시에 자신의 작품을 음미해 볼 수 있는 기회를 제공한다.

(4) 수정할 부분 수정하여 완성하기

유아에게 "어떤 점을 고쳐 보고 싶니?" 등의 질문을 하여 수정할 부분이 있다면 자유롭게 의견을 개진하고 수정하도록 한다. 유아들의 동화 짓기는 결과물도 중요하지만 상상을 통해 이야기를 만들어 가는 과정 자체로 의미가 있기 때문에 작품을 감상해 보고 긍정적인 만족감을 갖도록 한다. 유아들이 특별히 수정을 제안하지 않으면 굳이 의무적으로 수정할 점을 찾아보도록 발문할 필요는 없다. 그러나 만약 유아들이 대다수 원하는 수정 부분이 있다면 유아가 원하는 방향으로 수정하여 동화 짓기를 완성한다.

(5) 장면별 그림을 그리고 글을 쓰기

유아가 지은 이야기를 장면별로 나누어서 장면별 그림을 그릴 유아, 글을 쓸 유아를 정한다. 특히, 어떤 장면의 경우에는 이야기 흐름상 반드시 그려 넣어야 할 요소가 있을 수 있다. 이때는 "이 장에서 풍선을 잡고 계단을 달려간다고 했는데, 이 장면에서 꼭 그려야 할 것들은 뭐가 있니?"라고 발문하여 이 장면에서는 풍선과 계단을 꼭 그려야 한다는 생각을 할 수 있도록 발문한다. 해당 장면에 꼭 들어가야 할 그림은 포스트잇 등을 이용해 메모하여 유아들이 해당 장면의 그림을 그릴 때 빼놓지 않도록 한다. 또한, 각 장면마다 장면 번호를 써 두어 완성 후 순서대로 묶을 수 있도록 한다. 장면의 글도 유아가 스스로 쓸 수 있도록 하는데 반드시 한 유아가 모두 쓸 필요는 없으니 유아들이 최대한 많이 참여하는 협동작품이 되도록 격려한다.

(6) 동화 짓기 작품 감상하기

유아의 글과 그림이 모두 덧입혀진 동화 짓기 작품을 다시 한번 동화구연으로 들려주고 유아들이 감상해 볼 수 있도록 한다. "우리가 함께 이야기를 만들고 그림과 글을 넣어 완성한 동화야. 함께 감상하면서 어떤 점이 재미있고 좋은지 이야기해 보도록 하자."라고 하며 동화구연을 한다.

(7) 평가 및 마무리

동화를 개작한 경우에는 원래의 동화와 유아들이 개작한 동화에 대한 느낌이 어떻게 다른지 비교해 보거나 동화 개작활동에 대한 느낌, 좋았던 점이나 어려웠던 점을 이야기해 본다. 창작한 경우에는 어떤 점이 좋았는지, 다음에 동화 짓기를 할 때는 어떤 이야기를 만들어 보고 싶은지 질문한다. 평가 후에는 장면별, 순서대로 잘 묶어서 언어 영역에 두고 누구든 자유롭게 읽어 볼 수 있도록 한다. 유아는 동화를 만들었다는 작가로서의 경험에 대해 매우 소중하고 어려운 일이라고 자부하며 만족감과 행복감을 경험하게 될 것이다.

4. 동화의 평가

동화 수업에 대한 평가내용은 다음의 표와 같다. 이 표의 내용을 살펴보면 동화 수업 시 고려해야 할 사항들을 알 수 있다.

범주	내용	평가
동화 선정	놀이주제와 연계되는가?	
	주제가 유아의 놀이 경험과 연계되는가?	
	내용과 주제가 흥미 있는가?	
	유아의 발달에 적합한가?	
	내용과 그림이 문학적으로 가치 있는가?	
대형	동화 감상(짓기)을 하기에 적합한 환경인가?	
	동화 감상(짓기)을 시작하기 전에 생리적인 욕구를 해결했는가?	
	동화 감상(짓기)에 적절한 대형인가?	
매체	전달 매체가 적절한가?	
동화구연	교사가 내용을 완전히 이해했는가?	
	시선은 적절한가?	
	속도는 적절한가?	
	등장인물의 성격에 따른 성대모사가 적절한가?	
동화 지도 과정	동기유발을 하는가?	
	동화의 제목을 들려주고 내용을 추측하게 하는가?	
	동화 내용에 대해 회상하는 시간을 갖는가?	
	동화를 듣고 난 후 느낌에 대하여 이야기 나누는가?	
마무리	평가 시간을 갖는가?	
	동화 활동이 끝났음을 알리고 다음 활동을 알려 주는가?	

출처: 교육부(2000).

5. 동화를 위한 발문 유형

1) 확산적/수렴적 발문

확산적 발문	[고양이 목에 방울 달기] "어떻게 하면 고양이 목에 방울을 달 수 있을까요?" 유아 1: 고양이가 잠을 자고 있을 때 슬그머니 달아요. 유아 2: 고양이가 밥을 먹고 있을 때 달아요. "쥐들은 고양이가 다가오는 걸 어떻게 알 수 있을까요?" 유아 1: 발자국 소리를 듣고 알 수 있어요. 유아 2: '야옹' 하는 고양이 울음소리를 듣고 알 수 있어요. "쥐가 고양이한테 당하지 않으려면 어떻게 해야 할까요?" 유아 1: 바늘로 고양이를 찔러요. 유아 2: 입으로 물어요. 유아 3: 미리 파 놓은 땅굴에 고양이가 다가오면 숨어요.
	[혹부리 영감] – 도깨비를 만나면 무슨 말을 하고 싶어요? – 도깨비방망이로 무엇을 하고 싶은가요? – 할아버지들은 어떻게 되었을까요? [걸리버 여행기] – 걸리버는 어떤 방법으로 음식을 먹었을까요? 나라면 어떻게 했을까요? – 걸리버는 엄청나게 큰 침대에서 어떻게 잤을까요? 나라면 어떻게 했을까요? – 걸리버는 어떻게 잠꾸러기 대신을 깨웠을까요? 나라면 어떻게 했을까요? – 거인 나라에서 걸리버가 할 수 있는 일은 무엇이 있을까요? 나라면 어떤 일을 할 수 있을까요? [헨젤과 그레텔] – 조약돌을 떨어뜨리는 방법 말고 다른 방법은 없을까요? – 헨젤이 우리 속에서 나올 수 있는 방법은 없었을까요? – 헨젤과 그레텔이 마귀할멈을 죽이지 않고 탈출할 방법은 없었을까요?
수렴적 발문	"쥐들은 모여서 무엇에 대해 의논했나요?" 유아 1: 고양이 목에 방울 달기에 대해 의논했어요. 유아 2: 고양이랑 싸우려고요. "누가 고양이 목에 방울을 달기로 했나요?" 유아 1: 꾀 많은 생쥐요. 유아 2: 대장 생쥐요. 유아 3: 아무도 안 달려고 했어요.

출처: 박유미(2002), 민정선(2019, 재인용).

2) 심미적/정보추출식 질문

• 심미적 질문: 동화에 대한 감상에 중점을 두는 질문으로서, 유아가 등장인물과 동일시 및 감정이입을 통해 동화를 정서적으로 체험하도록 하는 질문 유형을 말한다.		• 정보추출적 질문: 글의 내용에 대한 사실적 · 정보적 수준에 중점을 두는 질문으로서, 동화 읽기 후 줄거리, 인과관계 등 구성요소에 초점을 두어 질문하는 것을 말한다.	
상상 및 가정	만약, 네가 ~였다면 어떻게 하겠니? (너희가 만약 걸리버처럼 거인이 되었다면 어떻게 했을까?)	인물	~ 이렇게 한 것은 누구니? 누가 나왔니? (팥죽 할머니를 도와준 건 누구누구였니?)
경험 회상	네가 전에 혹시 ~일을 경험한 것이 있니? (나 혼자서는 할 수 없었는데 친구가 도와줘서 할 수 있었던 적이 있니?)	배경	~는 어디에서 살았니? ~는 어디에 있었니? (팥죽 할머니는 어디에서 살았니?)
추론	~는 왜 그렇게 했을까? (사람들은 왜 걸리버를 꽁꽁 묶었을까?)	사건	무슨 일이 일어났니? 어떻게 했니? (팥죽 할머니에게 무슨 일이 일어났니? 멍석은 팥죽 할머니를 돕기 위해서 어떻게 했니?)
감정 이입	~는 이때 기분이 어땠을까? (걸리버가 꽁꽁 묶였을 때 기분이 어땠을까?)	순서	동화를 순서대로 이야기해 보겠니? 그다음에는 어떤 일이 일어났니? (팥죽 할머니는 처음 누구를 만났니? 그다음은 어떻게 되었니?)
느낌	동화를 듣고 난 후 느낀 점 / 배운 점 / 새롭게 알게 된 점 / 가장 기억에 남는 장면은 무엇이니? (걸리버의 모습 중에서 뭐가 가장 멋졌는지 이야기해 줄 어린이 있니?)	결론	결국 어떻게 되었니? (도움을 받은 팥죽 할머니는 나중에 어떻게 되었니?)

출처: Rosenblatt(1983), 민정선(2019, 재인용).

CHAPTER 04

동극

1. 동극의 개념

동극이란, 동화 속 이야기를 중심으로 등장인물의 역할을 분담하고 이야기에 적합한 환경을 구성하여 창의적으로 극화하는 활동이다(교육부, 2010). 유아는 동극을 통해서 등장인물을 동일시하여 목소리, 표정, 행동특성 등을 해석하고 표현하는 능력을 기르며, 대사를 통한 구두언어적 표현 능력과 무대 배경이나 소품을 준비하고 등장인물의 성격을 해석해서 표현하는 과정 중에 창의성을 발달시킬 수 있다. 동극은 관객을 위해 대사를 외워서 공연해야 하는 재롱잔치나 일반 연극과는 달리, 분명하고 정확한 대사보다는 그때그때 돌발상황에 유아가 융통성 있게 대처하는 자발적인 해석이나 재치 있는 표현에 더 가치를 두며, 유아가 동극 전 활동에 참여하면서 충분히 즐길 수 있도록 한다.

2019 개정 누리과정에서 동극 활동은 의사소통 영역과 예술경험 영역에 연계되는 활동으로서, 해당 영역의 목표는 다음과 같다(교육부 · 보건복지부, 2019).

영역	목표
의사소통	일상생활에 필요한 의사소통 능력과 상상력을 기른다. 1. 일상생활에서 듣고 말하기를 즐긴다. 2. 읽기와 쓰기에 관심을 가진다. 3. 책이나 이야기를 통해 상상하기를 즐긴다.
예술경험	아름다움과 예술에 관심을 가지고 창의적 표현을 즐긴다. 1. 자연과 생활 및 예술에서 아름다움을 느낀다. 2. 예술을 통해 창의적으로 표현하는 과정을 즐긴다. 3. 다양한 예술 표현을 존중한다.

2019 개정 누리과정에서 의사소통 영역과 예술경험 영역의 내용은 다음과 같으며, 그중 동극의 누리과정 관련요소는 진하기로 표시한다(교육부 · 보건복지부, 2019).

내용범주	내용
듣기와 말하기	말이나 이야기를 관심 있게 듣는다.
	자신의 경험, 느낌, 생각을 말한다.
	상황에 적절한 단어를 사용하여 말한다.
	상대방이 하는 이야기를 듣고 관련해서 말한다.
	바른 태도로 듣고 말한다.
	고운 말을 사용한다.
읽기와 쓰기에 관심 가지기	말과 글의 관계에 관심을 가진다.
	주변의 상징, 글자 등의 읽기에 관심을 가진다.
	자신의 생각을 글자와 비슷한 형태로 표현한다.
책과 이야기 즐기기	책에 관심을 가지고 상상하기를 즐긴다.
	동화, 동시에서 말과 재미를 느낀다.
	말놀이와 이야기 짓기를 즐긴다.

내용범주	내용
아름다움 찾아보기	자연과 생활에서 아름다움을 느끼고 즐긴다.
	예술적 요소에 관심을 갖고 찾아본다.
창의적으로 표현하기	노래를 즐겨 부른다.
	신체, 사물, 악기로 간단한 소리와 리듬을 만들어 본다.
	신체나 도구를 활용하여 움직임과 춤으로 자유롭게 표현한다.
	다양한 미술 도구를 활용하여 움직임과 춤으로 자유롭게 표현한다.
	극놀이로 경험이나 이야기를 표현한다.
예술 감상하기	다양한 예술을 감상하며 상상하기를 즐긴다.
	서로 다른 예술 표현을 존중한다.
	우리나라 전통 예술에 관심을 갖고 친숙해진다.

개정 누리과정에서 동극의 교육적 가치는 다음과 같다.

- 발달, 전개, 위기, 절정, 결말로 이루어지는 이야기의 구조를 이해하며, 평면적인 동화 속 이야기를 입체적으로 표현할 수 있다.
- 동화 속 문장 이해능력과 문식성이 발달할 수 있다.
- 동극 출연자와 관람자의 서로 다른 역할을 경험하며, 동극 출연자 또는 동극

관람자로서 각 역할별 요구되는 자세와 마음가짐, 태도를 이해할 수 있다.

- 역할에 맞게 대사와 몸짓, 표정 등을 이용해서 등장인물의 특징을 표현하는 능력이 발달한다.
- 극 중 인물이 되어 탈중심화 및 타인조망능력의 발달을 도모할 수 있다.
- 동화 속 등장인물들이 갖는 다양한 정서를 경험할 수 있다.
- 무대 배경과 소품을 생각하면서 심미적 경험을 할 수 있다.
- 친구들과 함께 역할을 분담하여 하나의 동극을 완성하는 경험을 통해 협동심과 배려심을 갖게 된다.

2. 동극의 계획 · 실행 · 평가

동극을 하려면 교사로서 어떻게 수업을 준비하고 계획할 것인지, 동극 활동을 도입, 전개, 마무리를 통해 어떻게 유아를 대상으로 진행할 것인지, 그리고 동극 활동에 대한 교수자로서의 평가를 어떻게 해야 할지 알아보려고 한다.

1) 동극의 계획

(1) 동화 선정하기

동극을 하기에 적합한 동화를 선정하기 위해서는 유아의 연령과 사전 동극 경험 등을 고려할 필요가 있다. 동극을 처음 하는 유아들의 경우에는 친숙한 동화로 동극을 해 보도록 하며, 대사나 장면의 반복이 있어서 유아들이 쉽게 참여할 수 있는 동화가 좋다. 예를 들어, 『아기 돼지 삼형제』, 『커다란 순무』, 『누가 내 머리에 똥 쌌어?』, 『주머니 없는 캥거루』, 『검피 아저씨의 뱃놀이』, 『쥐의 결혼식』 등이 그렇다. 또한, 클라이맥스가 있는 동화는 유아가 문학적 카타르시스를 경험하게 하는데, 『커다란 순무』에서 무가 뽑히는 장면이나 『모자 사세요!』에서 원숭이들이 모자를 바닥에 던지는 장면이 그렇다. 개정 누리과정에서는 놀이주제와 맞는 동화와 동극을 선택해야 하는데 기존의 동화를 그대로 사용하거나 개작해도 되고, 때로는 유아의 놀이주제에 맞게 교사가 직접 이야기를 만들어 보거나 유아들과 놀이와 연관된 새로운 이야기를 만들어 볼 수도 있다.

동화를 소개할 때는 책을 그대로 소개하기보다 동극에 맞게 인형극 식으로 소개하는 것이 좋다. 특히, 동화책의 문장을 구어체 형식으로 대화체를 사용하여 개작한다. 예를 들어, 동화책의 문장이 "토끼와 거북이는 있는 힘껏 열심히 경주를 했습니다."라면 이를 대화체 형식으로 "토끼는 힘껏 경주했습니다. '영차, 영차, 아휴, 힘들어.' 거북이도 열심히 경주했습니다. '여엉차, 여어엉차, 아이고, 힘들어.'" 등 유아가 발음하고 기억하기 쉽게 짧고 반복적인 대사로 개작하여 구연할 수 있다.

책으로 된 읽는 동화에서는 정교하고 섬세한 문학적 표현들이 장황하게 나열될 수도 있겠으나 동극을 위한 동화로 구연할 때는 유아들이 몸을 움직여 표현하고 쉽게 이해하도록 간단하게 이야기하는 것이 좋다. 예를 들어, 동화책에서는 "화창한 봄날 꽃이 피어나는 따사로운 날씨에 개구리가 겨울잠에서 깨어납니다."라고 표현되어 있지만, 동극 내용으로는 "화창한 봄날 꽃봉오리들은 활짝 피어나고 개구리는 크게 기지개를 켜며 일어납니다."라는 식으로 유아가 어떤 표정과 몸짓으로 할지, 대사는 어떻게 해야 할지 이해하고 표현하는 데 도움을 준다.

(2) 등장인물 수 조정하기

학급 인원을 고려해서 동극을 몇 회차로 할 것인지, 그러면 한 회차에 몇 명의 배역이 있으면 좋을지를 생각해서 정한다. 해설이나 소품, 효과음도 배역일 수 있는데 한 회차당 역할은 6~8명 정도가 적당하다. 예를 들어, 학급 인원이 총 20명이라면 동극을 4번 공연할 경우 한 회차에 5명의 역할이 있으면 좋다.

(3) 무대 배경이나 소품에 대해 계획하기

무대 배경이나 소품은 전적으로 유아들과 협의하여 유아들의 아이디어를 반영한다. 그러나 교사가 미리 무대 배경이나 소품으로 활용할 수 있는 유치원 용품이 있는지 미리 생각해 보고 큰 무대 배경 등은 유아가 모두 만들기 어렵기 때문에 유아들과 협의할 때 이런 것들이 유치원에 있으니 원하면 너희들이 사용할 수 있다고 제안할 수는 있다. 그러나 결과적으로 유아가 생각하는 방법으로 무대 배경과 소품을 정하고 제작하는 것이 바람직하다. 동극을 할 때마다 많은 소품을 모두 준비할 필요는 없다. 핵심적이고 중요한 소품만 준비하고 나머지는 상상으로 가작화 해도 충분히 즐겁고 멋진 동극이 될 수 있다.

(4) 동극을 할 장소 계획하기

동극을 하기에 적합한 장소를 미리 생각해 보고 교실 내에서 다 같이 모이는 공간으로 할지, 유치원 강당을 이용할지 정한다. 만약, 유치원 강당을 이용할 경우 미리 다른 반의 일정과 겹치지 않도록 사용할 수 있는 일시를 확인해야 한다.

2) 동극 활동의 실행

(1) 동화 감상하기

- 동극을 할 동화임을 알리면서 동화를 소개한다.
- 동화를 들려줄 때 책으로서 평면적으로 읽는 동화의 형식보다는 입체적으로 듣고 말하는 동화로서의 형식으로 소개하는 것이 유아가 동화 내용을 동극으로 연결하는 데 도움이 될 수 있다.
- 동화구연 시 반복되는 대사는 유아들과 함께 말하면서 유아도 동화구연에 참여시키고 대사를 자연스럽게 익힐 수 있도록 한다. 예를 들어, 『커다란 순무』에서는 "영차 여엉차", 『모자 사세요!』에서는 "끼끼끼끼끼 끼끼끼끼끼", 『장갑』에서는 "그래. 좁긴 하지만 빨리 들어와." 등 반복 대사는 유아와 다 같이 구연한다.
- 동극을 하기 위해 등장인물이 누구누구였는지, 어디서 일어난 일인지 등 주요한 내용에 대한 이야기를 나눈다.

(2) 동화 회상하기

- 동화 감상 다음 날, 동화 내용을 다시 회상하면서 시간 순서대로 무대에 누가 등장하고 어떤 대사를 했는지, 어디로 퇴장했는지 등의 주요한 이야기 줄거리를 등장인물과 대사를 중심으로 회상해 본다. 예를 들어, "(『모자 사세요!』에서) 무더운 여름날 누가 왔니?" 등의 질문을 할 수 있다.
- 동화 회상은 교사로서 동극을 위한 대본을 만드는 작업이기도 하다. 교사는 문서화된 대본이 없어도 동화 이야기를 자연스럽게 하면서 중요한 대사를 유아들에게 질문하여 유아의 입으로 말한 대사를 이용한 대본을 완성한다. "그때 토끼는 거북이에게 뭐라고 말했니? 모자장수는 나와서 뭐라고 하며 모자를 팔았지?" 등의 질문을 통해 유아가 말한 대사여야 유아가 기억하기도 쉽고 유아의 입에 잘 붙는 대사를 정할 수 있다.
- 만약, 동화 이야기가 생소하거나 복잡한 편이라면 교사가 미리 해설 부분을 간략히 적은 대본을 중심으로 동화 회상을 하면서 유아들이 말한 대사를 대본에 삽입하여 대본을 완성할 수 있다.
- 유아가 등장인물의 특정 대사를 말하면 "우리 다 같이 토끼가 되어서 '나도 경주를 해 보고 싶어!'라고 말해 보자."라는 식으로 중요한 대사를 유아들이 연습해 보도록 한다. 대사를 말해 볼 때는 "토끼가 '나도 경주를 해 보고 싶어!'라고 할 때는 몸짓을 어떻게 하면서 말하면 좋을까?" 등의 발문을 통해 대사뿐만 아니라 제스처도 생각해 보도록 한다. "그때 원숭이들은 어떻게 하고 있었을까? (유아의 표현을 보고) '끼끼끼끼' 하면서 손을 길게 움직이니 정말 원숭이 같다! 원숭이들이 모자를 쓰고 있는 걸 보고 모자장수는 마음이 어땠을까? 그래서 어떤 표정을 지었을까? 두 눈을 크게 뜨고 두 손을 옆구리에 하니 정말 화난 것 같아. 우리 다 같이 눈을 크게 뜨고 손을 옆으로 해 볼까?" 등으로 발문할 수도 있다.
- 동화 회상 후에는 등장인물이 몇 명 나왔는지, 동극을 하려면 몇 명이 필요한지 등의 질문을 통해 유아가 배역을 맡을 인원수를 생각해 보도록 한다.

(3) 무대 배경 및 소품 정하기

- 무대를 어떻게 꾸밀지 정할 필요가 있다. 예를 들어, '모자 사세요!' 동극을 한다면 무대에 큰 나무가 있어야 할 것이고 원숭이들이 나무 위에 올라간 것을 어떻게 표현할지 생각해 볼 수 있다. 원숭이들은 작은 유아용 의자를 나무 앞에 놓고 한다거나 나무는 유치원에 있는 큰 나무 화분을 이용할 수도 있지만 교실 기둥에 전지로 그림을 그려 붙이는 방법도 있을 수 있어서 유아들과의 협의를 통해 결정한다. 무대 배경이 결정되면 누가 나무 그림을 그릴 것인지 자원을 받아 최소한 2~3명 이상의 유아를 정해서 이름을 메모해 둔다.
- 소품으로는 어떤 것들이 필요할지 함께 생각해 본다. 역할 머리띠 또는 역할 목걸이가 필요하고 '모자 사세요!' 동극이라면 바구니와 많은 모자가 필요해서 유치원에 있는 모자 또는 가정통신문을 통해 모자를 가정으로부터 지원받아 동극에 활용하고 다시 돌려보내는 방법도 있다. '단군 할아버지 이야기'를 동극으로 한다면 소품으로 마늘과 쑥이 필요하다. 동극에 필요한 소품을 누가 만들지도 자원을 받아 하나의 소품별로 최소 2~3명 이상의 유아가 함께 만들 수 있도록 정하고 이름을 메모해 두었다가 자유놀이시간에 조형 영역으로 불러 소품을 잊지 않고 만들도록 알려 주기도 한다.
- 소품은 일반적으로 펠트지나 마닐라지를 이용해 역할 머리띠를 만들 수 있는데 스테이플러를 사용하면 유아가 다칠 수 있기 때문에 안쪽에 테이프를 덧붙여 안전하게 제작한다. 등장인물을 표현하기 위해 유아의 엉덩이에 꼬리를 붙이거나 털신을 이용해서 곰 발처럼 표현하고, 시트지로 마귀할멈의 손톱을 뾰족하게 표현할 수도 있고 고무장갑으로 닭 볏을 나타내는 등 유아들의 재미있는 생각을 반영하여 완성도가 다소 떨어지더라도 유아 스스로 만들기에 참여하고 창의적으로 소품을 만든다.

(4) 역할 배역표 소개 및 역할 정하기

- 등장인물이 누구누구였는지, 동극을 하려면 몇 명이 필요할지 생각해 본다. 예를 들어, '모자 사세요!' 동극은 모자장수, 원숭이 4마리, 해설, 이렇게 총 6명이 동극을 할 수 있다.
- 동극 역할 배역표는 좌측 칸에 세로로 역할명과 역할그림 또는 사진이 있고, 상단에는 동극 횟수가 적혀 있어서 1회, 2회 등 학급의 모든 유아가 최소한 한 번 이상 동극에 참여해 볼 수 있도록 횟수를 적어 둔다. 유아에게 동극의 배역을 하나씩 소개하고 역할 중에는 해설, 소품 담당, 효과음도 포함한다. 동극을 몇 번 할 것인지, 그래서 한 역할을 몇 명이 해 볼 수 있는지에 대해 자세히 설명해 준다. 자유놀이시간에 자신이 원하는 역할에 이름표를 붙여 놓도록 소개한다.

〈표 4-1〉 동극 역할 배역표

등장인물	1	2	3	4
첫째 돼지				
둘째 돼지				
막내 돼지				
늑대				
효과음				
소품				
해설				

- 역할 배역표를 소개할 때 역할마다 "이 역할을 해 보고 싶은 아이 있니? 왜 이 역할을 하고 싶어?"의 발문을 통해 역할을 맡고 싶은 이유를 이야기해 보도록 하고, 주인공 외에도 각 역할의 멋진 점이나 독특한 점을 생각해 보도록 한다. 유아들이 다양한 역할에 관심을 갖고 참여해 볼 수 있도록 유도한다.
- 해설은 주로 교사가 담당한다. 해설은 이야기의 줄거리를 이끌어 가기도 하지만 간혹 대사를 잊거나 등장 또는 퇴장을 잊은 유아들에게 해설을 통해 힌트를 줄 수도 있어서 매우 중요한 역할이다. '커다란 순무'라면 "할머니가 등장했습니다."라고 해설을 한 후 할머니 역할 유아가 대사를 잊은 것 같으면, 해설이 "그래서 할머니는 할아버지에게 '내가 도울게요. 함께 순무를 뽑아 봐요.'라고 말했습니다."라는 식으로 대사를 살짝 알려 줄 수 있다. 그러나 해설을 반드시 교사만 해야 하는 것은 아니고 만 5세 유아 중 글을 읽을 수 있는 유아가 있다면 3~4회 이상의 동극은 유아가 해설을 맡아 보도록 하는 것도 좋다. 또한, 처음에는 매번 교사가 해설을 온전히 하지만 회차가 거듭되면서 유아들이 동극에 익숙해지고 스스로 대사와 동작을 잘 이어서 할 경우에는 점차 해설을 줄여 가거나 생략할 수도 있다.
- 부끄러움이 많아서 동극에 참여하기 힘들어하는 유아도 있다. 이런 유아들의 경우 앞에 나와서 대사를 하고 몸짓을 하기 힘들 수 있으니 소품 담당을 하여 해당 장면에서 소품을 전달해 주거나 바꿔 주는 역할을 맡길 수 있고 효과음 담당을 해서 비 오는 소리, 초인종 소리 등의 효과음을 악기로 내는 배역을 맡길 수도 있다.
- 수줍음이 많아서 선뜻 동극에 참여하지 않으려고 하는 유아가 있다면 어떤 역할의 경우에 한 역할을 두 명 이상이 맡을 수 있도록 하는 방법도 있다. 예를 들어, '모자 사세요!'에서 모자장수는 한 명이지만 원숭이는 원래 4명이 함께하도록 한다거나, '팥죽 할머니와 호랑이'에서 유아 두 명이 지게 몸체와 지게 지팡이 역할을 맡는 방식으로 모든 유아들이 함께 동극에 참여하도록 배려한다.
- 동극 배역인 유아들이 동극을 하는 회차에는 다른 유아들이 모두 관객이 된

다. 모든 유아는 동극 역할을 맡은 경험과 관객으로 동극을 관람한 경험을 갖게 되면서 서로 다른 역할을 통해 필요한 매너와 자세를 이해하게 된다.

(5) 동극의 동선을 무대 세팅 기반으로 생각해 보기

동극의 무대를 보면서 소품 바구니는 어디 있는지, 역할을 맡은 유아들은 어디서 대기하는지, 등장은 어디서 어느 방향으로 어디까지 하는지, 퇴장은 어느 방향으로 해서 어디서 대기하는지와 같은 전체적인 동극 동선을 생각해 본다.

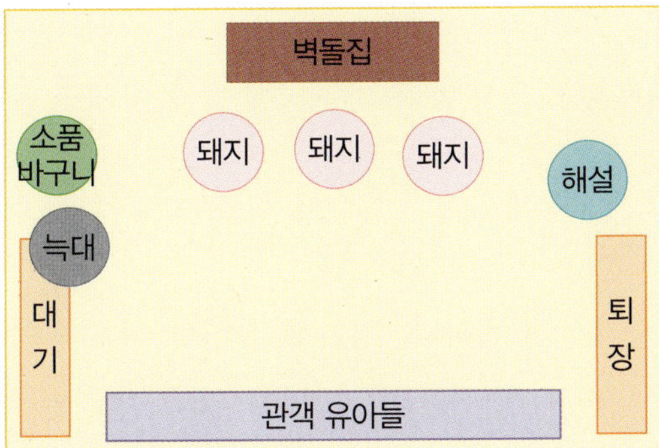

[그림 4-2] 무대 배경 및 동선

(6) 동극하기

동극을 할 때 빔프로젝터로 숲속 배경을 비춰서 무대를 표현할 수도 있고 OHP를 이용해서 지퍼백에 투명 색물감을 넣고 비추면 온통 보랏빛, 또는 초록빛 세상을 표현할 수 있다. 배경음악이나 효과음을 사용해서 동극의 시작과 마무리를 알리는 방법도 좋다. 예를 들어, 라디오극에서 많이 사용하는 방식으로 음악이 나오다가 점차 줄어들면서(Fade out) 동극이 시작되고 동극이 끝나면서 음악이 다시 커지는(Fade In) 방식이다.

해설은 동극 무대에서 연기하는 유아들도 잘 보이면서 관객도 잘 보이는 곳에 자리 잡고 관객을 향해 앉아 해설을 낭독한다. 해설도 배역 중 한 명이므로 관객의 옆에 관객 방향으로 앉지 말고 동극 배역 쪽에서 관객을 향해 앉아 해설하도록 한다.

동극을 맡은 유아들은 무대로 나와서 소품 바구니에서 역할 목걸이를 하고 각자 대기하는 자리에 앉아서 기다린다. 관객을 맡은 유아들에게도 “관객들은 친구들이 동극 하는 걸 잘 보고 이따가 어떤 점이 좋았고 재미있었는지 이야기해 주세요.”라고 이야기하며 나름대로의 역할을 부여하여 집중해서 동극을 관람하도록 한다. 동극을 실제로 할 때는 “지금부터 ○○반의 ~동극을 시작하겠습니다.”라고 하면서 관객의 박수와 함께 시작하고 동극이 끝나면 “이것으로 ○○반의 ~동극을 마치겠습니다. 저는 ~역을 맡은 □□□입니다. 저는 ~역을 맡은 ◇◇◇입니다.” 등 배역을 맡은 유아들은 한 명씩 자신의 역할과 이름을 소개하도록 하며, “저는 해설을 맡은 △△△ 선생님입니다.”라고 마지막 해설까지 소개하고 박수를 받는다. 동극이 끝나면 배역을 맡은 유아들은 소품을 소품 바구니에 넣고 자리로 들어가 앉는다.

(7) 1차 동극 평가하기

1차 동극의 평가는 가장 중요하다. 평가를 잘하면 이후의 동극에서 유아들이 훨씬 더 활동목표에 충실하게 동극을 할 수 있게 된다. 평가는 주로 “동극을 보았는데 어땠니? 관객을 맡은 유아들이 말해 보자. 동극의 어떤 점이 재미있었니?” 등과 같은 발문으로 해 볼 수 있다. 역할을 맡았던 유아들은 “동극을 하면서 어떤 점이 재미있었니? 관객을 맡은 유아들은 어떤 점이 불편했니? 역할을 맡았던 유아들은 어떤 점이 불편했니? 관객 유아들은 동극 역할을 맡았던 유아들에게 뭐라고 말해 주고 싶니? 동극 역할을 맡았던 유아들은 관객들에게 뭐라고 이야기하고 싶니?” 등의 발문을 통해 각자의 역할에서 느낀 점을 생각하고 이야기해 본다.

특히, 다음의 요소들을 확인하면서 필요하다면 평가해 볼 수 있다. 첫째, 동극 중에는 두 배역이 마주 보면서 대화할지라도 관객을 향해서 비스듬히 서서 대사를 해야 관객이 잘 들을 수 있다는 것도 생각해 보며 관객에게 배역의 등을 보이지 않아야 하는 점도 알려 준다. 둘째, 역할을 맡았던 유아들의 목소리가 어땠는지, 관객들이 들을 수 있게 충분히 목소리가 컸는지, 역할을 맡은 유아의 몸짓이 분명했는지 등을 평가하여 동극에 참여할 때 큰 목소리로 잘 들리게 또박또박 대사를 말하고 표정이나 몸짓을 분명하게 해야 한다는 것을 주지시킨다. 셋째, 관객이 너무 시끄러워서 동극에 집중하기 어렵지 않았는지, 관객이 약속을 잘 지키며 관람했는지에 대한 평가도 해 볼 수 있다. 넷째, 등장인물의 특징을 잘 표현한 경우를 물어보아 어떻게 표현했을 때 등장인물의 성격이 잘 드러났는지, 어떤 표현이 재미있었는지, 다음에 동극을 하는 아이들은 또 다른 재미있는 표현으로 해 볼 수 있겠다는 식의 평가를 통해 다양하고 창의적인 표현을 시도해 볼 수 있도록 격려한다.

(8) 학급 유아 전원 동극에 참여해 보기

1차 동극에 대한 평가를 했다면 2차부터 계속 준비된 동극을 해서 학급 유아 전원이 한 번 이상은 동극에 참여하는 경험을 갖는다. 1차 동극 평가를 충실히 했다면 그 이후의 평가는 간략하게 해도 된다. 특별히 재미있었던 표현이 있었는지, 어떤 점이 좋았는지 등을 간단하게 묻고 넘어가면서 남은 동극의 회차를 진행한다.

(9) 동극 활동 평가하기

계획했던 모든 회차의 동극을 마치고 나면 다 함께 모여 전체 동극 활동에 대한 평가를 해 볼 수 있다. "이번에 '모자 사세요!' 동극을 해 보았는데 어땠니? 어떤 점이 가장 기억에 남니? 어떤 점이 좋았니? 어떤 점이 재미있었니? 다음에 동극을 한다면 어떻게 하면 좋겠니? 열심히 동극을 해 준 ○○반 친구들에게 뭐라고 이야기해 줄까?" 등의 평가를 하면서 마무리한다. 이후 동극 소품은 역할놀이 영역에 놓아 자유놀이시간에 원하는 유아들이 마음껏 동극을 반복적으로 또는 개작하여 창의적으로 여러 번 즐길 수 있도록 한다.

3) 동극의 평가

동극 수업에 대한 평가내용은 다음의 표와 같다. 이 표의 내용을 살펴보면 동극 수업 시 고려해야 할 사항들을 알 수 있다.

범주	내용	평가
동화 선정	놀이주제와 관련이 있는 내용인가?	
	유아 연령 및 발달 수준에 적절한가?	
	유아가 등장인물을 동일시할 수 있는가?	
	이야기 전개(발단, 전개, 위기, 절정, 결말)가 뚜렷한가?	
	절정(클라이맥스)이 있는가?	
대본의 적절성	학급 유아 수, 유아 흥미 수준에 맞게 각색하였는가?	
	간접화법을 직접화법으로 바꾸었는가?	
	대사가 짧고 반복되는가?	
동극 지도 과정	동화를 들려주는가?	
	동화 회상 시간을 갖는가?	
	동극의 배경이 되는 무대를 유아와 함께 꾸미는가?	
	배역을 적절히 선정하는가?	
	배역을 소개하는가?	
	등장인물이 기다리는 자리를 유아들과 함께 정하는가?	
	평가 시간을 갖는가?	
마무리	재공연을 하는가?	
	동극 활동이 끝났음을 알리고 다음 활동을 소개하는가?	
학습 자료 활용	동화 감상이나 회상 시 동화 내용을 효과적으로 전달할 수 있는 매체를 활용하는가?	
	동극 시 무대 배경이나 소품 사용이 창의적이고 적절한가?	

출처: 교육부(2000), 강민정 외(2018) 참고 일부 수정.

3. 동극의 활동교육계획안 예시

동극은 ① 동극을 할 동화 감상하기, ② 동화 회상, 무대 및 소품 준비 역할 분담, 역할 배역표 설명하기, ③ 실제로 동극하고 평가하기라는 크게 3일 이상의 시간이 필요한 활동이다. ②번 활동은 무대 및 소품 준비에 걸리는 시간에 따라 며칠이 더 소요될 수도 있다. 따라서 활동교육계획안을 각 날짜와 관련하여 제시하면 다음과 같다.

동극 활동 교육계획안 (1)

수업일시	2021. 4. 20. (1일 차)	수업장소	성결반
놀이주제	가을 텃밭 가꾸기	대상연령	만 4세
활동시간	20분	활동유형	이야기 나누기
활동명	동화 『커다란 순무』	집단크기	대집단
		대형	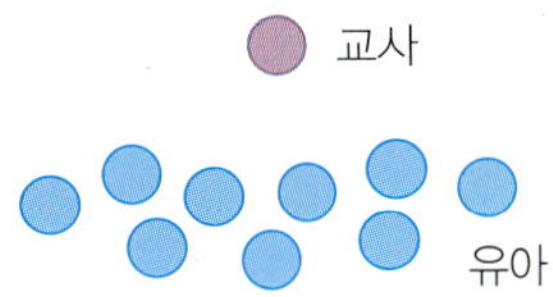

활동계획 배경 (놀이와의 연계)	성결반은 유치원 마당에 마련된 텃밭에서 상추 등 여러 작물을 기르고 있다. 성결반이 모두 협동해서 물을 주고 비료를 뿌려 주며 열심히 기르고 있다. 텃밭에 기르고 있는 채소에 관심을 보이는 유아들도 있다. 유아들이 텃밭을 가꾸는 것에 흥미를 느끼고 역할놀이 영역에서 텃밭을 꾸미고 농부를 흉내 내는 등 여러 가지 놀이하는 모습을 찾아볼 수 있었다. 이에 교사는 『커다란 순무』 동화와 동극을 계획하여 유아의 놀이가 확장되고 심화할 수 있도록 지원했다. 곧 텃밭을 수확하는 시기가 다가와 교사는 동극을 진행하며 미리 경험해 볼 수 있도록 했다.
활동목표 (1일 차)	- 텃밭 활동에 대해 흥미와 관심을 가진다. - 동화를 동극 이야기로 연결하며 감상할 수 있다. -『커다란 순무』 속 등장인물과 상황을 이해한다.
누리과정 관련요소	• 의사소통 〉 듣기와 말하기 〉 말이나 이야기를 관심 있게 듣는다. • 의사소통 〉 듣기와 말하기 〉 바른 태도로 듣고 말한다. • 의사소통 〉 책과 이야기 즐기기 〉 책에 관심을 가지고 상상하기를 즐긴다.
준비물	PPT 동화
사전활동	텃밭 가꾸기 활동

절차	활동내용	준비물 및 유의점
도입 (약 3분)	○ **PPT 동화 『커다란 순무』를 소개한다.** T: 성결반! 우리 텃밭에 무엇을 심었지? C: 상추요. / 토마토요. T: 맞아. 텃밭에 상추도 심고 토마토도 심어 봤지~ 우리가 다 같이 힘을 합쳐서 텃밭을 가꿔 봤는데 어땠어?	

<table>
<tr><th>절차</th><th>활동내용</th><th>준비물 및 유의점</th></tr>
<tr><td>도입
(약 3분)</td><td>C: 재미있었어요. / 우리가 심은 게 나중에 자라서 먹을 수 있다는 게 신기했어요~ / 다 같이 힘을 합쳐서 텃밭을 가꿀 수 있어서 좋았어요!
T: 그래서 오늘은 선생님이 우리 반이 다 같이 힘을 합쳐서 텃밭을 가꾼 것처럼 힘을 합쳐서 큰일을 해내는 동화책을 가져왔어. 어떤 동화일지 책의 장면을 보고 제목이 무엇일지 맞혀 보자!
T: 짠! 이 장면을 보면 알 수 있을까?
C: 잘 모르겠어요. / 무를 뽑고 있어요.
T: 무를 뽑고 있네. 어떤 동화에 무를 뽑는 내용이 있을까?
T: 이 장면을 보면 무가 어때?
C: 엄청나게 커요!
T: 무가 엄청 커~ 그리고 책에 뭐라고 적혀 있지? 우리 같이 읽어 볼까?
T, C: 흔들흔들 쑤욱! 엄청나게 커다란 순무다! (교사가 손으로 짚어 가며 읽는다.)
C: 저 알아요! 『커다란 순무』죠?
T: 맞아. 이 책의 제목은 『커다란 순무』야.
T: 그럼, 내용은 어떨까?
C: 음.. 다 같이 커다란 순무를 뽑는 내용이요?
T: 그렇게 생각했구나. 정말 그런지 우리 한번 읽어 보자. 그런데 이 동화는 우리가 동극을 할 동화야.
T: 그럼, 『커다란 순무』 동화가 어떤 내용인지 집중해서 들어 보자~</td><td>준비물: PPT 동화</td></tr>
<tr><td>전개
(약 12분)</td><td>○ 커다란 순무 동화를 들려준다.
T: 옛날 어느 마을에 아주 부지런한 할아버지와 할머니가 손녀 율라를 데리고 살았어요. 그 집에는 멍멍이와 야옹이와 찍찍이도 함께 살았지요. 하루는 할아버지가 헛간을 청소하다가 순무 씨 한 알을 발견했어요.</td><td></td></tr>
</table>

<table>
<tr><th>절차</th><th>활동내용</th><th>준비물 및 유의점</th></tr>
<tr><td>전개
(약 12분)</td><td>할아버지) 한 알인데 새싹이 날까?
할머니) 우리 텃밭 땅은 검어서 영양분이 풍부하다고요. 어서 텃밭에 심읍시다.

T: 할아버지는 텃밭으로 가서 순무 씨를 심었어요. 하루가 지나고 또 하루가 지나고, 순무 씨앗은 점점, 점점, 점점 크게 자랐어요.

할아버지) 으흠, 고놈 참 먹음직스럽게도 자랐네.
할아버지) 영차, 영차~ 순무야, 나와라!

T: 그런데 이상하게도 순무는 꿈쩍도 하지 않았어요.

할아버지) 안 되겠다. 도움을 청해야겠어. 할멈! 어서 와서 도와다오!

T: 부엌일을 하던 할머니가 한걸음에 달려왔어요. 할아버지는 순무를 당기고 할머니는 할아버지를 당겼어요.

할아버지, 할머니) 영차, 영차~ 순무야, 나와라!

T: 그런데도 순무는 꿈쩍도 하지 않았어요. 할머니는 손녀딸 율라에게 도움을 청했어요.

할머니) 율라, 어서 와서 도와다오!

T: 할머니가 부르자 율라는 두 걸음에 달려왔어요. 할아버지는 순무를 당기고 할머니는 할아버지를 당기고 율라는 할머니를 당겼어요.

할아버지, 할머니, 율라) 영차, 영차~ 순무야, 나와라!

T: 이번에도 순무는 꿈쩍도 하지 않았어요. 율라는 멍멍이에게 도움을 청했어요.

율라) 멍멍아, 어서 와서 좀 도와줘!</td><td></td></tr>
</table>

절차	활동내용	준비물 및 유의점
전개 (약 12분)	T: 율라가 부르자 멍멍이가 세 걸음에 달려왔어요. 할아버지는 순무를 당기고 할머니는 할아버지를 당기고 율라는 할머니를 당기고 멍멍이는 율라를 당겼어요. 할아버지, 할머니, 율라, 멍멍이) 영차, 영차~ 순무야, 나와라! T: 이번에도 순무는 꿈쩍도 하지 않았어요. 멍멍이는 야옹이에게 도움을 청했어요. 멍멍이) 야옹아, 어서 와서 좀 도와줘! 멍멍! T: 멍멍이가 부르자 야옹이가 네 걸음에 달려왔어요. 할아버지는 순무를 당기고 할머니는 할아버지를 당기고 율라는 할머니를 당기고 멍멍이는 율라를 당기고 야옹이는 멍멍이를 당겼어요. 할아버지, 할머니, 율라, 멍멍이, 야옹이) 영차, 영차~ 순무야, 나와라! T: 그런데 이번에도 순무는 꿈쩍도 안 하지 뭐예요. 야옹이는 찍찍이에게 도움을 청했어요. 야옹이) 찍찍아, 어서 와서 좀 도와줘! 야옹야옹~ T: 야옹이가 부르자 찍찍이가 다섯 걸음에 달려왔어요. 할아버지는 순무를 당기고 할머니는 할아버지를 당기고 율라는 할머니를 당기고 멍멍이는 율라를 당기고 야옹이는 멍멍이를 다기고 찍찍이는 야옹이를 당겼어요. 흔들! 잠시 순무가 흔들렸어요. 다시 한번 모두 힘을 합쳐서 순무를 뽑았어요. 그러자 순무가 흔들흔들하다가 쑤욱 뽑혔어요. 할아버지, 할머니, 율라, 멍멍이, 야옹이, 찍찍이) 엄청나게 커다란 순무다! 율라) 우와, 진짜 크다! 멍멍이, 야옹이, 찍찍이) 멍멍! 야옹야옹~ 찍찍찍!	

절차	활동내용	준비물 및 유의점
전개 (약 12분)	T: 모두 땀은 흘렸지만, 얼굴에는 즐거움이 가득했어요. 할머니) 이제 맛있는 수프를 만들어 볼까? 율라) 아이, 달콤한 냄새! 할아버지) 모두 힘을 합해 열심히 일했으니 많이 먹으렴! 할머니) 열심히 일하면 훨씬 더 맛이 있는 법이라오. 율라) 진짜 맛있어요. T: 이번에는 동화의 그림만 보여 줄게. 어떤 이야기인지 생각하면서 보자. (구연 없이 동화만 페이지를 넘기며 보여 줌) T: 동화를 들어봤는데 우리가 처음에 같이 이야기했던 내용이 맞았니? C: 네. 다 같이 힘을 합쳐서 순무를 뽑는 게 맞았어요~ T: 맞아~ 그럼 동화에서 기억나는 말이 있어? C: 저는 "영차, 영차"라고 말하는 게 기억나요. 저도 하고 싶었어요! T: 정말 그랬구나. (페이지를 앞으로 넘기며) 그럼, 우리 여기서 다 같이 한 번 말해 볼까? 영차, 영차! C: 영차, 영차!	
마무리 (약 5분)	**○ 『커다란 순무』 동화에 관해 이야기 나눈다.** T: 우리 『커다란 순무』 동화를 들어 보았는데 어땠어? C: 너무 재미있었어요! T: 어떤 점이 재미있었어? C: 엄청 커다란 순무가 쀽 뽑힐 때 재밌었어요! T: 그랬구나~ 또 다른 어린이들은 어땠어? C: (다양한 유아의 답변) T: 오늘 동화에서 할아버지가 순무 씨를 심었잖아. 너희들은 순무 씨 말고 어떤 걸 심으면 좋을 것 같아? C: 감자 씨요! / 우와~ 감자 맛있겠다! T: 감자 좋겠다. 또? 무엇을 심으면 좋을까? C: 배추요! T: 배추도 심을 수 있겠구나. 또 어떤 것이 있을까?	

절차	활동내용	준비물 및 유의점
마무리 (약 5분)	C: 호박이요. T: 아~ 호박도 심을 수 있겠구나! 우리가 감자, 배추, 호박을 텃밭에 심었어! 그런데 여기에 나온 순무처럼 심은 채소들이 엄청 커지면 기분이 어떨까? C: 진짜 좋을 것 같아요. 빨리 먹고 싶을 것 같아요. T: 그렇지~ 선생님도 그럴 것 같아. 그럼, 엄청 커다란 채소를 어떻게 뽑으면 좋을까? C: 포크레인을 가져와서 뽑아요. / 드론으로 뽑아요. C: 우리 반이 다 같이 기차가 되어서 뽑아요! T: 아~ 그런 방법이 있구나! T: 우리가 오늘 읽은 『커다란 순무』 동화로 동극을 한다면 어떤 등장인물들이 있어야 할까? C: 할아버지, 할머니, 율라(손녀), 멍멍이, 야옹이, 찍찍이요. T: 맞아~ ○ **내일 일과에 대해서 간단하게 설명한다.** T: 내일은 우리가 동극에 필요한 준비물을 만들고 배역을 정할 거야! 어떤 배역이 하고 싶은지 마음속으로 생각해 오자~ T: 이제 하원 버스 탈 어린이들은 가방을 메고 준비하자!	
사후/확장활동	이야기 나누기 '동극 '커다란 순무' 준비하기'	
평가	• 텃밭 활동에 대해 흥미와 관심을 가졌는가? • 동화를 동극 이야기로 연결하며 감상할 수 있는가? • '커다란 순무' 속 등장인물과 상황을 이해했는가?	

동극 활동 교육계획안 (2)

수업일시	2021. 4. 21. (2일 차)	수업장소	성결반
놀이주제	가을 텃밭 가꾸기	대상연령	만 4세
활동시간	20분	활동유형	이야기 나누기
활동명	‘커다란 순무’ 동극 준비를 해 보아요!	집단크기	대집단
		대형	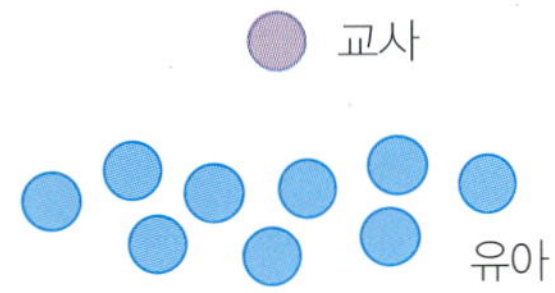

활동계획 배경 (놀이와의 연계)	성결반은 유치원 마당에 마련된 텃밭에서 상추 등 여러 작물을 기르고 있다. 성결반이 모두 협동해서 물을 주고 비료를 뿌려 주며 열심히 기르고 있다. 텃밭에 기르고 있는 채소에 관심을 보이는 유아들도 있다. 유아들이 텃밭을 가꾸는 것에 흥미를 느끼고 역할놀이 영역에서 텃밭을 꾸미고 농부를 흉내 내는 등 여러 가지 놀이하는 모습을 찾아볼 수 있었다. 이에 교사는 『커다란 순무』 동화와 동극을 계획하여 유아의 놀이가 확장되고 심화할 수 있도록 지원했다. 곧 텃밭을 수확하는 시기가 다가와 교사는 동극을 진행하며 미리 경험해 볼 수 있도록 했다.
활동목표 (2일 차)	- 동화를 회상하며 등장인물의 특징을 이해한다. - 동극에 필요한 소품과 배역을 생각해 본다. - 동화 속 등장인물의 대사와 몸짓에 관심을 가진다.
누리과정 관련요소	• 의사소통 〉 듣기와 말하기 〉 상황에 적절한 단어를 사용하여 말한다. • 사회관계 〉 책과 이야기 즐기기 〉 책에 관심을 가지고 상상하기를 즐긴다. • 사회관계 〉 더불어 생활하기 〉 서로 다른 감정, 생각, 행동을 존중한다. • 예술 경험 〉 창의적으로 표현하기 〉 다양한 미술 재료와 도구로 자신의 생각과 느낌을 표현한다.
준비물	동극의 배경이 되는 PPT 동화 등
사전활동	동화 『커다란 순무』

절차	활동내용	준비물 및 유의점
도입 (약 3분)	○ **‘커다란 순무’ 동극을 준비하기 전 유아의 관심을 유도한다.** T: 우리가 어제 어떤 동화를 들어 보았지? C: 『커다란 순무』 동화를 들었어요! T: 맞아. 『커다란 순무』 동화를 듣고 동극을 하기로 했지. 『커다란 순무』 동화가 어떤 내용이었는지 다시 생각해 보자.	

절차	활동내용	준비물 및 유의점
전개 (약 20분)	○ 『커다란 순무』 동화 내용을 회상한다. T: 옛날 어느 마을에 가족이 살고 있었어. 처음에 누가 나왔었니? C: 할아버지요! T: 맞아! 할아버지가 무엇을 하셨는지 기억나는 어린이가 있니? C: 순무 씨를 심으셨어요. T: 할아버지가 씨앗을 심으시고 정성을 다해 물도 주시고, 사랑도 주셔서 순무가 점점, 점점, 점점(목소리가 점점 커짐)! 크게 자랐어. T: 커다랗게 자란 순무 씨를 보고 할아버지가 뭐라고 이야기하셨지? C: 맛있게 잘 익었네! 라고 하셨어요. T: 그래. 할아버지가 (할아버지 목소리로) 맛있게 잘 익었네!라고 하셨지. 우리 모두 할아버지가 되어서 '맛있게 잘 익었네!'라고 말해 볼까? C: 맛있게 잘 익었네! T: 할아버지는 커다란 순무를 뽑기 위해 순무를 당겼어. 할아버지께서 순무를 뽑으려고 할 때 잘 뽑혔어? C: 아니요. 엄청나게 커서 못 뽑았어요. T: 그랬지! 그래서 할아버지는 어떻게 하셨지? C: 도와달라고 했어요. T: 그때 누가 왔니? C: 할머니요. T: 할머니에게 할아버지는 뭐라고 말씀하셨지? C: "할멈, 어서 와서 좀 도와다오!" T: 할아버지가 그렇게 말씀하셨구나. 할아버지는 순무를 잡고 할머니는 할아버지를 잡고 순무를 뽑았어. 순무를 뽑을 때 무엇이라고 말하며 뽑으셨을까? C: 음…. 영차, 영차! 순무야, 나와라! 라고 했어요! (→ 유아들이 말이 대본이 됨)	

절차	활동내용	준비물 및 유의점
전개 (약 20분)	T: 영차, 영차! 순무야, 나와라! 라고 하셨구나. 우리 다 같이 말해 볼까? C: 영차, 영차! 순무야, 나와라! * 율라, 멍멍이, 야옹이, 찍찍이 순으로 위와 동일한 맥락으로 진행됩니다. * T: 마지막으로 찍찍이가 도와주고 나서야 순무가 흔들흔들하다가 쑤욱! 뽑혔어. T: 잘 뽑히지 않던 순무를 모두가 협동해서 뽑았는데 기분이 어땠을까? 너희라면 어땠을 거 같아? C: 기뻐요! / 신나요! / 행복해요! T: 기쁘고, 신나고, 행복했을 거야~ 할아버지와 할머니 모두 행복하고 신났대. 그래서 순무로 수프를 만들어서 열심히 일한 만큼 맛있게 먹었대. 너희들이라면 순무로 무엇을 만들어 먹어 보고 싶어? C: 국이요. 과자요. 깍두기요. (→ 유아들이 말한 음식이 대본이 됨) ○ **동극에 사용될 소품과 준비물에 관해 이야기 나눈다.** T: 우리가 '커다란 순무' 동극을 해 보기로 했는데 동극을 하려면 무엇이 필요할까? C: 순무가 있어야 해요. T: 순무가 필요하겠다. 순무는 무엇으로 하면 좋을까? C: 공에 흰 천을 둘러요! C: 제가 순무 역할을 해 볼래요! 쑤욱 뽑히는 게 재밌을 거 같아요. (→ 유아가 원하는 대로 진행함) T: '제가 순무를 만들겠어요.' 하는 어린이가 있니? C: 저요! / 제가 할래요! T: 그럼 ㅇㅇ이와 ㅁㅁ이가 순무를 만들도록 하자. T: 동극을 할 무대는 어디에 꾸미면 좋을까?	

<table>
<tr><th>절차</th><th>활동내용</th><th>준비물 및 유의점</th></tr>
<tr><td>전개
(약 20분)</td><td>C: 제일 넓은 곳에서 해요! / 역할놀이 영역에서 해요.
T: 좋아~ 근데 우리가 동극을 할 『커다란 순무』 동화의 배경은 어디였지? 무대를 어떻게 꾸미면 좋을까?
C: 할아버지 밭처럼 꾸미면 좋겠어요.
C: 갈색 천을 바닥에 깔면 돼요.
C: 종이에 밭 그림을 그려서 바닥에 붙여요.
(→ 유아가 원하는 대로 진행함)
T: 동극 무대를 누가 누가 꾸며 줄까? 무대를 꾸미고 싶은 친구가 있니?
C: 저요! / 제가 할래요!
T: 그럼 ○○이와 ㅁㅁ이가 순무를 만들도록 하자.
T: 동극에 사용할 역할 목걸이를 만들어야 하는데 만들고 싶은 어린이가 있니?
C: 저요! / 제가 할래요!
T: 그럼, ○○이와 ㅁㅁ이가 순무를 만들도록 하자.

○ 동극 배역표에 관해 이야기한다.
T: 얘들아, 이건 동극 배역표야.
<table>
<tr><th>등장인물</th><th>1</th><th>2</th><th>3</th><th>4</th></tr>
<tr><td>할아버지 </td><td></td><td></td><td></td><td></td></tr>
<tr><td>할머니 </td><td></td><td></td><td></td><td></td></tr>
<tr><td>율라(손녀) </td><td></td><td></td><td></td><td></td></tr>
<tr><td>멍멍이 </td><td></td><td></td><td></td><td></td></tr>
<tr><td>야옹이 </td><td></td><td></td><td></td><td></td></tr>
<tr><td>찍찍이 </td><td></td><td></td><td></td><td></td></tr>
</table>
'커다란 순무' 배역표 예시</td><td></td></tr>
</table>

절차	활동내용	준비물 및 유의점
전개 (약 20분)	T:『커다란 순무』 동화에는 할아버지, 할머니, 율라, 멍멍이, 야옹이, 찍찍이 다양한 등장인물이 나왔었어. T: 이 표를 보니 동극을 총 몇 번 진행할 거 같아? C: 4번이요. T: 맞아. (손으로 짚으며) 한 번, 두 번, 세 번, 네 번. 총 네 번 진행할 거야. T: 한 번 동극을 하는 데 몇 명이 필요할까? C: 음…. 6명이요! T: 맞아. (손으로 짚으며) 한 명, 두 명, 세 명, 네 명, 다섯 명, 여섯 명. 총 6명이야. T: 할아버지 역할을 맡을 수 있는 어린이는 몇 명이니? C: 4명이요. T: 맞아. (손으로 짚으며) 한 명, 두 명, 세 명, 네 명. 총 네 명이 할아버지를 해 볼 수 있겠다. T: '저는 할아버지 역할을 해 보고 싶어요.' 하는 어린이 있니? T: ㅇㅇ이는 왜 할아버지 역할이 하고 싶어? T: 할아버지가 멋져서 그 역할이 하고 싶었구나~ T: '저는 다른 역할을 해 보고 싶어요.' 하는 어린이 있니? 어떤 역할을 해 보고 싶니? T: 선생님이 자유놀이시간에 배역표를 언어 영역에 둘게. 자기가 하고 싶은 배역에 이름표를 붙이도록 하자~	
마무리 (약 3분)	○ **동극에 필요한 준비물을 만드는 미술 활동을 전개한다.** T: 이제 자리를 정리하고 동극에 필요한 배역 목걸이, 순무, 밭을 만들어 보자. T: 자, 순무처럼 하얀색 옷을 입은 어린이부터 자리를 정리하고 만들기를 시작하자!	
사후/확장활동	동극 '커다란 순무'	
평가	- 동화를 회상하며 등장인물의 특징을 이해하는가? - 동극에 필요한 소품과 배역을 생각하는가? - 동화 속 등장인물의 대사와 몸짓에 관심을 가지는가?	

동극 활동 교육계획안 (3)

수업일시	2021. 4. 22. (3일 차)	수업장소	성결반 쌓기 영역
놀이주제	가을 텃밭 꾸미기	대상연령	만 4세
활동시간	20분	활동유형	동극
활동명	동극 '커다란 순무'	집단크기	대집단
		대형	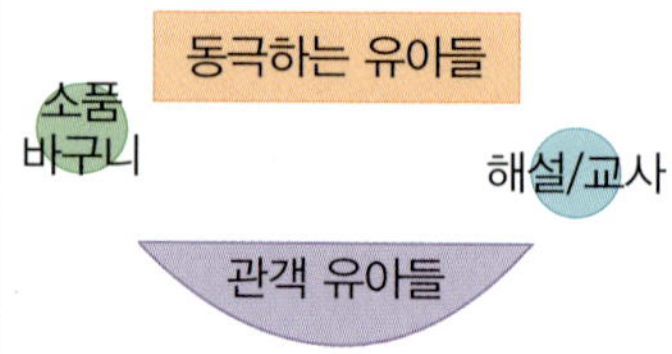
활동계획 배경 (놀이와의 연계)	성결반은 유치원 마당에 마련된 텃밭에서 상추 등 여러 작물을 기르고 있다. 성결반이 모두 협동해서 물을 주고 비료를 뿌려 주며 열심히 기르고 있다. 텃밭에 기르고 있는 채소에 관심을 보이는 유아들도 있다. 유아들이 텃밭을 가꾸는 것에 흥미를 느끼고 역할놀이 영역에서 텃밭을 꾸미고 농부를 흉내 내는 등 여러 가지 놀이하는 모습을 찾아볼 수 있었다. 이에 교사는 『커다란 순무』 동화와 동극을 계획하여 유아의 놀이가 확장되고 심화할 수 있도록 지원했다. 곧 텃밭을 수확하는 시기가 다가와 교사는 동극을 진행하며 미리 경험해 볼 수 있도록 했다.		
활동목표 (3일 차)	- 등장인물이 되어 대사와 몸짓으로 표현한다. - 친구들의 다양한 표현을 존중한다. - 동극을 바른 자세로 감상한다.		
누리과정 관련요소	• 사회관계 〉 더불어 생활하기 〉 서로 다른 감정, 생각, 행동을 존중한다. • 예술 경험 〉 창의적으로 표현하기 〉 극놀이로 경험이나 이야기를 표현한다.		
준비물	동극 소품(목걸이, 순무 모형, 갈색 천 등)		
사전활동	이야기 나누기 '커다란 순무' 동극 준비를 해 보아요!		

절차	활동내용	준비물 및 유의점
도입 (약 5분)	○ **동극을 하기 전 약속을 정한다.** T: 오늘 우리 무엇을 하기로 했지? C: '커다란 순무' 동극이요! T: 맞아. 오늘은 드디어 우리가 준비한 동극을 하는 날이야. T: 역할놀이 영역에서 동극을 하기로 했는데 가장 중요한 순무는 어디에 두는 게 좋을까? C: 다 잘 볼 수 있게 관객 앞에 놔요!	

절차	활동내용	준비물 및 유의점
도입 (약 5분)	T: 좋아. 그런데 너무 앞에 놓으면 배우들이 설 곳이 없으니까 무대 가운데 중 조금 뒤에 놓자. '제가 순무를 놓아 보겠어요.' 하는 어린이 있니? C: 저요! 저요! T: 그래 ㅇㅇ이와 ㅁㅁ가 놓아 보자. 고마워. T: 배역을 맡은 어린이들은 어디에서 기다리면 좋을까? C: 책장 뒤에 숨어 있다가 나와요! T: 좋은 생각이다! 배역을 맡은 어린이들은 책장 뒤에서 대기하자. T: 동극을 할 때는 어떤 약속이 있어야 할까? C: 떠들지 않아요. / 돌아다니지 않아요. T: 그래. 우리가 왜 떠들지 않아야 할까? C: 시끄러우면 동극을 들을 수 없어요. T: 그래. 너무 시끄러우면 동극 배우들의 대사를 잘 들을 수가 없겠지. 그럼, 관객들은 조용히 동극을 관람하도록 하자. T: 동극을 시작할 때 다 같이 시작 신호를 외쳐 보자. 어떤 시작 신호로 하면 좋을까? C: 액션~ 큐! 외쳐요. T: 좋아. 다 같이 큰 소리로 액션~ 큐! 외치며 시작하자. 선생님이 '지금부터 성결반의 커다란 순무 동극을 시작하겠습니다.' 하면 다 같이 액션~ 큐!라고 해 보자. T: 지금부터 성결반의 '커다란 순무' 동극을 시작하겠습니다. 다 같이! (액션~ 큐!) T: 동극이 끝나면 배우들에게 어떻게 해 주면 좋을까? C: 잘했다고 박수 쳐 줘요! T: 그래. 열심히 잘했다고 박수를 쳐 주자.	
전개 (12분)	○ 동극을 한다. T: 지금부터 성결반 동극 '커다란 순무'를 시작하겠습니다. T, C: 액션~ 큐!	

절차	활동내용	준비물 및 유의점
전개 (12분)	T: 옛날 어느 마을에 아주 부지런한 할아버지와 할머니가 손녀 율라를 데리고 살았어요. 그 집에는 멍멍이와 야옹이와 찍찍이도 함께 살았지요. 하루는 할아버지가 순무씨 한 알을 발견했어요. 할아버지와 할머니는 순무씨를 텃밭에 심기로 했어요. C (할아버지, 할머니): "어서 순무씨를 텃밭에 심읍시다!" (갈색 천에서 심는 흉내를 낸다.) T: 하루가 지나고 또 하루가 지나고, 순무 씨앗은 점점, 점점, 점점 크게 자랐어요. 할아버지는 커다란 순무를 뽑기 시작했어요. C (할아버지): "영차! 순무야, 나와라!" T: 하지만 순무는 꿈쩍도 안 했어요. 할아버지는 할머니에게 도움을 청했지요. C (할아버지): "할멈, 어서 와서 좀 도와줘!" T: 할아버지는 순무를 당기고 할머니는 할아버지를 당겼어요. C (할아버지, 할머니): "영차, 영차! 순무야, 나와라!" T: 그런데도 순무는 꿈쩍도 하지 않았어요. 할머니는 손녀딸 율라에게 도움을 청했어요. C (할머니): "율라, 어서 와서 좀 도와다오!" T: 할아버지는 순무를 당기고 할머니는 할아버지를 당기고 율라는 할머니를 당겼어요. C (할아버지, 할머니, 율라): "영차, 영차! 순무야, 나와라!" T: 이번에도 순무는 꿈쩍도 하지 않았어요. 율라는 멍멍이에게 도움을 청했어요. C (율라): "멍멍아, 어서 와서 좀 도와줘!" T: 할아버지는 순무를 당기고 할머니는 할아버지를 당기고 율라는 할머니를 당기고 멍멍이는 율라를 당겼어요. C (할아버지, 할머니, 율라, 멍멍이): "영차, 영차! 순무야, 나와라!"	준비물: 배역 목걸이, 순무

절차	활동내용	준비물 및 유의점
전개 (12분)	T: 이번에도 순무는 꿈쩍도 하지 않았어요. 멍멍이는 야옹이에게 도움을 청했어요. C (멍멍이): "야옹아, 어서 와서 좀 도와줘! 멍멍" T: 할아버지는 순무를 당기고 할머니는 할아버지를 당기고 율라는 할머니를 당기고 멍멍이는 율라를 당기고 야옹이는 멍멍이를 당겼어요. C (할아버지, 할머니, 율라, 멍멍이): "영차, 영차! 순무야, 나와라!" T: 이번에도 순무는 꿈쩍도 안 했어요. 야옹이는 찍찍이에게 도움을 청했지요. C (야옹이): "찍찍아, 어서 좀 도와줘! 야옹" T: 할아버지는 순무를 당기고 할머니는 할아버지를 당기고 율라는 할머니를 당기고 멍멍이는 율라를 당기고 야옹이는 멍멍이를 당기고 찍찍이는 야옹이를 당겼어요. C (할아버지, 할머니, 율라, 멍멍이, 야옹이, 찍찍이): "영차, 영차! 순무야, 나와라!" T: 흔들! 잠시 순무가 흔들렸어요. 모두 힘을 합쳐서 당기니 순무가 흔들흔들했어요! 더욱더 힘껏 당겨야겠어요. 영차, 영차 순무야, 나와라~ 쑤우욱! 드디어 커다란 순무가 뽑혔습니다. T: 무척이나 기뻤던 할아버지, 할머니, 율라, 멍멍이, 야옹이와 찍찍이는 순무로 수프, 국, 과자, 깍두기를 만들어서 맛있게 먹었답니다. T: 이것으로 성결반의 '커다란 순무' 동극을 마치겠습니다. T: 배우들은 앞으로 나와서 자신이 무슨 역할을 맡았는지 소개해 보자. C (할아버지): 저는 할아버지를 맡은 ○○○입니다. C (할머니): 저는 할머니를 맡은 □□□입니다. (생략) T: 마지막으로 저는 해설을 맡은 △△△ 선생님입니다. (다 같이 인사) T: 배우 역할을 했던 어린이들은 역할 목걸이를 바구니에 정리하고 들어가자.	

절차	활동내용	준비물 및 유의점
마무리 (3분)	○ 동극을 마무리하고 평가한다. T: 동극을 했던 어린이들, 동극을 해 봤는데 어땠니? C: 좋았어요! T: 어떤 점이 좋았니? C: 동화 속 주인공이 된 것 같아서 좋았어요. T: 동화 속 주인공이 된 것 같아서 좋았구나. 또 어떤 점이 좋았는지 이야기해 줄 어린이 있니? C: 무를 뽑는 흉내 내면서 영차, 영차 하는 게 재밌었어요. T: 흉내 내면서 영차, 영차 하는 게 재밌었구나. 관람했던 어린이들은 어떤 점이 좋았는지 이야기해 줄 수 있니? C: 쑤욱! 뽑힌 부분이 재밌었어요. T: 동극을 했던 친구들이 무를 쑤욱! 뽑은 게 재밌었구나. 또 어떤 점이 좋았니? C: 영차, 영차! 하는 부분이 재미있었어요. T: 그랬구나. 그럼, '동극을 다시 한다면 어떻게 하면 좋겠어요.' 하는 것이 있니? 동극을 했던 어린이들부터 말해 볼까? C: 듣는 친구들이 떠들어서 속상했어요. T: 그랬구나. 다음 동극부터 관객들은 떠들지 않고 집중해서 관람해 보자. 또 말해 줄 어린이 있니? C: 영차, 영차 할 때 자리가 너무 좁아서 불편했어요. T: 무 뽑는 장면에서 자리가 좁아서 불편했구나. 다음 동극 때는 어떻게 하면 편하게 영차, 영차 할 수 있을까? C: 무를 무대 끝에 놓으면 편할 것 같아요. T: 좋은 생각이다! 누가 나와서 보여 줄 수 있겠니? 그럼 다음에는 이 정도에 순무를 놓자. T: 이번엔 관람했던 친구 중에 아쉬웠던 점이 있는 어린이 있니? C: 저는 목소리가 잘 들리지 않았던 것 같아요. T: 그랬구나. 배역을 맡은 배우들은 대사를 큰 소리로 말하도록 하자.	

절차	활동내용	준비물 및 유의점
마무리 (3분)	T: 동극을 한 배우들은 관객들에게 뭐라고 이야기해 주고 싶니? C: 잘 들어 줘서 고맙다고 말해 주고 싶어요! T: 다 같이 잘 들어 줘서 고맙다고 이야기해 보자. 동극을 관람한 어린이들은 배우들에게 뭐라고 이야기해 주고 싶니? C: 재밌는 연극을 해 줘서 고맙다고 말해 주고 싶어요! T: 다 같이 재밌는 연극 해 줘서 고맙다고 이야기해 보자. T: 우리가 만든 소품은 어디에 놓으면 좋을까? C: 역할놀이 영역에 두고 쓸래요. T: 그래~ 역할놀이 영역에 놓아둘 테니까 언제든 다시 동극을 해 보도록 하자. T: 다음은 무슨 시간이지? C: 자유놀이시간이요. T: 커다란 순무에서 함께 협동해서 순무를 뽑은 것처럼 우리도 다 함께 소품을 정리하고 자유놀이를 해 보자! T: '저는 옷에 순무처럼 흰색이 있어요.' 하는 어린이부터 정리해 보자. T: 이번엔 '저는 옷에 텃밭처럼 갈색이 있어요.' 하는 어린이들도 정리해 보자. C: 네~	
사후/확장활동	- 사후활동: 역할영역에서 동극 '커다란 순무' 해 보기 - 확장활동: 함께 수확한 채소로 요리해 보기, 등장 인물에게 편지 쓰기	
평가	• 등장인물이 되어 대사와 몸짓으로 표현하는가? • 친구들의 다양한 표현을 존중하는가? • 동극을 바른 자세로 감상하는가?	

<table>
<tr><td>놀이주제</td><td colspan="5">아이스크림 가게</td></tr>
<tr><td>활동명</td><td colspan="3">꿀꿀이의 아이스크림 가게</td><td>대상연령</td><td>만 4세</td></tr>
<tr><td>활동형태</td><td>대 · 소집단 활동</td><td>활동유형</td><td>동극</td><td>활동시간</td><td>20분</td></tr>
<tr><td colspan="2">활동목표</td><td colspan="4">누리과정 관련요소</td></tr>
<tr><td colspan="2">• 동극에 참여해서 배역처럼 연기한다.
• 동극을 바른 태도로 감상한다.
• 동극을 보고 느낀점을 말한다.</td><td colspan="4">• 예술경험: 예술적 표현하기 – 극놀이로 표현하기
• 예술경험: 예술 감상하기 – 다양한 예술 감상하기
• 의사소통: 말하기 – 느낌, 생각, 경험 말하기</td></tr>
<tr><td>활동자료</td><td colspan="5">배역판, '꿀꿀이의 아이스크림 가게' 동극용 역할 목걸이(혹은 머리띠), 동극용 소품(아이스크림, 가게, 주사기)</td></tr>
<tr><td>사전활동</td><td colspan="5">이야기 나누기 "동화 회상하기"</td></tr>
<tr><td>절차</td><td colspan="4">활동내용</td><td>준비물 및 유의점</td></tr>
<tr><td>도입
(3분)</td><td colspan="4">○ 손유희로 주의집중하기
T: 도도도도 무릎입니다~ / 레레레레 배꼽입니다~
미미미미 가슴입니다~ / 파파파파 어깨랍니다~
솔솔솔솔 손을 어깨 위로 팔랑팔랑 팔랑팔랑 손을 무릎에 짠!
T: 성결 반 친구들 모두 바르게 앉았니?
C: 네.

○ 배역판 소개하기
T: 성결반~ 오늘은 동극을 해 볼 건데 배역을 맡은 어린이들을 알아볼까?
C: 네!
T: 첫 번째 동극에서 꿀꿀이는 ○○이가, 야옹이는 □□이가, 멍멍이는 △△이가, 의사는 ◇◇이가 할 거야. 모두 준비되었니?
C: 네!
T: 배역을 맡은 어린이들은 앞으로 나와서 역할 목걸이를 하고 기다리자. 관람하는 어린이들은 동극을 열심히 보고 어땠는지 이야기해 줘.
C: 네. / 신난다!</td><td>준비물: 배역판

유의점: 관람하는 유아들도 잘 보고 평가할 수 있도록 유도한다.</td></tr>
</table>

절차	활동내용	준비물 및 유의점
전개 (14분)	○ 첫 번째 동극을 한다. 해설: 지금부터 성결반의 '꿀꿀이의 아이스크림 가게' 첫 번째 동극을 시작하겠습니다. 날씨가 점점 무더워지는 여름이었어요. 숲속 마을의 꿀꿀이는 아이스크림 가게를 차렸답니다. 꿀꿀이: 아이스크림 사세요! 아이스크림 사세요. 해설: 꿀꿀이는 '시원하고 맛있는 아이스크림 있어요!' 하며 사람들에게 외쳤어요. 꿀꿀이가 아이스크림 가게를 차렸다는 소식을 듣고, 제일 먼저 멍멍이가 찾아왔어요. 꿀꿀이는 '어서 오세요.'라고 반갑게 인사했어요. 꿀꿀이: 어서 오세요. 해설: 멍멍이는 자기가 먹고 싶은 아이스크림을 주문했어요. 멍멍이: 딸기 아이스크림 하나 주세요. 해설: 꿀꿀이는 딸기 아이스크림 하나를 멍멍이에게 주었습니다. 멍멍이는 딸기 아이스크림을 먹으며 '아! 시원하고 정말 맛있다.'라고 말했습니다. 멍멍이: 아! 시원하고 정말 맛있다. 해설: 멍멍이는 아이스크림을 다 먹고 행복한 표정을 지으며 집으로 돌아갔습니다. 꿀꿀이는 '뭐? 시원하고 맛있다고?' 하며 '나도 한 개 먹어 볼까?'라고 했어요. 꿀꿀이: 뭐! 시원하고 정말 맛있다고? 그럼, 나도 한 개 먹어야지. 해설: 멍멍이가 맛있게 먹는 것을 본 꿀꿀이는 자기도 딸기 아이스크림을 한 개 먹었습니다. 그때 두 번째 손님 야옹이가 오자 꿀꿀이는 '어서 오세요.'라고 말했습니다. 꿀꿀이: 어서 오세요. 해설: 야옹이는 자기가 먹고 싶은 아이스크림을 주문했어요. 야옹이: 바나나 아이스크림 한 개 주세요. 해설: 꿀꿀이는 바나나 아이스크림 하나를 야옹이에게 주었습니다. 바나나 아이스크림을 맛있게 먹으며 야옹이가 말했습니다.	준비물: 꿀꿀이의 아이스크림 가게 동극용 역할 목걸이, 동극용 소품 유의점: 유아가 대사를 잊은 듯했을 때, 해설로 이야기해 준다.

절차	활동내용	준비물 및 유의점
전개 (14분)	야옹이: 아! 시원하고 정말 맛있다. 해설: 야옹이는 아이스크림을 다 먹고 행복한 표정을 지으며 집으로 돌아갔습니다. 꿀꿀이는 '뭐? 시원하고 맛있다고? 나도 한 개 먹어 볼까?'라고 말했습니다. 꿀꿀이: 뭐! 시원하고 정말 맛있다고? 그럼 나도 한 개 먹어야지! 해설: 야옹이가 맛있게 먹는 것을 본 꿀꿀이는 자기도 바나나 아이스크림을 한 개 먹었습니다. 이번에는 세 번째 손님인 의사 선생님이 오셨습니다. 꿀꿀이는 손님에게 인사를 했습니다. 꿀꿀이: 어서 오세요. 해설: 의사 선생님은 먹고 싶은 아이스크림을 주문했습니다. 의사 선생님: 안녕하세요. 초코 아이스크림 주세요. 해설: 꿀꿀이는 초코 아이스크림 하나를 의사 선생님에게 건네주었습니다. 초코 아이스크림을 먹으며 의사 선생님은 이렇게 말했습니다. 의사 선생님: 아! 시원하고 정말 맛있다. 해설: 그러자 꿀꿀이는 '뭐? 시원하고 맛있다고? 그럼 나도 한 개 먹어 볼까?'라고 말했습니다. 꿀꿀이: 뭐? 시원하고 정말 맛있다고? 그럼 나도 한 개 먹어야지! 해설: 의사 선생님이 맛있게 먹는 것을 본 꿀꿀이는 초코 아이스크림을 정신없이 먹었습니다. 그런데 갑자기 꿀꿀이는 얼굴을 찡그리며 배를 움켜쥐었습니다. 꿀꿀이: 아이고 배야! 아이고 배야! 배가 아파요. 해설: 꿀꿀이가 크게 소리 지르자 의사 선생님께서 달려오셨습니다. 의사 선생님은 꿀꿀이를 진찰하더니 이렇게 말씀하셨습니다. 의사 선생님: 이런, 아이스크림을 너무 많이 먹어서 배탈이 났군요. 아이스크림은 조금만 먹어야 해요. 주사를 맞아야겠어요.	

절차	활동내용	준비물 및 유의점
전개 (14분)	해설: 의사 선생님께서 꿀꿀이에게 커다란 주사를 놓아 주었습니다. 꿀꿀이는 주사를 맞느라 아팠습니다. 의사 선생님은 꿀꿀이의 아픈 배를 고쳐 주셨습니다. 꿀꿀이는 배가 나아서 기뻐 의사 선생님께 인사를 했습니다. 꿀꿀이: 고맙습니다. 의사 선생님. 해설: 꿀꿀이는 숲속 마을의 아이스크림 가게 앞에 이렇게 썼답니다. '며칠 동안만 쉽니다.' 꿀꿀이는 다음부터 아이스크림을 조금만 먹어야겠다고 생각했답니다. 이것으로 성결반의 꿀꿀이의 아이스크림 가게 첫 번째 동극을 마치겠습니다. ○ **유아들이 맡은 배역을 소개한다.** T: 배역을 맡은 어린이들은 모두 앞으로 나와 보세요. 배역을 맡은 어린이들은 자기가 어떤 역할을 맡았었는지 인사해 보자! C: 저는 꿀꿀이(멍멍이, 야옹이, 의사 선생님) 역할을 맡은 ○○○입니다! T: 저는 해설을 맡은 □□□ 선생님입니다. 다 같이 인사하고 역할 목걸이와 소품을 바구니에 넣고 들어가 주세요! 재미있게 동극을 해 준 친구들에게 박수!	유의점: 유아들이 누구의 배역 차례인지 알 수 있도록 계속해서, 주어를 맨 앞에 말해 준다.
마무리 (3분)	○ **동극을 평가한다.** T: 얘들아, 동극을 관람했던 어린이들에게 물어볼게. 첫 번째 동극을 보았는데 어땠니? 어떤 부분이 가장 재미있었어? C: 꿀꿀이가 아이스크림을 계속 먹는 부분이요! 아이스크림을 계속 먹었어요! T: 꿀꿀이가 계속 아이스크림을 먹는 부분이 재미있었구나! 또 다른 부분이 재미있었던 어린이 있니? C: 저는 동물들이 아이스크림을 먹고 시원하고 정말 맛있다고 말하는 게 재미있었어요.	

절차	활동내용	준비물 및 유의점
마무리 (3분)	T: 아이스크림을 먹고 시원하고 맛있다고 말하는 게 재밌었구나~ 선생님도 재미있었어. 그럼, 동극을 한 어린이들은 어땠니? C: 저요! T: ㅇㅇ이가 말해 보자. C: 꿀꿀이가 돼 볼 수 있어서 재미있었어요! 배가 아픈 연기를 하는 게 재미있었어요! T: ㅇㅇ이는 꿀꿀이가 되어서 배가 아픈 연기를 하는 게 재미있었구나. 동극을 한 친구 중에 또 말해 줄 어린이가 있을까? C: 저요! 친구들이 보고 있어서 떨렸어요. T: 친구들이 보고 있어서 떨렸구나! 그런데도 너무 잘해 주었어! 그럼 동극을 하면서 힘든 점은 없었니? C: 앉아 있는 친구들이 자꾸 일어나고 말해서 힘들었어요. T: 친구들이 일어나고 말해서 힘들었구나. 성결반! 그럼, 친구들이 다음 동극을 할 때 어떻게 봐야 할까? C: 조용히 앉아서 봐야 해요. T: 두 번째 동극부터는 동극을 하는 친구들이 힘들지 않도록 관람하는 어린이들은 조용히 앉아서 볼 수 있겠니? C: 네! ㅇ **다음 활동으로 전이한다.** T: 다음은 무슨 시간이지? 이름 불러 주는 어린이는 손을 씻고 점심 먹을 준비를 하자.	
사후활동	'꿀꿀이의 아이스크림 가게' 동극 활동 사진 감상하기	
평가	• 동극에 참여해서 배역처럼 연기했는가? • 동극을 바른 태도로 감상했는가? • 동극을 보고 느낀 점을 말할 수 있는가?	

CHAPTER 05

동시

1. 동시의 개념

동시란, 동심을 바탕으로 지어진 시로서 어떤 내용이나 사건에 대해 함축적인 의미를 담고 있으며, 특히 비유나 상징을 이용하여 표현하므로 문학적 심미감과 서정성을 경험할 수 있다. 동시 활동은 동시 감상과 동시 짓기로 나누어 생각해 볼 수 있는데 동시 감상은 기존에 있는 동시를 소개하고 동시의 느낌이나 연상되는 이미지, 분위기에 대해 정서적으로 아름다움을 경험해 보는 활동이며, 동시 짓기는 유아가 경험했을 법한 소재를 중심으로 시적인 언어를 이용하여 동시를 만들어 보는 활동이다.

동시 활동을 할 때는 동시의 구성요소인 시어, 심상, 운율에 대해 생각해 보고 이번 수업에서 동시의 어떤 구성요소에 대해 알아볼지를 정하면 좋다. 첫째, 동시말인 시어는 직유법, 은유법, 의인법 등의 수사법을 활용하여 동시의 내용을 표현하고 시의 언어가 갖는 정서와 느낌을 풍부하게 만든다. 직유법은 '마치 ~인 것처럼'의 의미를 갖는 것으로, '솜사탕처럼 달콤한' 또는 '구슬같이 투명한 비눗방울' 등이 그 예이다. 은유법은 비유를 통해 의미를 전달하는 것으로, '시간은 금이다' 또는 '내 마음은 호수요' 등이 그 예이다. 의인법은 물활론적 사고를 하는 유아의 발달적 특징을 반영하여 무생물이나 동식물이 마치 살아 있는 것처럼 표현하는 것으로, '바삐 달려가는 회전목마' 또는 '봄비가 나뭇가지를 두드리며 인사하고' 등이 그 예이다. 동시를 감상하면서 수사법을 사용하는 시어가 있다면 유아들과 그 시어의 의미나 느낌, 이미지를 생각해 볼 수 있다.

둘째, 심상은 동시에서 이미지가 시각적·청각적·후각적·미각적·촉각적·공감각적으로 형상화되어 유아가 동시를 감상하면서 이미지가 머릿속에 그려지는 것을 말한다. 동시에서 심상은 묘사, 비유, 상징의 방법으로 주로 표현되며, 유아가 동시를 통해 풍경이나 상황을 그려 보거나 몸으로 표현해 볼 수 있도록 한다. 동시의 의미를 상상하고 표상하도록 돕는 것이 심상의 역할이라고 할 수 있다. 동시를 감상하면서 마음속에 그려지는 이미지를 묻는 발문을 통해 유아가 심상을 형성해 보도록 도울 수 있고 동시 짓기에서도 유아의 생각과 느낌을 심상이 그려지도록 묘사하고 표현하도록 격려하는 것이 필요하다.

셋째, 운율은 어떤 소리, 음절, 단어, 구절 수 등이 규칙적으로 반복되면서 만들어지는 패턴으로서, 유아는 동시만이 가지고 있는 언어적 리듬감을 통해 문학적 즐거움을 경험할 수 있다. 운이란, 동시 속에서 같은 소리의 글자를 반복적으로 배치하면 나타나는 음악적 요소를 말한다. 율이란, 음의 고저, 장단, 강약 등을 통해 나타나는 음악적 요소이다. 동시에서 표현되는 리듬감 있는 시어의 낭송을 통해 함축적이고 반복적인 리듬감과 심미감을 경험하게 할 수 있다.

교사는 유아와 동시를 감상하고 나서 동시의 구성요소 중 적절한 특징에 대해 발문하여 생각해 보도록 유도할 수 있는데, "이 동시에서 가장 마음에 드는 동시말은 무엇이니? 이 동시에서 가장 재미있는 동시말이 있니?"라고 질문하여 시어에 대해 생각해 보도록 할 수 있고, "이 동시에서 반복되는 소리(단어)는 무엇이니?"라고 발문하여 음률에 대해 생각해 보도록 할 수 있으며, "이 동시를 듣고 떠오르는 이미지(색깔/소리/냄새)는 어떤 것이 있니?"라고 질문함으로써 유아로 하여금 심상에 대해 생각해 보도록 유도할 수 있다.

2019 개정 누리과정에서 동시 활동은 의사소통 영역으로서, 해당 영역의 목표는 다음과 같다(교육부 · 보건복지부, 2019).

영역	목표
의사소통	일상생활에 필요한 의사소통 능력과 상상력을 기른다. 1. 일상생활에서 듣고 말하기를 즐긴다. 2. 읽기와 쓰기에 관심을 가진다. 3. 책이나 이야기를 통해 상상하기를 즐긴다.

2019 개정 누리과정에서 의사소통 영역의 내용은 다음과 같으며, 그중 동시의 누리과정 관련요소는 진하기로 표시한다(교육부 · 보건복지부, 2019). 특히, 개정 누리과정에는 문학에 해당하는 책과 이야기 즐기기라는 내용범주가 추가되었다.

내용범주	내용
듣기와 말하기	말이나 이야기를 관심 있게 듣는다.
	자신의 경험, 느낌, 생각을 말한다.
	상황에 적절한 단어를 사용하여 말한다.
	상대방이 하는 이야기를 듣고 관련해서 말한다.
	바른 태도로 듣고 말한다.
	고운 말을 사용한다.
읽기와 쓰기에 관심 가지기	말과 글의 관계에 관심을 가진다.
	주변의 상징, 글자 등의 읽기에 관심을 가진다.
	자신의 생각을 글자와 비슷한 형태로 표현한다.
책과 이야기 즐기기	책에 관심을 가지고 상상하기를 즐긴다.
	동화, 동시에서 말과 재미를 느낀다.
	말놀이와 이야기 짓기를 즐긴다.

개정 누리과정에서 동시의 교육적 가치는 다음과 같다.

- 동시의 운율을 통해 언어의 리듬감을 경험할 수 있다.
- 은유와 상징으로 표현된 아름다운 시어를 통해 문학적 심미감을 경험할 수 있다.
- 동시를 감상한 후 유아의 느낌이나 연상되는 이미지 등 정서적 반응을 알 수 있다.
- 동시를 창의적으로 지으면서 유아 주변 생활에서의 경험을 시적으로 표현할 수 있다.
- 동시를 신체표현, 글이나 그림으로 표현, 동극으로 표현, 시화전, 동시책 만들기 등 다양한 확장활동으로 연결하여 문학적 내용에 대한 역동적 표현을 경험해 볼 수 있다.

2. 동시 감상의 계획 · 실행

유아의 놀이를 지원하기 위한 활동으로서의 동시 감상을 하려면, 교사로서 어떻게 수업을 준비하고 계획할 것인지, 동시 감상 활동을 할 때 도입, 전개, 마무리를 통해 어떻게 유아를 대상으로 진행할 것인지를 알아보려고 한다. 특히, 동시 감상은 이야기식으로 소개하거나 내용을 이해하도록 하기보다는, 동시 자체를 낭송하거나 들으면서 동시의 분위기와 정서를 느껴보도록 하는 데 초점을 맞춘다. 동시의 아름다운 표현과 리듬감 있는 동시말, 동시가 표상하는 분위기 등을 머리보다는 유아의 가슴으로 느껴보도록 하는 활동이 되는 것이 바람직하다. 이를 위해 교사도 동시를 읊을 때 너무 지나치게 과장되면 오히려 유아의 감상을 해칠 수 있겠으나, 가급적 동시의 분위기에 어울리는 배경음악과 함께 감정을 살려서 감미롭고 분위기 있게 낭송하려고 노력한다. 그리고 동시는 동화와는 다른 문학 장르이므로 유아에게 소개할 때 동시를 읽는다고 하지 말고 동시를 '읊는다'고 표현한다.

1) 동시 감상의 계획

(1) 동시 선정하기

동시 감상의 주제는 유아의 관심과 흥미로부터 시작된 유아 주도적 놀이와 관련이 있고, 해당 놀이를 지원할 수 있는 내용으로 주제를 계획할 필요가 있다. 유아의 발달과 흥미를 고려해서 해당 연령 유아가 충분히 공감할 수 있는 내용이고, 유아가 사전에 경험할 만한 생활 주변의 주제가 적합하다. 어린 연령의 유아일수록 간단하며 리듬감이 뚜렷하고 정서적 표현이 담긴 동시를 선호하며, 연령이 높아질수록 말놀이, 난센스, 유머 등 언어적 유희를 포함하는 동시도 소개할 수 있다. 동시는 운율감을 가지고 있고 유아가 어떠한 이미지를 그려 볼 수 있는 문학적 · 심미적으로 아름다운 주제로 선정한다. 특히, 유아는 추상적이고 사색적인 시보다는 심상이 그려지며 행동이 묘사된 시가 적합하고, 운율과 리듬이 있는 시, 상상력이 풍부하고 동적인 묘사가 명확하며 짧고 간단한 시를 감상하기에 적절하다.

(2) 활동명, 활동목표와 방법 계획하기

놀이주제에 맞는 동시를 선정하면, 활동명은 대부분 동시 제목으로 정하거나 동시의 중심 주제, 또는 동시를 소개하게 되는 놀이와 관련된 목적이 담기도록 정할 수 있다. 활동목표는 동시 감상을 통해 유아가 경험하기를 바라는 지식, 기술, 태도 및 가치로 작성한다. 특히, 동시의 구성요소 중 어떤 특징을 발문을 통해 유아에게 생각해 보게 할지, 동시 내용 중 어떤 점에 주안점을 두고 감상할 것인지 정한다. 그리고 동시 감상에 적합한 시간과 장소를 계획하는데 동시 감상은 정적 활동이므로 동적 활동의 전 또는 후에 계획하는 것이 바람직하다. 동시는 동시판을 이용하여 감상할지, 유아의 동시 낭송을 녹음하여 들어 볼지, 동시 낭송 시 어떤 배경음악을 사용할지 등을 계획단계에서 생각하고 결정한다.

(3) 교수-학습 자료 준비하기

동시의 분위기와 내용이 드러나는 동시판이나 동시카드, 그림자료 등을 준비하여 유아의 주의를 집중시킬 수 있도록 한다. 어린 연령의 유아일수록 그림이 많게 구성하고 평면자료보다는 조작이 가능한 입체자료로 제작하여 유아의 흥미를 높인다.

(4) 동시 자료를 이용하여 낭송 연습하기

동시판 등 자료를 이용할 경우 자료를 조작해야 한다면 낭송과 함께 자연스럽게 조작할 수 있도록 연습하고 배경음악의 조작과 음량 조절, 동시판의 조작, 동시 낭송을 여러 번 연습하고 본 수업 시 편안하게 할 수 있도록 준비한다.

(5) 주의집중 계획하기

동시를 소개하기 위한 주의집중을 어떻게 할지 계획한다. 동시 제목이나 주제와 관련된 수수께끼, 또는 손유희나 노래를 이용하여 주의집중할 수도 있고, 동시와 관련된 소리를 들려주고 맞히도록 하거나 부분과 전체 그림으로 맞혀 보도록 주의집중할 수 있다. 동시의 주제와 내용에 따라 가장 적합한 주의집중을 계획하여 유아가 동시 감상에 몰입하도록 흥미유발과 동기부여를 한다.

(6) 도입, 전개, 마무리 계획하기

동시 감상 활동에 대해 도입에서는 어떻게 주의집중할지, 동시를 어떻게 소개할지 계획한다. 전개에서는 준비한 대로 동시 자료와 매체를 조작하며 실감 나게 낭송한다. 동시의 분위기나 느낌에 대한 질문, 동시를 바탕으로 생각해서 답할 만한 질문을 하여 유아가 동시 내용에 대해 생각해 보도록 한다. 다양하게 읊어 본 후 유아가 원하는 동시말로 바꾸어서 동시를 재구성해 보고 바꾼 동시도 읊어 본 후 원래의 동시와 어떻게 다른지 생각해 보도록 한다. 마무리에서는 동시 활동에 대한 전체적인 평가를 어떻게 할지, 어떠한 발문으로 평가할지에 대해 계획한다.

(7) 전이와 확장활동 계획하기

동시 감상을 끝마치면 어떤 일과로 전이할지, 어떻게 전이할지도 미리 생각하고 계획한다. 또한, 동시 감상 활동에서 다룬 내용에 대한 심화나 확장이 가능하도록 통합적으로 연계될 수 있는 확장활동도 계획한다. 예를 들어, 「낙엽」이라는 동시를 감상했다면 가까운 공원으로 현장학습을 가서 낙엽을 밟아 볼 수 있는 기회를 갖는다거나, 가을이 되면 나뭇잎이 어떻게 낙엽으로 변화하는지를 알아보거나, 낙엽 동시에 대한 시화를 그려 시화전을 할 수도 있고, 「낙엽」 동시에서 느낀점을 그림이나 글로 표현해 보는 등 다양한 확장활동을 계획할 수 있다.

2) 동시 감상 활동의 실행

(1) 도입

- 도입에서는 동시의 주제와 관련되어 유아의 흥미를 유발할 수 있는 수수께끼, 부분 그림 보고 전체 알아맞히기, 소리 듣고 맞히기, 손인형, 노래, 손유

희 등을 할 수 있다. 예를 들어, 「코끼리」라는 동시를 감상한다면 코끼리의 사진을 가려서 부분만 보고 맞히도록 할 수도 있고, 「풍선」이라는 동시를 감상한다면 풍선을 부는 소리, 풍선 바람이 빠지는 소리 등을 들려주며 소리를 듣고 주제를 맞히도록 하면서 도입을 할 수 있다.

- 도입의 끝부분은 오늘 하게 될 동시 활동에 대해 "그래서 오늘은 선생님이 코끼리에 대한 동시를 너희에게 들려주려고 준비해 왔어." 등으로 소개한다.

(2) 전개

- 교사가 동시를 읊는다: 교사는 느낌을 살려 가면서 동시를 읊어 준다. 교사가 동시를 읊는 모습을 유아도 모방하므로 최대한 감정을 실어서 낭송한다. 교사가 글을 읽듯이 건조하게 동시를 읊으면 유아도 아무 감정 없이 읽는 경우가 많고, 교사가 느낌을 담아 아름답게 낭송할수록 유아도 느낌 있게 읊으려고 노력하게 되므로 교사는 동시를 읊을 때 최대한 감정을 담는다. 동시를 읊기 전에는 "얘들아, 선생님이 동시를 읊어 줄게. 동시가 어떤 느낌인지 잘 들어 보자." 등의 말로 유아들을 집중시킨다.
- 동시에 대해 이야기 나누기: 동시의 분위기, 느낌, 떠오르는 이미지에 대해 생각해 보도록 하고 동시의 특정한 구성요소나 동시말의 의미, 동시의 내용에 대한 질문을 통해 유아가 동시의 의미를 생각하고 표현해 보도록 한다. "얘들아, 동시를 들어 보았는데 어땠니? 동시를 들으니 어떤 느낌이 들었니?" 등의 질문을 통해 동시에 대한 느낌을 감상해 보도록 유도한다. 「봄비」라는 동시라면 "이 동시는 어떤 계절인 것 같니? 이 동시의 분위기는 어떠니? 밝니, 어둡니? 왜 그렇게 생각했니?" 등으로 발문할 수 있다.
- 교사가 배경음악을 틀고 다시 한번 낭송하기: 교사는 동시 감상의 심미감을 극대화하기 위해서 동시의 분위기와 잘 어울리는 배경음악을 잔잔하게 틀고 "선생님이 동시를 다시 읊어 볼게. 어떤 내용인지 다시 한번 잘 들어 보자." 등의 말을 하며 다시 한번 동시를 낭송한다.

- 제목을 가린 동시판을 제시하고 유아와 번갈아 읊어 보기: 동시 감상 활동에서 동시판이 반드시 필요한 것이 아니며, 때로는 동시판 없이 동시를 감상할 때 유아가 동시의 상징이나 심상을 더 상상하며 감상해 볼 수도 있다. 동시판은 유아의 연령에 따라 만 3세라면 그림으로 이루어지도록 만들고, 만 4, 5세는 그림과 글자가 적절히 혼합되게 만들되 글자만 너무 많지 않도록 한다. 추후 동시의 제목을 추측해 볼 수 있도록 제목은 가린 상태로 동시판을 제시한다. "이번에는 선생님과 너희가 번갈아서 읊어 보자. 선생님이 노란 부분을 읊을게. 너희들이 파란 부분을 읊어 보자."처럼 동시판에 짝수 줄과 홀수 줄의 색을 달리하면 번갈아 읊을 때 유아들과 나누기 편하다. 반씩 읊어 본 후에 교사는 "이번에는 바꿔서 읊어 보자." 등의 말로 반드시 바꿔서 읊어 보아야 유아가 전체 동시를 한 번은 읊은 것이 된다. 또 유아를 반으로 나눠서 한 번씩 더 읊어 보며, 유아가 읊을 때도 배경음악을 틀어 느낌 있게 낭송하도록 지원한다. 연이 있는 동시의 경우에는 연과 연 사이에 잠시 쉬고 읊도록 하는데, 유아들과 고개를 두 번 끄덕이는 등의 약속을 정해 연의 숨 쉬는 부분을 함께 맞추어 낭송한다.

[그림 5-1] 동시판의 예

출처: 보육사(www.boyuksa.co.kr).

- 동시 내용에 대해 이야기하기: 동시 내용 중 특별히 유아들과 살펴볼 단어나 표현이 있다면 이야기한다. 동시의 전반적인 내용이 무엇인지, 동시에서 특정한 표현(의성어, 의태어, 시어 등)이 어떤 의미일지 생각해 보도록 발문한다. 동시 「봄비」라면 "이 동시에서 '똑똑똑'은 무슨 소리일까? 봄비가 똑똑똑 무엇을 두드린다고 했니? 나뭇가지를 두드렸을 때는 무엇이 피어난다고 했어? 들판을 두드리면 무엇이 자라난다고 했어? 작가는 왜 봄비가 놀러 왔다고 했을까?" 등의 질문을 통해 동시의 내용, 작가의 의도를 알아본다.
- 유아와 함께 전체 동시를 읊어 보기: 교사와 유아가 함께 동시를 처음부터 끝까지 읊어 보며 감상한다. "이번에는 우리 ○○반 모두 다 같이 동시를 읊어 보자." 등으로 다 함께 동시를 읊어 본다.
- 동시의 제목을 추측해 보고 알아보기: 동시의 제목이 무엇일지 유아들이 추측해 보도록 한다. 다양한 제목을 생각해 보도록 하고 그 나름대로의 느낌으로 인해 지은 제목이니 원래 동시의 제목이 아니더라도 "○○이라고 생각했니? 그럴 수도 있겠다. 그런데 이 동시를 지은 작가는 제목을 「봄비」라고 지었대. 「봄비」라는 제목이 어울리는 것 같니?" 등의 긍정적인 반응 후 가려두었던 동시의 제목을 보여 주고 앞으로의 동시 낭송은 동시 제목, 동시작가명, 동시 내용의 순으로 낭송한다.
- 동시를 다양한 방법으로 읊어 보기: 교사와 유아가 "이번에는 '똑똑똑'을 박수치면서 해 보면 어떨까? '봄비'라는 동시말에서는 말하지 말고 무릎을 치면서 해 보자."처럼 특정 동시말을 묵음이나 박수로 대신한다거나, 동시를 한 연씩 나눠서 읊어 보거나, 의성어나 의태어 부분에서 신체를 움직이면서 다양하게 여러 번 동시를 읊어 볼 수 있다.
- 동시를 재구성해 보기: 동시의 시어 중 바꾸고 싶은 말은 바꿔 보면서 동시를 재구성해 보고 재구성한 동시를 다시 다 함께 읊어 본다. 예를 들어, 동시 「봄비」라면, '똑똑똑' 대신에 다른 동시말로 바꾸거나 '벚꽃'과 '새싹' 대신 다른 동시말로 바꾸어 볼 수 있다. 재구성한 동시는 유아들의 새로운 작품이므로 배경음악을 틀면서 성의 있게 읊어 보도록 한다.

- 재구성한 동시에 대해 평가하기: 재구성한 동시를 읊어 본 후에는 재구성한 동시가 원래의 동시와 비교해서 어떤지, 어떤 점이 더 좋았는지 등을 물어보며 평가해 본다. "너희가 바꾼 동시를 읊어 보았는데, 어땠니? 원래 동시와 바꾼 동시의 느낌이 다르다면 어떻게 다르니?" 등의 질문을 통해 재구성한 동시에 대한 유아의 의견을 물어볼 수 있다.

(3) 마무리

- 동시 활동 평가하기: 동시 감상 활동이 어땠는지, 어떤 점이 가장 기억에 남는지, 불편했던 점은 없었는지 등을 평가해 본다.
- 사후활동 소개하기: 감상한 동시로 더 해 보고 싶은 활동이 있는지 물어보고 동시판은 언어 영역에 놓아 자유놀이시간에 감상해 보고 싶은 어린이는 마음껏 더 해 볼 수 있다고 소개한다. 동시판을 언어 영역에 놓아 줄 어린이를 자원받아 유아가 직접 가져다 두도록 하는 것도 좋은 방법이다.
- 전이활동 소개하기: 동시 감상이 끝난 후 다음 활동이 무엇인지 알아보고 유아를 소수로 호명하며 다음 활동으로 전이할 수 있도록 한다.

3. 동시 짓기의 계획 · 실행

동시 짓기는 유아가 자신의 느낌을 아름다운 동시말로 표현하는 것으로서, 크게 두 가지 방법으로 생각해 볼 수 있다. 첫째, 기존의 동시 내용에서 동시말을 개작하거나 기존 동시 틀을 바탕으로 재구성하는 방법, 둘째, 유아가 원하는 주제에 대해 완전히 새로운 동시를 만드는 창작하기가 있다. 동시 짓기의 경험이 적을수록 부분적 개작의 방법으로 동시 짓기를 경험하다가, 점차 창작하기를 유도하면 유아도 충분히 동시 짓기 활동에 적극적으로 참여할 수 있다.

동시 짓기는 다양한 동시를 감상하면서 유아가 동시의 형식, 운율, 비유 등에 대해 익숙해졌을 때 계획해 볼 만한 활동이다. 동시 짓기 활동은 동시의 주제나 소재에 대해 유아가 이미 가지고 있는 경험, 감정이나 느낌을 말한 후 개별 또는 집단으로 토의하면서 정리해 나가고, 자신의 감정을 표현하면서 다른 사람들과 공유해 볼 수 있는 문학적 활동이다.

1) 동시 짓기의 계획

동시 짓기의 계획은 동시 감상과 유사한 내용이 있으므로 동시 감상의 계획 부분을 참고하되 동시 감상 활동과는 구별되는 계획의 내용만 이곳에 소개하려고 한다.

(1) 동시 소재 선정하기

유아의 놀이를 관찰하면서 유아가 경험하고 느낀 것, 새롭게 알게 된 주제에 대한 동시 짓기를 계획해 볼 수 있다. 유아가 동시 짓기를 하기 위해서는 동시 소재에 대한 직접적인 경험이나 직접 경험에 가까운 간접 경험을 통해 동시 짓기 활동 중 풍부한 언어적 표현을 해낼 수 있어야 한다.

(2) 활동명, 활동목표와 방법 계획하기

동시 짓기의 소재가 정해지면 동시를 통해 유아가 경험하기를 바라는 지식, 기술, 태도 및 가치에 대한 활동목표를 정하고 유아와 어떠한 방식으로 동시 짓기 활동을 할지 계획한다. 주로 대집단이나 소집단으로 모여서 소재에 대한 탐색과 동시 말 받아 적기, 수정 및 완성을 하게 된다. 따라서 동시 짓기를 할 때는 화이트보드와 마커를 준비하여 활동할 수 있다.

(3) 사전활동 계획하고 실행하기

동시 짓기를 하기 위해서는 동시 소재에 대한 유아의 경험이 선행되어야 한다. 유아가 충분히 직접적인 경험을 할수록 동시 짓기 활동 중에 다양하고 풍부한 내용의 동시말을 구현해내고 표현할 수 있다. 예를 들어, '비눗방울'이라는 동시 짓기를 한다면 비눗방울을 직접 만들어 보고 날려 보는 놀이를 함으로써 비눗방울에 대한 다양한 표현이 가능하도록 지원한다.

2) 동시 짓기의 실행

(1) 도입

- 동시 짓기를 할 소재에 대해 유아가 흥미를 가질 수 있도록 주의집중을 한다. 주의집중은 손유희, 수수께끼, 노래 부르기, 부분과 전체 그림 맞히기, 소리를 듣고 맞히기 등 다양한 방법 중에 가장 적합한 방법으로 선택하여 실행한다. 유아들이 동시 짓기 할 소재를 알게 되고 흥미를 갖게 되면 "오늘은 ○○에 대한 동시를 지어 볼 거야."라고 소개한다.

(2) 전개

- 동시 소재에 대해 탐색하기: 동시의 소재에 대해 유아의 사전 경험을 물어보고 유아가 생각하고 느끼는 대로 다양하게 표현하며 탐색해 보도록 한다. 브레인스토밍을 통해서 유아가 이야기하는 내용을 받아 적어 본다. 예를 들어, '비눗방울'이 동시의 소재라면, "비눗방울을 만들어 본 적이 있니? 비눗방울을 만져 본 적 있니? 비눗방울은 어떻게 생겼니? 무슨 색이었니?" 등 소재에 대해 생각나는 것, 알고 있는 것, 소재에 대한 느낌을 자유롭게 말해 보도록 하며, 특히 감각적인 경험과 느낌에 대해서도 생각해 보도록 발문하며, 유아가 소재에 대해 다각도로 탐색해 보도록 격려한다.
- 동시 짓기: 브레인스토밍을 한 내용을 보면서 유아에게 자유롭게 비눗방울에 대해 하고 싶은 말을 이야기하도록 한다. 유아는 소재에 대해 생각나는 대로 서술형 문장처럼 표현할 수 있으나 교사가 동시의 형식에 맞게 주어와 동사를 도치한다거나, 반복된 문장이나 단어, 음절을 사용하여 리듬감이 있도록

다듬어 가면서 적는다. 예를 들어, "'비눗방울이 반짝거려요'는 어떤 말로 바꿔볼까? '반짝반짝 보석처럼 빛나는 비눗방울'이라고 해 보면 좋겠니? '잡으면 비눗방울은 터져요'는 어떻게 바꾸면 좋을까? '만지면 펑 터져 버리는 비눗방울'이라고 하면 좋겠구나."라는 식으로 동시와 맞는 표현방식으로 다듬어 갈 수 있다. 중간중간 의성어나 의태어를 사용하여 감각적인 표현이 되도록 격려하고 하나의 연이 완성되면 수미쌍관처럼 비슷한 형식의 연을 반복하면서 동시의 운율과 형식이 담기도록 지어 본다. 동시가 완성되면 동시의 제목도 생각해 보고 유아들이 가장 많이 선호하는 제목으로 정한다.

- 동시 감상하기: 유아들과 만든 동시는 우리 반 유아들의 공동 작품이므로 작품으로서 소중하게 대하며, 유아들과 다양한 방법으로 여러 번 읊어 보면서 느낌이 어떤지 생각해 본다. 동시를 처음 감상하면 동시를 들어 보니 어땠는지 느낌과 분위기에 대해 물어보고, 배경음악을 이용하여 분위기 있고 감정이 살아나도록 함께 낭송한다.
- 수정하기: 감상한 동시에 대해 바꾸고 싶은 부분이 있다면 적절한 동시말로 바꾸거나 반복되는 시어를 추가하거나 위치를 바꿔서 수정해 볼 수 있다. 유아들의 다양한 생각과 의견을 최대한 존중하면서 유아가 원하는 동시에 가까워질 수 있도록 수정한다. "'손에 닿으면 펑 터지는 비눗방울'이라고 했는데, ㅇㅇ가 '불꽃놀이처럼 터지는 비눗방울'이라고 했으면 더 좋겠대. 두 표현 중에서 어떤 말이 더 잘 어울리는 것 같니?" 등으로 유아들에게 발문한다.
- 완성된 동시 감상하기: 수정하여 최종적으로 완성된 동시를 함께 읊어 본 후 느낌이 어떤지 생각해 보도록 한다.

(3) 마무리

- 동시를 지으면서 어땠는지, 어떤 점이 재미있었는지, 새롭게 알게 되거나 느낀 점이 있는지, 아쉬웠던 점이 있는지, 다음에 동시를 짓는다면 어떻게 하고 싶은지 등에 대해 이야기 나누며 동시 짓기 활동에 대해 평가한다. 동시 짓기

를 통해 만들어진 결과물보다는 동시의 소재에 대해 다양하게 탐색하고 동시를 만들어 본 과정을 중심으로 평가하도록 하며, 유아의 창의적인 표현이나 성의 있는 창작 시도 자체에 큰 가치를 두고 칭찬과 격려를 아끼지 않음으로써 유아가 동시 짓기에 관심을 갖고 만족감과 성취감을 느끼도록 한다.

- 완성된 동시는 원하는 유아들이 그림을 그리고 동시말을 적어서 시화로 만들 수도 있으며, 완성된 동시판은 언어 영역에 게시하여 유아가 읊어 보고 감상해 볼 수 있도록 격려한다. 동시 짓기를 한 동시는 그림으로 그리거나 신체표현 등으로 표현해 볼 수 있도록 다양한 확장활동을 계획해 보고 실행한다.

(4) 동시 짓기의 유형

① 동시 개작의 방법

동시를 개작하는 방법은 기존의 동시에서 몇몇 어구만 바꾸는 방법, 의성어나 의태어에 어울리는 말을 넣어서 짓는 방법, 문장을 완성하는 방법 등 여러 가지가 있다. 각각의 예시는 다음과 같다.

- 기존 동시에서 어구 바꾸기

가을은 가을은 요술쟁이야	가을은 가을은 요술쟁이야
초록초록 은행잎이	( )
노랗게 노랗게	( )
가을은 가을은 요술쟁이야	가을은 가을은 요술쟁이야
초록초록 단풍잎이	( )
빨갛게 빨갛게	( )

- 의성어, 의태어에 어울리는 말 삽입하기

울긋불긋 ( ) → 울긋불긋 단풍나무
한들한들 ( ) → 한들한들 코스모스
데굴데굴 ( ) → 데굴데굴 도토리
살랑살랑 ( ) → 살랑살랑 가을바람

- 문장 완성하기

봄이 되면 산과 들판에 (   )
봄 햇살이 방긋 웃으면 (   )
새싹이 자라나면 (   )
봄비가 내려오면 (   )

② 동시 창작의 방법

- 서술형 동시 짓기

비눗방울은 반짝반짝 아름다워요
동그란 비눗방울을 후– 불어요
하늘 높이높이 날아가지요
내 마음도 같이같이 날아가지요

- 문답식 동시 짓기

비눗방울아, 어디로 날아가니?
구름 위로 멀리멀리 날아가지
비눗방울아, 구름 위에서 누굴 만나니?
ㅇㅇ유치원 어린이들 만나러 가지
비눗방울아, 만나서 무슨 놀이할거니?
하늘 높이 비행기 놀이할거지

- 묘사하는 동시 짓기

구슬처럼 동그랗네
별님처럼 반짝이는 비눗방울
햇빛에 일곱색깔 무지개빛을 하고
투명하게 날아가는 비눗방울

• 후렴구 있는 동시 짓기

노란 바나나의 껍질을 열면
하얀색 맛있는 바나나 한 입
야금야금 맛있다고 냠냠냠

갈색 키위의 껍질 속에서
초록색 맛있는 키위 한 입
야금야금 맛있다고 냠냠냠

초록 수박의 껍질 안에는
빨간색 맛있는 수박 한 입
야금야금 맛있다고 냠냠냠

4. 동시의 평가

동시 수업에 대한 평가내용은 다음의 표와 같다. 이 표의 내용을 살펴보면 동시 수업 시 고려해야 할 사항들을 알 수 있다.

범주	내용	평가
동시 선정	놀이주제와 연계되는가?	
	유아의 발달에 적절한가? (예: 움직임에 대한 묘사나 독특한 운율이 있음)	
매체	적절한 매체로 사용하는가? (예: 그림, 손인형, 실물, 사진 등)	
	동시를 읊을 때 배경음악을 사용하는가?	
사전활동	관련 사전활동(관찰, 야외학습 등)을 실시하는가?	
동시 지도 과정	도입, 전개, 마무리 구성이 적절한가?	
	동시의 느낌을 살려 적당한 빠르기와 억양으로 읊어 주는가?	
	동시 중 동시어의 의미나 내용에 대해 생각해 보는 발문을 하는가?	
	유아가 함께 참여하여 동시를 읊어 보는가?	
	동시판이 있다면 유아의 발달에 적합하게 구성되어 있는가?	
	제목이 무엇일지 추측해 보고 제목과 지은이를 소개하는가?	
	동시를 듣고 난 후 느낌에 대하여 이야기 나누는가?	
마무리	동시 활동에 대한 평가를 하는가?	
	동시 시간이 끝났음을 알리고 다음 활동을 소개하는가?	
사후활동	사후활동(그림, 동작으로 표현하기 등)을 실시하는가?	

출처: 교육부(2000).

5. 동시 감상의 활동교육계획안 예시

<table>
<tr><td>수업일시</td><td>2021. 5. 17.</td><td>수업장소</td><td>성결반</td></tr>
<tr><td>놀이주제</td><td>양치질 놀이</td><td>대상연령</td><td>만 4세</td></tr>
<tr><td>활동시간</td><td>20분</td><td>활동유형</td><td>동시 감상</td></tr>
<tr><td rowspan="2">활동명</td><td rowspan="2">동시 「춤추는 칫솔」</td><td>집단크기</td><td>대그룹</td></tr>
<tr><td>대형</td><td>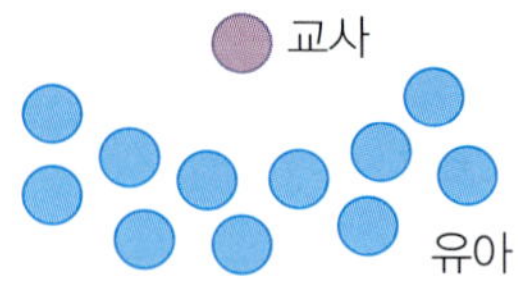
</td></tr>
<tr><td>활동계획 배경
(놀이와의 연계)</td><td colspan="3">소꿉놀이 중 유아들이 장난스럽게 양치하는 모습을 보고 올바른 양치법에 대한 안내가 필요하다고 생각해 커다란 양치 도구를 활용한 바른 양치질 방법을 알아보는 사전활동을 진행하였다. 사전활동 도중, 몇 명의 유아가 "양치는 재미가 없어요."라는 이야기를 하였고, 유아들이 즐거운 마음으로 양치질하는 것에 관심을 가지도록 동시 감상 활동을 계획하게 되었다.</td></tr>
<tr><td>활동목표</td><td colspan="3">- 춤추는 칫솔의 움직임을 상상하며 동시를 읊어 본다.
- 의성어와 의태어를 바꿔서 감상해 본다.
- 동시 내용처럼 즐거운 마음으로 양치질하는 것에 관심을 가진다.</td></tr>
<tr><td>누리과정
관련요소</td><td colspan="3">• 신체운동 · 건강 〉 건강하게 생활하기 〉 자신의 몸과 주변을 깨끗이 한다.
• 의사소통 〉 듣기와 말하기 〉 자신의 경험, 느낌, 생각을 말한다.
• 의사소통 〉 책과 이야기 즐기기 〉 동화, 동시에서 말의 재미를 느낀다.
• 사회관계 〉 나를 알고 존중하기 〉 내가 할 수 있는 것을 스스로 한다.</td></tr>
<tr><td>준비물</td><td colspan="3">양치할 때 나는 다양한 소리, 배경음악, 동시판(PPT: 「춤추는 칫솔」 동시), 코팅종이</td></tr>
<tr><td>사전활동</td><td colspan="3">이야기 나누기 '올바른 양치질 방법'</td></tr>
</table>

<table>
<tr><td>절차</td><td>활동내용</td><td>준비물 및 유의점</td></tr>
<tr><td>도입
(2분)</td><td>○ 양치에 관련된 소리를 듣고 이야기해 본다.
T: 지금부터 몇 가지 소리를 들어 보고 어떤 소리인지 맞혀 보자. (양치할 때 나는 소리를 들려준다.)
T: 무슨 소리인 것 같아?
C: 양치하는 소리요. / 치카치카 하는 소리요.
T: 이건 무슨 소리일까? (입 헹굴 때 나는 소리를 들려준다.)
C: 물소리요! / 가글하는 소리요.</td><td>준비물: 양치할 때 나는 다양한 소리</td></tr>
</table>

<table>
<tr><th>절차</th><th>활동내용</th><th>준비물 및 유의점</th></tr>
<tr><td>도입
(2분)</td><td>○ 양치질 경험에 대해 이야기 나누기
T: 양치질 할 때 또 어떤 소리가 들릴까?
C: 치약 소리! / 물 뱉는 소리요.
T: 양치를 하려면 무엇이 필요할까?
C: 칫솔이요. / 치약이요. / 물이요. / 컵이요.
T: 오늘 칫솔에 대한 동시를 가지고 왔어. 어떤 내용일지 잘 들어 보자.
C: 네!

○ 동시 「춤추는 칫솔」을 감상한다. (동시판을 사용하지 않음)
(교사가 동시를 읊어 준다.)
T: 동시를 들어 보니 어땠니?
C: 재밌어요!
T: 동시를 들으면서 어떤 모습이 떠올랐니?
C: 양치하는 모습이요. / 가글가글하는 모습이요.</td><td></td></tr>
<tr><td>전개
(15분)</td><td>○ 동시판을 보며 「춤추는 칫솔」을 감상하고 동시말을 생각해 본다.
T: 이번엔 동시판을 보면서 동시를 감상해 보자. 우리가 떠올렸던 모습을 다시 생각하면서 감상해 볼까?
C: 좋아요!
(동시를 한 번 더 감상해 본다.)
T: 동시를 들으면서 가장 기억에 남았던 말이 있니?
C: 사뿐사뿐이요. / 치카치카요. / 춤 잔치요.
T: '치약님, 사뿐사뿐'은 무슨 뜻일까?
C: 치약을 칫솔에 짜는 거요.
T: '하얀 모자 잘 썼나요'에서 하얀 모자는 무엇일까?
C: 치약 뚜껑이요.
T: '고르고르 푸아야'는 무엇을 하는 소리일까?
C: 양치하고 입 헹구는 소리요. / 가글하는 소리요.
T: '하루 세 번'은 언제 언제일까?</td><td></td></tr>
</table>

절차	활동내용	준비물 및 유의점
전개 (**15**분)	C: 아침, 점심, 저녁이요! / 일어났을 때요. / 점심 먹고 나서요. / 자기 전에요! 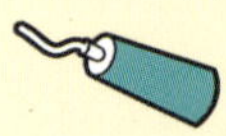 치약님, 나오세요 아래부터 사뿐사뿐 살그머니 앉으세요 아래위로 치카치카 옆으로는 안 돼요 고르고르 푸아야 치약님, 또 만나요 하얀 모자 잘 썼나요? 하루 세 번 열리는 칫솔 치약 춤 잔치  ○ 동시의 느낌을 살려 다양한 방법으로 유아들과 낭송한다. T: 이번에는 친구들과 함께 번갈아 가면서 읊어 볼까? C: 네! T: 번갈아 가면서 읊어 보려면 어떤 방법이 좋을까? C: 앞사람이랑 뒷사람을 나눠요. T: 그래. 바닥에 앉은 친구들이 초록색 부분을 읊고 의자에 앉은 친구들이 파란색 부분을 읊어 보자~ (동시를 번갈아 가면서 읊어 본다.) T: 이번에는 다 같이 읊어 보자. (동시를 다 함께 읊어 본다.) T: 이 동시의 제목은 무엇일까? C: 양치해요! / 치카치카요! / 칫솔질이요. T: 왜 그렇게 생각했니? C: '아래위로 치카치카' 해서요! / 칫솔질하는 법을 알려 줘서요. T: 이 동시의 작가는 「춤추는 칫솔」이라고 했대. 왜 춤추는 칫솔이라고 했을까? C: 양치하는 모습이 춤추는 것 같아서요! / 양치하는 게 재미있어서요.	

절차	활동내용	준비물 및 유의점
전개 (15분)	T: 다른 방법으로도 읊어 볼 수 있을까? C: 춤추면서요! / 동시처럼 움직이면서요. T: 몸으로 표현할 수 있는 부분은 무엇이 있을까? C: (예시) '사뿐사뿐'이요. / '치카치카'요. / '고르고르'요. / 하얀 모자 쓰는 거요! T: '사뿐사뿐'은 어떻게 표현할 수 있니? C: 이렇게 걸으면서요. T: '치카치카'는 어떻게 표현할 수 있을까? C: 손을 이렇게 위아래로 움직여요. T: '고르고르'는 어떻게 표현할 수 있니? C: 손을 돌려요. / 고개를 움직여요. / 몸을 흔들어요. T: '하얀 모자 잘 썼나요?'는 어떻게 표현할 수 있을까? C: 이렇게 모자를 쓰는 것처럼 해요. T: 이제 우리가 만든 몸동작을 하면서 다시 읊어 보자. C: 네! 치약님, 나오세요 아래부터 사뿐사뿐 살그머니 앉으세요 아래위로 치카치카 옆으로는 안 돼요 고르고르 푸아야 치약님, 또 만나요 하얀 모자 잘 썼나요? 하루 세 번 열리는 칫솔 치약 춤 잔치 ○ 동시에 나오는 단어들을 다른 단어로 바꾸어 본다. T: 「춤추는 칫솔」에서 바꾸고 싶은 부분이 있니? C: '사뿐사뿐'이요. / '치카치카'요. / '고르고르'요. T: '사뿐사뿐'을 어떤 말로 바꿀 수 있니?	

절차	활동내용	준비물 및 유의점
전개 (15분)	C: '살랑살랑'이요. T: '치카치카'를 어떤 말로 바꿀 수 있을까? C: '쓱싹쓱싹'이요! T: '고르고르'는 어떤 말로 바꿀 수 있을까? C: '우글우글'이요! (동시판에 유아들이 말한 단어들을 크게 적는다.) T: 우리가 새롭게 바꿔 본 동시를 함께 읊어 보자. C: 네! (바꾼 동시를 읊어 본다.) T: 우리가 바꾼 동시를 읊어 보았는데 어땠니? C: 재밌었어요. T: 어떤 점이 재미있었니? C: '치카치카'를 '쓱싹쓱싹'으로 바꿔서 재밌었어요. T: 그래~ 이렇게 우리가 동시말만 바꿔도 동시의 느낌 달라질 수 있구나. 치약님, 나오세요 아래부터 사뿐사뿐 살그머니 앉으세요 아래위로 치카치카 옆으로는 안 돼요 고르고르 푸아아 치약님, 또 만나요 하얀 모자 잘 썼나요? 하루 세 번 열리는 칫솔 치약 춤 잔치	
마무리 (3분)	ㅇ 동시를 감상해 본 느낌을 이야기한다. T: 오늘 「춤추는 칫솔」 동시를 감상해 보았는데, 어떤 점이 가장 기억에 남니? C: 몸으로 표현한 거요! T: ㅇㅇ은 그 부분이 가장 기억에 남는구나~ 왜 그렇게 생각했니?	

절차	활동내용	준비물 및 유의점
마무리 (3분)	C: 동시를 몸으로 표현한 게 재밌었어요. T: 앞으로 우리가 양치질할 때 「춤추는 칫솔」 동시를 생각하면 어떤 마음이 들까? C: 즐겁게 양치하는 마음이요! T: 이제 우리가 양치질할 때 춤추는 칫솔처럼 즐겁게 양치질할 수 있겠다. 앞으로 양치할 때 춤추는 칫솔처럼 즐겁게 양치질해 보자! C: 네~ ○ **다음 놀이를 안내한다.** T: 다음은 자유놀이시간이지? 조형 영역에서 양치컵 꾸미는 놀이를 해 볼 수 있어. 뒤에 의자에 앉은 ㅇㅇ이부터 차례대로 의자를 제자리에 놓자~ C: 네!	
확장활동	조형 활동: 동시에 어울리는 그림 그리기, 양치컵 꾸미기	
평가	• 동시의 움직임을 상상하며 동시를 읊어 보았는가? • 의성어와 의태어를 바꿔서 감상하였는가? • 즐거운 마음으로 양치질하는 것에 관심을 가졌는가?	

6. 동시 짓기의 활동교육계획안 예시

<table>
<tr><td>활동명</td><td>튜브로 동시를 지어요.</td><td>활동일시</td><td>2021. 6. 15. 월.</td></tr>
<tr><td>놀이주제</td><td>물놀이</td><td>활동장소</td><td>쌓기 영역</td></tr>
<tr><td>활동 유형</td><td>동시 짓기</td><td>대상연령</td><td>만 5세</td></tr>
<tr><td>활동 시간</td><td>20분</td><td>집단크기</td><td>대집단</td></tr>
<tr><td>대형</td><td colspan="3">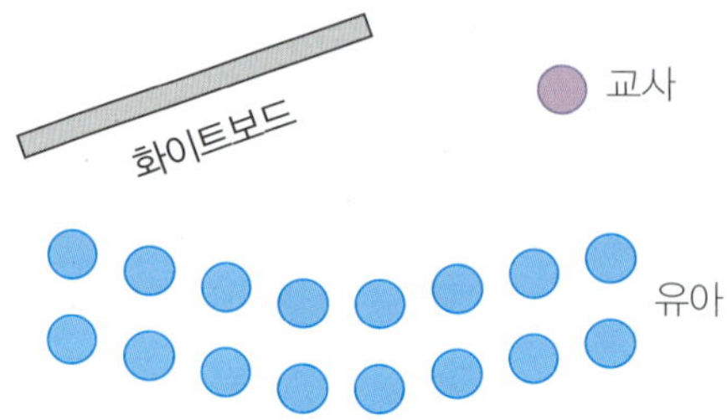
</td></tr>
<tr><td>활동계획 배경</td><td colspan="3">원에서 여름맞이 물총 놀이를 함 → 여름에 하는 물놀이에 관심이 커짐 → 월요일에 주말 지낸 이야기를 나누다 여름에 할 수 있는 다른 물놀이들에 대해 알게 됨 → 바다 놀이가 이루어지던 역할놀이 영역에 물놀이 튜브를 제공함 → 다양한 모양의 튜브를 탐색하다가 튜브에 대한 동시를 지어 보기로 함</td></tr>
<tr><td>활동 목표</td><td colspan="3">- 튜브의 모양과 특징에 대해 안다.
- 튜브에 대해 생각하면서 동시로 표현할 수 있다.
- 동시를 짓고 읊어 보는 활동을 즐긴다.</td></tr>
<tr><td>누리과정 관련요소 (2019 개정)</td><td colspan="3">• 자연탐구 〉 자연과 더불어 살기 〉 날씨와 계절의 변화를 생활과 관련 짓는다.
• 의사소통 〉 책과 이야기 즐기기 〉 동화, 동시에서 말의 재미를 느낀다.
• 의사소통 〉 읽기와 쓰기에 관심 가지기 〉 자신의 생각을 글자와 비슷한 형태로 표현한다.</td></tr>
<tr><td>사전활동</td><td colspan="3">- 이야기 나누기 (여러 가지 튜브에 대해 알아보기)
- 새노래 배우기 (즐거운 여름)</td></tr>
<tr><td>준비물</td><td colspan="3">화이트보드 & 마카, 컴퓨터 및 음향장치, 잔잔한 배경음악</td></tr>
<tr><td>활동 내용</td><td colspan="2">활동 과정</td><td>교사 놀이지원 및 유의점</td></tr>
<tr><td>도입
(3분)</td><td colspan="2">○ 「즐거운 여름」 노래를 부르며 주의집중하기
(반주 없이 유아와 함께 부르기) (다 같이)</td><td></td></tr>
</table>

<table>
<tr><th>활동 내용</th><th>활동 과정</th><th>교사 놀이지원 및 유의점</th></tr>
<tr><td>도입
(3분)</td><td>○ 활동에 대해 이야기하기
T: 여름에 할 수 있는 놀이에는 어떤 것이 있을까?
C: 물총 놀이요. (다정)
T: 물총 놀이도 있구나~
C: 수영장에서 노는 거요. (나라)
T: 나라는 수영장에서 무엇을 하고 놀았었니?
C: 엄마 아빠랑 튜브 타면서 놀았어요. (나라)
T: 여름에 바다나 수영장에서 물놀이를 할 때 필요한 것에는 무엇이 있을까?
C: 물안경이요.(수양)
T: 물안경도 있지~
C: 오리발이요. (다정)
T: 오리발도 있지~
C: ...
T: 나라가 부모님과 함께 타고 놀았던 도구는 뭐였지?
C: 튜브요! (주연)
T: 오늘은 튜브에 대한 동시를 지어 볼 거야.</td><td></td></tr>
<tr><td>전개
(14분)</td><td>○ 튜브를 탐색한 경험을 이야기하기
T: 우리가 가지고 놀았던 튜브 모양에는 어떤 게 있었지?
C: 돌고래 튜브요. (다정)
T: 돌고래 튜브가 있지! 또 다른 튜브를 말해 볼 사람?
C: 도넛 튜브도 있어요. (주연)
T: 도넛 튜브도 있지~
C: 저요! 저요! 튜브 공도 있어요! (나라)
T: 튜브 공도 있구나~ 우리 이런 튜브들을 가지고 놀았던 기억을 떠올리면서 동시를 지어 보자!
C: 네!

○ 튜브에 대해 생각 모아 보기
T: 튜브에는 어떤 모양이 있었지?
C: 도넛이요. (주연)</td><td>* 화이트보드 상단에 ‘튜브’를 적고 화이트보드에 계속하여 유아의 의견 적기
예: 튜브에 대해 말해 줄 수 있겠니?

* 유아들이 시적인 말로 생각하도록 지원하는 질문을 한다.</td></tr>
</table>

활동 내용	활동 과정	교사 놀이지원 및 유의점
전개 (14분)	T: '튜브는 도넛 같아' 이렇게 해 볼까? ('튜브는 도넛 같아'를 적으며) C: 네. T: 왜 튜브는 도넛 같다고 생각했니? C: 도넛처럼 가운데가 뻥 뚫려있어서요. (주연) T: '가운데가 뻥 뚫려 있어서' ('가운데가 뻥 뚫려 있어서'를 적으며) 이렇게 하면 되겠니? C: 네. (주연) T: 또 튜브는 어떻다고 해 볼까? C: 튜브는 귀엽다고 해요. (수양) T: '튜브는 귀여워' 이렇게 해 볼까? ('튜브는 귀여워'를 적으며) C: 네. (수양) T: 튜브의 어떤 점이 귀엽다고 생각했니? C: 말랑말랑해서요! (수양) T: '말랑말랑하니까' ('말랑말랑하니까'를 적으며) 이렇게 하면 되겠니? C: 저는 '몰랑몰랑'도 하고 싶어요. (다정) T: '몰랑몰랑'은 어디에 넣는 것이 좋을까? C: '말랑말랑' 다음에요! (다정) T: 그럼, '말랑말랑 몰랑몰랑하니까'. 이렇게 적을까? C: 좋아요! T: 튜브를 타면 어떤 느낌이 드니? C: 누가 안아 주는 것 같아요. (나라) T: 안아 주는 느낌을 어떤 말로 표현할 수 있을까? C: '둥기둥기'요! (나라) T: '튜브를 타면 둥기둥기' ('튜브를 타면 둥기둥기'를 적으며) 이렇게 해도 될까? C: 네. '둥실둥실'도 해 주세요! (주연) T: 그럼, 다음 줄에 적을까, 아니면 옆에 적을까? C: 다음 줄이 좋아요! (주연)	

활동 내용	활동 과정	교사 놀이지원 및 유의점
전개 (14분)	T: '튜브를 타면 둥실둥실' ('튜브를 타면 둥실둥실'을 적으며) 이렇게? C: 네. (주연) T: 튜브를 보면 어떤 생각이 드니? C: 얼른 타고 싶어요. (나라) T: '얼른 타고 싶어' ('얼른 타고 싶어'를 적으며) 음~ 선생님 생각에는 얼른을 얼른얼른으로 두 번 말해 보면 더 재밌을 것 같은데 어때? C: 좋아요! (다 같이) T: 또 튜브를 보면 어떤 생각이 드니? C: 계속 타고 싶어요! (다정) T: 계속 타고 싶구나~ '계속계속 타고 싶어' ('계속계속 타고 싶어'를 적으며) 이렇게 하면 되겠니? C: 네! 튜브 성결반 튜브는 도넛 같아 가운데가 뻥~ 뚫려있어서 튜브는 귀여워 말랑말랑 몰랑몰랑하니까 튜브를 타면 둥기둥기 튜브를 타면 둥실둥실 얼른얼른 타고 싶어 계속계속 타고 싶어 ○ 동시말 다듬어 보기 T: 그럼, 우리가 지은 동시를 선생님이 한번 읊어 볼게. T: 동시를 읊어 보았는데 다른 말로 바꿨으면 좋겠는 것이 있니? C: '얼른얼른 타고 싶어'보다 '어서어서'가 더 좋을 것 같아요. (주연) T: 주연이가 나라가 말한 것을 이렇게 바꿔 보면 어떻겠냐고 하는데, 나라 생각은 어때?	

활동 내용	활동 과정	교사 놀이지원 및 유의점
전개 (14분)	C: 좋아요! 비슷하니까 괜찮아요. (나라) T: '말랑말랑 몰랑몰랑'이라는 말보다 더 좋은 표현이 있을까? '말랑말랑 몰랑몰랑'이랑 비슷한 말에는 무엇이 있을까? C: '몰캉몰캉'이요. (주연) T: '말랑말랑' 부분을 바꾸고 싶니? C: 아니요! '말랑말랑'이 더 좋아요! (주연) T: 제목은 어떤 것이 좋을까? 내용에 나오는 말로 만들어 볼까, 내용에 나오지 않는 말로 만들어 볼까? C: '튜브'가 좋아요. (주연) / 그냥 '튜브'로 해요. (수양) T: 그럼 '튜브'로 하자~ 튜브 성결반 튜브는 도넛 같아 가운데가 뻥~ 뚫려있어서 튜브는 귀여워 말랑말랑 몰랑몰랑하니까 튜브를 타면 둥기둥기 튜브를 타면 둥실둥실 어서어서 타고 싶어 계속계속 타고 싶어 ○ 동시 읊어 보기 T: 선생님이 성결반이 지은 동시를 한번 읊어 줄게. 같이 상상하면서 들어 보자. (배경음악 사용) T: 모두들 동시를 잘 들어 보았니? 이번에는 다 같이 읊어 보자. (배경음악을 틀며) ○ 동시 변경하기 T: 우리가 동시를 읊어 보았는데, 동시를 읊으면서 바뀌었으면 좋겠는 부분이 있었니? C: 줄이 너무 길어서 언제 쉬는지 모르겠어요. (주연)	

활동 내용	활동 과정	교사 놀이지원 및 유의점
전개 (14분)	T: 그럼, 쉴 수 있게 동시를 나눠 볼 수 있을까? 어떻게 나누는 것이 좋겠니? C: 두 줄로 나눠요. (다정) 튜브 성결반 튜브는 도넛 같아 가운데가 뻥~ 뚫려 있어서 튜브는 귀여워 말랑말랑 몰랑몰랑하니까 튜브를 타면 둥기둥기 튜브를 타면 둥실둥실 오리튜브, 도넛튜브, 돌고래 튜브까지 어서어서 타고 싶어 계속계속 타고 싶어 T: 이렇게 나누면 동시를 읊을 때 언제 쉬는지 알 수 있을까? C: 훨씬 좋아요! (주연, 다정) T: 어떤 내용을 더 넣으면 좋을까? C: 더 넣는 건 싫어요. (나라) T: 어떤 내용을 빼면 좋을까? C: 제 거는 빼지 마세요! (주연) / 다 좋아서 빼기 싫어요. (수양) T: 그렇구나~ 제목은 동시와 잘 어울리는 것 같니? C: 네. (다 같이) T: 동시에서 더 바꾸고 싶은 부분은 없니? C: 없어요! (다 같이) T: 그럼, 마지막으로 완성된 동시를 같이 읊어 보자. C: 네! (다 같이)	

활동 내용	활동 과정	교사 놀이지원 및 유의점
전개 (14분)	튜브 성결반 튜브는 도넛 같아 가운데가 뻥~ 뚫려있어서 튜브는 귀여워 말랑말랑 물랑물랑하니까 튜브를 타면 둥기둥기 튜브를 타면 둥실둥실 어서어서 타고 싶어 계속계속 타고 싶어  	
마무리 (3분)	○ 동시 짓기 활동 평가하기 T: 오늘 즐거운 튜브에 대해 동시를 짓고 소개해 보았는데 어땠니? C: 튜브 가지고 놀고 싶어요. (나라) T: 나라는 튜브 가지고 놀고 싶어졌구나~ 또 어땠는지 말해 볼 어린이 있니? C: 제가 말한 게 들어가서 좋았어요. (주연) T: 주연이는 주연이가 말한 게 들어가서 좋았구나~ 그럼, 동시를 짓는데 어려웠던 점이나 불편했던 점이 있니? C: 읊는 게 너무 느려서 재미없었어요. (다정) T: 다정이가 느끼기에는 동시를 읽는 속도가 너무 느려서 재미없었구나~ 그런데 선생님이 생각하기에는 동시는 재미있게 읽으려면 빠르게 읽는 것보다 느낌을 담아서 읊어 보는 게 좋을 것 같아. C: 느낌을 어떻게 담아요? 잘 모르겠어요. (다정) T: 여기 '둥기둥기'에서는 정말 둥기둥기한 것처럼 둥기~ 둥기~ 하고 천천히 읽어 보고 '계속계속'에서는 신나는 목소리로 계속계속! 하고 즐겁게 읽어 보는 거야.	* 소개 방법에 대한 의견이 나뉠 때 다수결로 결정해 볼 수 있다.

활동 내용	활동 과정	교사 놀이지원 및 유의점
마무리 (3분)	C: 음… 조금 알 것 같아요. T: 그럼, 이 동시를 다정이랑 성결반이 더 읽어 볼 수 있도록 동시판을 어딘가에 전시하도록 하자. 어디에 두면 좋을까? C: 언어 영역에 둬요. (주연) T: 선생님이 동시판를 언어 영역에 놓아 둘 테니까 다르게 읊어 보고 싶은 어린이나 더 읊어 보고 싶은 어린이는 자유롭게 읊어 보자. 그런데 화이트보드에 쓴 글씨를 만지면 지워질 수 있는데 그러면 우리가 만든 동시를 읽을 수 없겠지~ 어떻게 하면 좋을까? C: 동시를 써 놔요! (주연) T: 그럼 조형 영역에서 한번 써 볼까? C: 네! (다 같이) ○ **다음 활동으로 전이하기** T: 다음 시간은 뭐지? C: 자유놀이시간이요! (다 같이) T: 그럼, 이제 주연이부터 차례대로 의자를 정리하고 점심 먹기 전까지 다시 놀이하자!	
확장 놀이	– 동시가 인쇄된 종이에 자신만의 시화 배경을 그려 본다.	

평가	
튜브의 모양과 특징에 대해 아는가?	
튜브에 대해 동시로 표현해 볼 수 있는가?	
동시를 짓고 읊어 보는 활동을 즐기는가?	

CHAPTER 06

새노래 배우기

1. 새노래 배우기의 개념

유아와 함께할 수 있는 음악 활동으로는 새노래 배우기, 악기 연주하기, 율동 만들기, 음악 만들기, 음악 감상하기 등이 있다. 유아가 다양한 음악적 경험을 하도록 골고루 계획하면 좋은데, 본 장에서는 가장 많이 하는 새노래 배우기를 중심으로 알아보도록 하겠다.

새노래 배우기는 유아들이 동요를 배우면서 일상생활 속에서 노래를 즐기고 자유롭게 표현하며 만족감과 즐거움을 경험하고 정서적 안정감과 행복감을 느끼게 돕는다. 유아는 본능적으로 흥겹게 몸을 좌우로 움직이거나 흥얼거리고 소리를 만들거나 노래하는 것을 좋아하며, 만 3~5세는 음악성을 발달시키는 데 매우 중요한 시기이다. 유아에게 다양한 노래를 알려 주며, 그 노래는 다른 활동의 주의집중이나 전이활동 때, 또는 일상생활의 급 · 간식 시간, 정리 시간, 등원 및 하원 시간 등에도 반복적으로 활용될 수 있다.

2019 개정 누리과정에서 새노래 배우기 활동은 예술경험 영역으로서, 해당 영역의 목표는 다음과 같다(교육부 · 보건복지부, 2019).

영역	목표
예술경험	아름다움과 예술에 관심을 가지고 창의적 표현을 즐긴다. 1. 자연과 생활 및 예술에서 아름다움을 느낀다. 2. 예술을 통해 창의적으로 표현하는 과정을 즐긴다. 3. 다양한 예술 표현을 존중한다.

2019 개정 누리과정에서 예술경험 영역의 내용은 다음과 같으며, 그중 새노래 배우기의 누리과정 관련요소는 진하기로 표시한다(교육부 · 보건복지부, 2019).

내용범주	내용
아름다움 찾아보기	자연과 생활에서 아름다움을 느끼고 즐긴다.
	예술적 요소에 관심을 갖고 찾아본다.

내용범주	내용
창의적으로 표현하기	**노래를 즐겨 부른다.**
	신체, 사물, 악기로 간단한 소리와 리듬을 만들어 본다.
	신체나 도구를 활용하여 움직임과 춤으로 자유롭게 표현한다.
	다양한 미술 도구를 활용하여 움직임과 춤으로 자유롭게 표현한다.
	극놀이로 경험이나 이야기를 표현한다.
예술 감상하기	다양한 예술을 감상하며 상상하기를 즐긴다.
	서로 다른 예술 표현을 존중한다.
	우리나라 전통 예술에 관심을 갖고 친숙해진다.

개정 누리과정에서 새노래 배우기의 교육적 가치는 다음과 같다.

- 새노래를 통해 다양한 정서와 음악적 분위기, 음악이 갖는 느낌을 경험할 수 있다.
- 노래를 즐길 줄 알게 되며, 노래가 갖는 아름다움과 즐거움을 경험할 수 있다.
- 자신의 생각과 느낌을 다른 사람에게 음악을 이용하여 표현하는 능력이 향상된다.
- 노랫말을 통해 어휘력을 향상시키며 음악적 언어의 특색을 경험할 수 있다.
- 다른 유아들과 함께 노래를 부르면서 협동심과 사회성 발달을 이룰 수 있다.
- 음정, 리듬, 멜로디, 셈여림, 빠르기 등 음악적 요소에 친숙해지면서 음악성을 발달시킬 수 있다.
- 새노래를 듣고 따라 부르면서 집중력과 청음력을 키우고 노래 부르기, 악기 연주, 율동으로 표현 등을 통해 자신감과 성취감을 경험할 수 있다.

2. 새노래 배우기의 계획 · 실행 · 평가

유아의 놀이를 지원하기 위한 활동으로서의 새노래 배우기를 하려면, 교사로서 어떻게 수업을 준비하고 계획할 것인지, 새노래 배우기 활동을 도입, 전개, 마무리를 통해 어떻게 유아를 대상으로 진행할 것인지, 그리고 새노래 배우기 활동에 대한 교수자로서의 평가를 어떻게 해야 할지 알아보려고 한다.

1) 새노래 배우기의 계획

(1) 노래 선정하기

유아에게는 주변 생활에서 경험한 일과 관련된 노래일수록 좋고, 유아의 감정에 관한 노래, 가족이나 친구, 유치원, 계절, 동식물과 관련된 노래 등이 적합하다. 유아에게 소개할 새노래는 조표 없는 다장조나 밝은 분위기의 장조 노래가 많으며, 형식은 한도막 형식(8마디)이나 작은 세도막 형식(12마디)이 적당하다. 2/4, 4/4, 3/4 박자의 곡들이 대부분이며, 특히 4/4 박자 노래를 가장 많이 부른다. 리듬이 너무 복잡하거나 온음표가 많아 호흡에 어려움이 있는 노래는 가급적 피하고 너무 높거나 너무 낮거나 노래의 음역대가 너무 넓은 노래는 모두 유아가 발성하면서 성대에 무리가 갈 수 있기 때문에 별로 좋지 않다. 유아에게 적합한 음역대는 중앙 C(가온 도)에서 위의 A(라) 사이 정도이고, 멜로디, 노랫말, 리듬이 반복되는 노래가 적합하다. 다른 모든 기준에서는 유아의 발달과 연령에 적합한데 음역대가 맞지 않다면 조옮김을 통해 적절한 음역대로 바꾸어 지도할 수 있다. 유아가 다양한 음악적 경험을 하도록 동요 외에도 전래동요, 민요 등 다양한 장르의 노래를 소개한다.

(2) 활동명, 활동목표와 방법 계획하기

노래를 선정하면 활동명을 정하는데 주로 노래 제목과 유사하게 정한다. 활동목표는 본 새노래 배우기 활동을 통해 유아가 경험하게 될 지식, 기술, 태도 및 가치를 중심으로 작성한다. 활동 방법은 주로 대집단 활동의 형태로 교육하며, 반주는 어떻게 할 건지, 가사판은 제작할 건지 등에 대해 계획한다.

(3) 노래 연습하기

유아에게 새노래 지도를 하기 위해서는 교사가 해당 노래를 완벽하게 익히고 외워야 한다. 미리 여러 번 불러 보아 정확한 음, 리듬, 가사를 익히도록 하며, 무엇보다도 교사 자신이 노래 부르는 것을 즐길 수 있어야 한다.

(4) 반주 연습하기

반주는 노래의 시작과 끝을 알리고 노래의 음과 멜로디에 대한 힌트를 얻도록 도와준다. 악기를 능숙하게 다루지 못한다면 교사의 목소리, MP4, 디지털 피아노에 미리 반주를 녹음한 것 등을 활용하여 새노래를 지도할 수 있는데 가장 정확한 음과 명확한 가사를 전달하는 데에는 교사의 목소리로 부르는 것이 바람직하다. 특히, 음원을 이용하는 경우 교사의 음역대와 맞지 않아 가성으로 부르게 될 경우 노래의 정확한 음정이나 박자, 리듬, 가사가 전달되기 어려워서 바람직하지 않다. 교사의 육성으로 전주를 하고 반주 없이 육성만으로 정확하고 분명하게 노래를 부르는 것이 교육적으로 더 효과적일 수 있다. 반주 소리가 노래보다 너무 크면 교사의 노랫말과 멜로디가 정확히 전달되지 못하며, 유아 스스로도 자신의 노랫소리가 맞는지 확인이 어렵다. 만약, 악기로 반주를 하면서 노래 지도를 할 계획이라면 악기 연주 연습을 충분히 해서 수업 중 유아와의 눈 맞춤이 가능하도록 한다. 피아노 반주는 너무 화려하거나 지나칠 필요가 없으며, 주요 멜로디 위주로 들리도록 한다. 피아노 반주 중에도 교사는 유아와 마주 보며 눈을 마주치는 것이 필요하므로 피아노의 위치 변경이 어렵다면 최대한 유아와의 시선 확보를 할 수 있도록 자리 잡거나 교사의 육성으로 전주와 노래를 부르는 방식으로 진행한다. 반주는 피아노 외에도 기타나 우쿨렐레와 같은 멜로디악기 또는 북이나 장구와 같은 리듬악기 등 다양한 악기로 가능하다.

(5) 가사판 만들기

[그림 6-1] 가사판의 예

출처: 서울특별시유아교육진흥원(2010).

가사판은 유아의 연령과 발달을 고려해서 글자가 너무 빼곡하거나 오선악보를 그려 넣는 것은 부적절하므로 가사와 함께 그림이나 사진을 많이 넣어서 제작하고 제시하는 것이 좋다. 가사판을 짝수 줄과 홀수 줄 가사로 나누어 색을 다르게 제작하면 반으로 나누어 부를 때 이해하기 쉽다. 교사가 새노래를 지도할 때 유아가 가사에 완전히 익숙해질 때까지 교사가 가사를 손으로 짚어 주며 부른다.

(6) 주의집중 계획하기

주제를 정한 후에는 어떻게 주의집중을 해서 이 주제에 대한 관심을 갖게 할까? 도입에서 사용할 주의집중을 생각해 본다. 예를 들어, 「더 빠른 것과 더 느린 것」 새노래 배우기를 한다면 교통기관에 대한 수수께끼를 내면서 흥미를 유발한다. 만약, 노래가 낯설고 어렵다면 새노래 배우기 활동 전에 미리 가르칠 노래를 자유놀이시간이나 급·간식 시간에 녹음해서 들려줌으로써 유아들의 귀에 익숙해져서 새노래 배우기 활동이 쉽게 이루어지도록 한다.

(7) 전이와 확장활동 계획하기

새노래 배우기를 끝마치면 어떤 일과로 전이할지, 어떻게 전이할지도 미리 생각하고 계획한다. 가사판은 음률 영역에 놓아 주어 노래 부르기를 더 하고 싶은 유아들이 마음껏 활동을 해 보도록 지원한다. 또한, 새노래 배우기 활동에서 다룬 내용에 대한 심화나 확장이 가능하도록 통합적으로 연계될 수 있는 확장활동도 계획한다. 새노래에 맞춰 악기 연주하기, 새노래 개사하기, 새노래에 맞춰 신체표현하기, 새노래에 대한 그림 그리기 등 다양한 확장활동이 있을 수 있다.

2) 새노래 배우기 활동의 실행

(1) 도입

- 도입에서 주의집중을 생각할 때 수수께끼, 손유희, 촉감상자, 짧은 동화, 동시 등을 활용하여 유아가 새노래에 관심과 흥미를 가질 수 있도록 하고, 도입은 너무 길지 않아서 유아의 흥미가 유발되었을 때 새노래 활동으로 바로 넘어가도록 한다. "오늘 배울 새노래에는 동물이 나오는데 어떤 동물인지 맞혀 봐. '나는 잠이 많습니다. 나는 봄을 좋아합니다. 나는 개굴개굴 웁니다.' 오늘은 「개구리」라는 새노래를 불러 볼 거야." 등의 말로 유아의 흥미를 유발한다.

(2) 전개

- 새노래 전체를 들려주기: 먼저 교사가 전곡을 불러 주고 유아에게 느낌이나 분위기가 어땠는지 발문한다. 노래를 들려줄 때는 교사가 자신 있게 부르고, 특히 가사와 음정이 정확히 전달되도록 유아들과 눈을 맞추며 분명하게 부른다. "선생님이 「더 빠른 것과 더 느린 것」 노래를 들려줄게. 어떤 내용인지 잘 들어 보자."라고 말하고 노래를 전곡 부른 후에는 "노래를 들어 보았는데 어땠니?"라고 질문하여 노래의 분위기나 느낌에 대해 생각해 보도록 한다.
- 노랫말에 대한 간단한 이야기 나누기: 노랫말에서 낯선 어휘가 있다면 그 의미에 대해 알아보고 노랫말에 대해 이야기하면서 유아가 가사를 잘 이해하고 노래를 부를 수 있도록 돕는다. 이때 노랫말에 대한 느낌이나 창의적인 생각보다는 노랫말을 정확하게 전달하고 이해하도록 한다. "노래에서 어떤 교통기관이 나왔니? 가장 빠른 교통기관은 무엇이니? 가장 느린 교통기관은 무엇이니? 어떤 교통기관을 가장 타 보고 싶니?" 등의 질문을 해 볼 수 있다.
- 멜로디 들려주기: 피아노 등을 이용해서 멜로디를 다시 한번 들어 볼 수 있도록 왼손 반주 없이 오른손으로 음만 연주한다. 멜로디가 익숙한 노래라면 이 단계는 생략해도 무방하다. "이번에는 노래의 음을 들려줄게. 잘 들어 보자."

라고 말하며 멜로디를 들려준다.

- 한 음절로 부르기: 노래 가사 없이 멜로디만 익힐 수 있도록 한 음절로 불러 보는 활동을 하는데 유아가 원하는 한 음절을 부른다. 보통 제목의 한 음절로 불러도 되는데, 예를 들어 「개구리」라는 노래면 '구'로 불러 볼 수도 있고, 유아들은 유머러스하게 '밟'이라든지 '깝' 등 발음하기 어려운 음절로 부르기를 제안하기도 한다. 한 음절은 유아의 제안대로 바꿔가며 2~3가지로 불러 본다. "이번에는 한 음절로 불러 볼 건데 어떤 음절로 불러 보고 싶니?" 등의 질문을 할 수 있다.
- 부분으로 나누어 부르기: 한 음절 부르기로 멜로디를 익혔으면 가사를 익힐 수 있도록 부분으로 나누어 교대로 부르기를 한다. 노래에서 반복되는 노랫말이나 특정한 의성어나 의태어가 있을 때는 유아가 그 부분만 부르고 나머지는 교사가 불러 본다. 묻고 답하는 형식의 노래라면 처음에는 교사가 묻는 부분을, 유아는 답하는 부분을 부르고 두 번째로 부를 때는 서로 부르는 부분을 바꾸어서 불러 본다. 새노래를 부분으로 나누어 부를 때는 교사와 유아가 교대로 부르고 다시 순서를 바꾸어 불러 본다. 유아들끼리 반으로 나누어 교대로 부를 수도 있다. 유아에게 새노래 지도를 할 때는 전체를 한 번에 또는 부분씩 불러 결합하는 방식의 부르기가 적절하다. 교사가 한 소절 부른 후 유아가 따라 부르는 부분 노래 지도방법은 노래 전체의 의미를 잃을 수 있어서 적합하지 않다. "이번에는 교대로 불러 볼 텐데 선생님이 노란색 부분을 부를게, 너희들이 초록색 부분을 불러 보자. 이번에는 바꿔서 불러 보자. (유아들이 노란색 부분, 교사가 초록색 부분)" 등의 말로 나누어 부를 수 있다.
- 다 함께 전곡 불러 보기: 교사와 유아가 다 함께 노래 전체를 불러 보는데 이때는 새노래를 배우는 활동이므로 가급적 율동은 하지 않고 노래만 부르는 것이 좋다. 새노래를 전체 부른 후 유아가 어려워하는 부분만 따로 몇 차례 반복하여 불러 보면서 익히도록 한다. 특히, 유아가 음정을 어려워한다면 교사가 손이나 손가락으로 음의 높낮이를 표현하며 지도할 수 있고, 리듬이나 박자를 틀릴 경우에는 교사가 박수를 치며 그 부분만 다시 들려준 후 유아들

이 따라 부르게 하여 지도하는 것이 바람직하다. "이번에는 다 함께 불러 보자! 너희들이 부르면서 특별히 어려운 부분이 있니? 그럼 ~부분을 다시 한번 불러 보자. 선생님을 따라 불러 봐. (교사가 그 부분을 부른 후 유아가 따라 부르기를 두세 번 하면서 해당 부분만 유아들과 반복하여 부르며 익힌 후) 노래를 다시 한번 불러 보자."라고 말하며 다 함께 전곡을 불러 볼 수 있다.

- 다양한 방법으로 노래 부르기: 다양한 방법으로 노래를 부르면서 즐겁게 반복하여 새노래에 익숙해지도록 유도한다. 첫째, 분위기나 목소리를 바꿔서 불러 보는 방법으로, 할아버지 할머니 목소리로 불러 본다거나, 아기 목소리로 불러 보거나, 기쁘게 부르거나 슬프게 부르거나, 꿀꿀~ 돼지 목소리로 부르거나 음매~ 양처럼 부르는 등 다양한 분위기와 목소리로 불러 보도록 한다. 둘째, 특정한 부분에 묵음이나 박수를 치며 부르는 방법으로 특정 의성어나 의태어 부분은 묵음으로 박수만 친다거나, 특정 노랫말 부분은 묵음으로 하거나 박수를 치며 불러 본다. 셋째, 부분을 개사하여 부르는 방법으로, 노랫말 중 특정 부분을 개사하여 가사판에 개사한 가사를 적어 놓고 불러 본다. 넷째, 율동을 만들어서 부르는 방법으로, 노랫말에 어울리는 율동을 유아 스스로 만들어서 율동과 함께 노래 부르기를 한다. 다섯째, 리듬악기나 신체악기로 연주하면서 부르는 방법으로, 신체를 다양하게 치며 박자를 맞추거나 리듬악기를 연주하며 불러 보고 악기악보를 이용해서 악보대로 연주하며 노래를 부를 수도 있다. 여섯째, 노래를 녹음한 후 다시 들어 보는 방법으로, 유아는 자신이 부른 노래를 들어 보는 것에 큰 흥미와 몰입도를 보이므로 녹음하면서 불러 보고 다시 틀어서 들으면서 한 번 더 듣게 되니 반복적으로 새노래를 접하게 되어 효과적이다. 일곱째, 빠르기에 변화를 주며 부르는 방법으로, 느리게 부른 후 빠르게 불러 본다. 일반적으로 유아들이 아직 새노래를 배우는 단계이므로 느리게 부르는 것을 먼저 한 후 빠르게 부르는 것이 효과적이다. 여덟째, 노랫소리의 크기에 변화를 주어 부르는 방법으로, 큰 소리로 불러 보고 그다음엔 작은 소리로 불러 본다. 개사할 경우 코팅된 종이나 포스트잇과 마커를 미리 준비하여 유아들이 말한 노랫말을 바른 글씨체로 받

아 적어 가사판에 부착한다. 리듬악기로 연주할 때는 가사 아래 축소된 악기 그림을 붙여 주고, 신체악기로 연주할 때는 가사 밑에 신체 부위 축소 그림을 붙여서 노래와 함께 연주할 수 있도록 한다.

〈표 6-1〉 악기악보와 신체악보

소집단			대집단		
원형	반원형	일자형	반원형	V자형	ㄷ자형
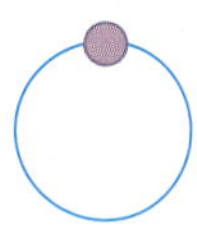				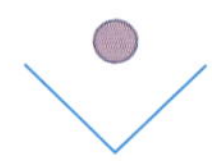	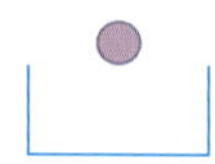

(3) 마무리

- 평가하기: 평가는 노래 주제에 대한 평가와 새노래 배우기 활동에 대한 평가를 모두 한다. 노래 주제에 대한 평가는 "노래에서 가장 빠른 교통기관은 무엇이었니?"(활동목표: 교통기관의 빠르기에 관심을 가진다)라는 질문으로 해 볼 수 있고, 새노래 배우기 활동에 대한 평가는 "노래에서 가장 높은 소리를 내는 부분은 어디였니? 노래 중 강하게 불러야 하는 곳은 어디였니? 어느 부분은 다른 곳보다 빠르게 불러야 했니? 노래에서 반복되는 리듬은 무엇이었니?"(활동목표: 리듬과 셈여림에 맞춰 노래를 부를 수 있다) 등을 발문하여 음악적 요소에 대해 생각해 보도록 한다. 새노래를 배웠지만 한 번에 완벽히 익히기는 어려울 수 있으므로 이후에도 지속적으로 불러 볼 수 있도록 한다. 특히, 새노래 배우기 활동 때 사용한 그림자료, 손인형, 가사판 등은 음률 영역에 제공해 줌으로써 자유놀이시간에 마음껏 노래를 불러 볼 수 있도록 지원한다. "오늘 배운 새노래 가사판은 음률 영역에 놓을게. 더 불러 보고 싶은 어린이는 마음껏 불러 보도록 하자."라고 말하며 유아들이 자유롭게 노래를 부를 수 있도록 해준다.
- 확장활동 소개하기: 오늘 배운 새노래와 관련된 확장활동을 소개한다. 신체

표현으로 연계할 수도 있고 악기 연주, 동극, 노래에 대한 느낌을 그림으로 표현하기, 노래책 만들기 등 다양한 영역과의 통합적 연계가 이루어지도록 한다.

- 전이활동으로 전개하기: 새노래 배우기 활동이 끝나고 다음 일과로 자연스럽게 전이되도록 안내한다.

3) 새노래 배우기의 평가

새노래 배우기 수업에 대한 평가내용은 다음과 같으며, 이 표의 내용을 살펴보면 새노래 배우기 수업 시 고려해야 할 사항들을 알 수 있다.

범주	내용	평가
노래 선정	놀이주제와 연계되는가?	
	유아의 경험과 연계되는가?	
	노래의 음역이 유아에게 적절한가?	
	노래의 길이가 유아에게 적절한가?	
	노래의 가사와 리듬이 반복적인가?	
매체	그림, 손인형, 융판 자료 등의 적절한 자료를 사용하는가?	
대형	유아들이 앉은 대형이 노래 부르기에 적절한가? (예: 반은 바닥, 반은 의자)	
	유아들은 자신이 원하는 자리에 자율적으로 앉는가?	
	유아들의 주의집중을 위해 주변의 교구나 물건이 정리되어 있는가?	
노래 지도 과정	도입(노랫말 소개)이 있는가?	
	교사가 정확한 음으로 노래를 불러 주는가?	
	반주 없이 멜로디만 불러 주는가?	
노래 지도 과정	'라라라' 등으로 한 음절로 멜로디만 다 함께 부르는가?	
	교사와 유아가 노래의 일부분씩 나누어 부르는가?	
	노래 전체를 다 함께 부르는가?	
	확장(가사 바꾸어 부르기)해서 부르는가?	
마무리	새노래 배우기 활동에 대한 평가를 하는가?	
	활동이 끝났음을 알리고 다음 활동을 소개하는가?	

출처: 교육부(2000).

3. 새노래 배우기의 활동교육계획안 예시

활동명	노래 부르기–종이연주 (만4세)	활동 유형	음률(20분)
놀이주제	종이	소주제	종이에서도 소리가 나요
목표	• 종이를 이용하여 낼 수 있는 다양한 소리에 관심을 갖는다. • 즐겁게 노래를 불러 본다. • 소리마다 고유의 음색이 있음을 느껴본다.		
교육과정 관련요소	• 표현생활 〉 소리 · 움직임 · 조형물에 관심 가지기 〉 음악으로 표현하기 〉 창의적인 표현과정 즐기기 • 언어생활 〉 생각과 느낌 말하기		
음악교육 주요개념	같은 물체도 자극 방법에 따라 독특한 음색의 차이를 가진다.		
활동 자료	○ 교사 준비물: B5 크기의 신문지와 바구니, 융판, 키보드, 노랫말 융판자료 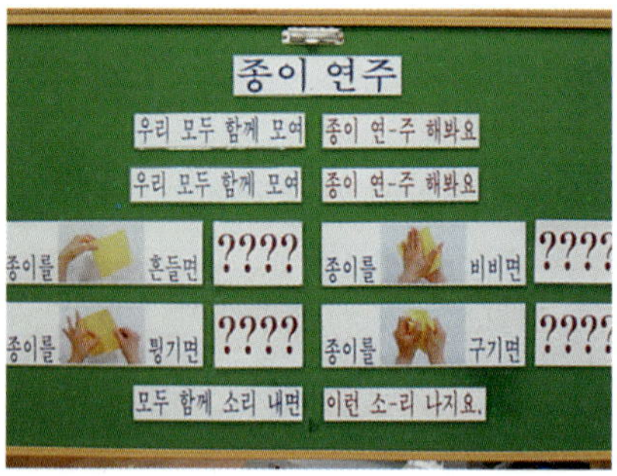 		
대형	○ 주의집중, 도입, 마무리: 대그룹 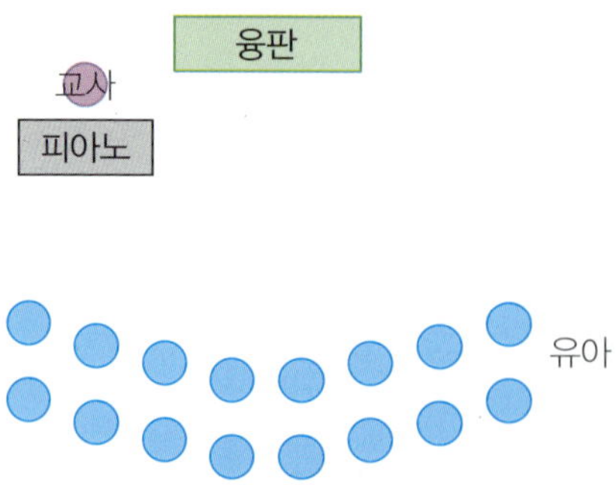 		

<table>
<tr><td>활동 순서</td><td colspan="2">주의집중: 촉감으로 맞추기
↓
도입: 종이를 이용하여 여러 가지 소리 만들기
↓
전개: 새노래 부르기 ‘종이연주’
↓
마무리: 활동 평가 및 자유선택활동 음률활동 소개</td></tr>
<tr><td colspan="3">활동내용</td></tr>
<tr><td>주의집중</td><td>○ 속이 보이지 않는 덮개가 있는 바구니 속의 종이를 손으로 만져 보며 어떤 물건인지 맞추어 본다.
- 이 바구니 속에 어떤 것을 선생님이 넣어 왔는데, 혹시 만져 보고 느낌을 이야기해 줄 수 있는 아이 있니?
- 그럼, ○○이가 나와서 한번 만져 볼까? (유아가 앞으로 나오면 교사 옆에 설 수 있도록 돕는다.)
- (덮개의 한쪽을 열어 주며) 어디.. 손만 넣어서 어떤 느낌이 드는지 친구들에게 이야기해 보자.

○ 유아가 간단히 느낌을 이야기할 경우 교사가 여러 가지 느낌을 이야기하며 함께 비교해 볼 수 있도록 상호작용하거나, 다른 유아가 나와서 만져 보고 느낌을 이야기해 볼 수 있도록 권유한다.
- 딱딱한 느낌이니?
- 두껍게 만져지니?
- 그럼, 이번에는 다른 아이가 나와서 한번 해 볼까? (유아가 나오면 같은 방법으로 상호작용한다.) 어떤 느낌이니?
- 예전에 이런 느낌의 물건을 만져 본 적이 있니?
- 그래? 그럼 무엇이라고 생각하니?
- 너희들은 무엇이라고 생각하니?
- 그럼, ◇◇이가 이야기한 것처럼 종이인지 한번 확인해 볼까? 함께 하나, 둘, 셋 해 보자!</td><td>
</td></tr>
</table>

활동내용		
도입	**○ 종이를 이용해서 낼 수 있는 몇 가지 방법을 함께 이야기 나누어 본다.** - 와! 정말 ◇◇이가 이야기한 것처럼 종이였구나. - (종이를 비비며) 어! 그런데 얘들아. 선생님이 종이를 서로 비비니까 어떤 소리가 나니? - 그래? 그렇구나. ◎◎이와 ◇◇이가 비슷하지만 종이를 비볐을 때의 소리를 다른 말로 잘 이야기해 주었어. - 그럼, 이번에는 이렇게(종이를 손가락으로 튕기며) 종이를 손가락으로 튕기면 어떤 소리가 나니? 같은 소리니? - 그래. □□와 ○○가 이야기한 것처럼 종이를 비볐을 때와 손가락으로 튕겼을 때는 다른 소리가 나는구나. **○ 위와 같은 방법으로 노랫말에 있는 종이를 구겼을 때와 종이를 찢었을 때의 소리를 함께 들어 보며 소리를 말로 표현해 본다.**	 
전개	**○ 이와 같이 종이로 낼 수 있는 여러 가지 소리를 소재로 한 노래가 있음을 소개한다.** - 지금까지 우리가 이야기 나눈 것처럼 종이로 여러 가지 다른 소리를 들어 볼 수 있었어. 그런데 이렇게 종이로 낼 수 있는 소리를 이용해서 만들어진 재미있는 노래가 있어. **○ 노래의 전곡을 반주 없이 들려준다.** - 한번 들어 보겠니? (노래 전곡을 반주 없이 부른다.) **○ 노랫말 자료를 소개한다.** - 지금 선생님이 부를 노래를 너희들이 잘 알아볼 수 있도록 선생님이 노랫말을 준비해 왔어. (융판 자료를 제시한다.)	

활동내용		
전개	○ **키보드로 멜로디를 들려준다.** - 이제 우리 다 같이 배워 볼까? 선생님이 이 노래를 키보드로 들려줄 테니까 잘 들어 보겠니? (키보드로 곡의 멜로디를 한 손으로 들려준다.) - (종이로 소리를 내는 부분에서는 자연스럽게 고개를 끄덕이거나 손가락으로 짚으며 네 박자를 쉬게 됨을 보이며 연주한다.) ○ **쉬운 소리로 바꾸어 불러 본다.** - 그럼, 이제 한 가지 소리로 불러 볼 텐데, 어떤 소리로 불러 볼까? - 그래. 그럼 'ㅇ'로 불러 보자. (유아들이 받침이 있는 어려운 소리를 이야기할 경우 자연스럽게 "그래? 그럼 '럽'은 노래로 부르기 조금 어려우니까, 함께 비슷한 말인 '러'로 불러 볼까?" 하며 쉬운 소리로 불러 볼 수 있도록 유도한다.) ○ **노래를 두 부분으로 나누어 교사와 유아가 불러 본다. (2마디씩 나누기: 반주 녹음 CD 활용)** - 이제 너희가 '우리 모두 함께 모여' 하면 선생님이 '종이연주 해 봐요'를 부르고(융판의 노랫말을 가리키며), 너희가 '종이를 흔들면' 부분을 부르면 선생님이 정말 이 종이를 흔들어서 소리를 내어 줄게. 이렇게 우리 반씩 나누어서 불러 보자. ○ **노래의 전 곡을 다 함께 불러 본다.** - 이제 우리 노래의 처음부터 끝까지 다 함께 불러 볼까? (자연스럽게 반주를 시작한다.) - (부르기 직전 노랫말을 재빠르게 이야기해 주며 진행하여 유아들이 자연스럽게 노랫말을 익히며 부를 수 있도록 격려한다.)	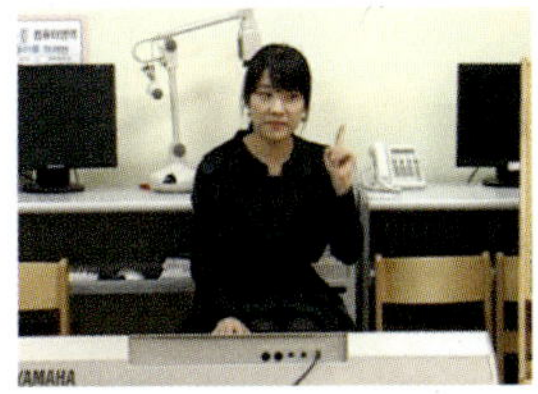

활동내용		
전개	○ **노래의 종이 소리 부분을 함께 해 볼 것임을 알리고 지켜야 할 약속을 이야기 나눈다.** - 지금까지는 선생님이 이 종이로 종이 소리 부분을 소리내 주었는데, 이제는 너희들도 함께 종이로 소리를 내며 불러 볼 거야. 그런데 이 종이를 이용해서 소리를 내면서 노래를 불러 볼 때 어떤 약속을 지키면 좋을까? - 그래. ○○이가 정말 잘 이야기해 주었어. 이 종이는 우리가 노래를 즐겁게 부르기 위해서 사용하는 것이기 때문에 중간에는 종이를 이용해서 장난하지 않도록 하자. - 너희들이 이야기해 준 것처럼 종이 소리가 나는 부분에서는 그 만드는 방법으로만 소리를 내는 것이 좋겠지? - (오른쪽을 가리키며) 그럼, 선생님이 이쪽에 앉은 아이부터 종이를 나누어 줄 텐데, 혹시 저 쪽에 앉은 친구들에게 종이를 나누어 줄 수 있는 아이 있니? - ○○이가 나와서 도와주겠니? ○ **함께 종이 소리를 내며 즐겁게 불러 본다.** - (종이를 절반 이상 정도의 아이들이 받았을 때 유아들은 이미 종이로 만드는 소리에 대한 흥미를 행동으로 보일 것이므로) 종이를 받은 아이는 한번 살짝 흔들어 볼까? 조금 세게 흔들어 볼까?(하며 주의가 흐트러지지 않도록 한다.) - (유아들이 모두 종이를 받으면 분위기에 따라 약속을 잠깐 회상하거나, 조용히 준비하고 있을 경우 바로 시작할 수 있다.) - (유아들이 종이로 소리를 내는 부분에서 원활하게 낼 수 있도록 정확한 모델링이 되어 준다.)	 

활동내용		
전개	○ **종이로 소리 내며 노래를 불러 본 느낌을 간단히 이야기해 본다.** - 종이로 함께 소리를 내면서 부르니까 어땠니? - (유아들의 흥미 정도에 따라 2번 정도 반복하여 불러 본다.) ○ **유아들에게 나누어 준 종이를 다시 거둔다.** - 이제 사용한 종이는 다시 바구니에 넣어 볼까? - 조금 전처럼 저 쪽은 ○○이가 나와서 함께 도와주겠니? - (바구니에 담길 종이는 구겨져 있으므로 거둘 때에는 폴리백을 사용하도록 한다.)	 
마무리	○ **오늘 배운 노래의 느낌을 이야기하며 평가해 본다.** - 오늘 새노래 「종이연주」를 배우면서 재미있었던 점이나 기억에 남는 것을 이야기해 줄 아이 있니? - 종이로 낸 소리 중에서 어떤 소리가 신기했니? ○ **오늘 배운 노래의 제목을 소개한다.** - 그런데 우리가 오늘 배운 노래와 어울리는 제목으로 생각하는 것 있니? - 음~ 그것도 재미있는 생각이구나. 이 노래를 지은 사람은 이 노래의 제목을(노랫말의 상단 융판에 제목을 붙이며) '종이연주'라고 지었대. (또는 ○○의 생각과 같이) ○ **자유선택활동으로 배운 노래 「종이연주」 부르기를 소개하며 마무리한다.**	

출처: 서울특별시 유아교육진흥원(2010).

CHAPTER 07

음악 감상

1. 음악 감상의 개념

음악 감상이란, 음악에 대해 충분히 느끼고 즐기며 소리의 아름다움을 이해할 수 있도록 하는 가장 기본적인 음악적 활동이라고 할 수 있다. 음악을 잘 듣고 소리를 분별하는 능력이 향후 새노래 배우기, 악기 연주하기, 동작으로 표현하기에도 바탕이 된다. 또한, 유아기에 심미적인 음악 감상을 경험한 유아는 성장하여서도 음악을 좋아하며, 음악을 즐길 수 있는 심성의 소유자가 된다. 음악 감상을 통해서 유아는 생활 속에서 자연스럽게 음악을 느끼고 음악의 아름다움을 발견하며 창의적으로 표현하는 과정을 즐길 수 있게 된다. 유아는 일상생활에서도 자발적으로 소리나 음악에 맞추어 흥겹게 몸을 움직이기도 하고 자신이 소리를 흥얼거리며 즐겁게 유희하기도 한다. 유아에게 음악과 동작은 유아 자신의 생각과 느낌을 표현하는 언어와 같으며, 동시에 음악과 동작을 통해서 유아 주변 세계를 인식하거나 경험하게 된다. 따라서 유아를 위한 음악 감상은 음악을 탐색하고 표현하며 음악과 친숙해질 수 있도록 하는 것이 적합하다.

2019 개정 누리과정에서 음악 감상 활동은 예술경험 영역으로서, 해당 영역의 목표는 다음과 같다(교육부 · 보건복지부, 2019).

영역	목표
예술경험	아름다움과 예술에 관심을 가지고 창의적 표현을 즐긴다. 1. 자연과 생활 및 예술에서 아름다움을 느낀다. 2. 예술을 통해 창의적으로 표현하는 과정을 즐긴다. 3. 다양한 예술 표현을 존중한다.

2019 개정 누리과정에서 예술경험 영역의 내용은 다음과 같으며, 그중 음악 감상의 누리과정 관련요소는 진하기로 표시한다(교육부 · 보건복지부, 2019). 새노래 배우기, 악기 연주, 음악 개사하기나 음악 만들기는 창의적으로 표현하기에 해당하며, 음악 감상은 예술 감상하기에 해당한다.

내용범주	내용
아름다움 찾아보기	자연과 생활에서 아름다움을 느끼고 즐긴다.
	예술적 요소에 관심을 갖고 찾아본다.
창의적으로 표현하기	노래를 즐겨 부른다.
	신체, 사물, 악기로 간단한 소리와 리듬을 만들어 본다.
	신체나 도구를 활용하여 움직임과 춤으로 자유롭게 표현한다.
	다양한 미술 도구를 활용하여 움직임과 춤으로 자유롭게 표현한다.
	극놀이로 경험이나 이야기를 표현한다.
예술 감상하기	다양한 예술을 감상하며 상상하기를 즐긴다.
	서로 다른 예술 표현을 존중한다.
	우리나라 전통 예술에 관심을 갖고 친숙해진다.

음악 감상을 통해서 유아는 소리의 아름다움을 예술적으로 경험하며, 음악의 아름다움을 발견하고 일상생활에서 음악을 즐기는 태도를 발달시킬 수 있다. 개정 누리과정에서 음악 감상의 교육적 가치는 다음과 같다.

- 감상곡의 분위기를 느끼면서 음악적 정서를 다른 사람과 공유하는 음악적 감수성이 발달한다.
- 주변의 여러 가지 소리와 음악을 주의 깊게 듣고 유사점이나 차이점을 구별하며, 그 특징을 인식하는 인지 능력이 발달한다.
- 감상곡에 따라 다양한 방법으로 신체를 움직이면서 음악적 요소를 이해하게 되며, 신체조절능력과 운동능력을 발달시킨다.
- 음악 감상을 통한 생각과 느낌을 다른 사람들에게 언어로 표현하면서 어휘력이 증가하고 언어발달을 이룬다.
- 음악 감상을 통해 음악에 대해 긍정적인 태도를 갖게 되고 음악을 보다 깊이 느끼고 이해하려는 동기를 갖게 된다.
- 다양한 감정과 음악의 아름다움을 경험하면서 일상생활에서 음악을 즐기는 태도를 발달시킨다.
- 음악 감상을 통해 유아의 상상력과 표현력을 향상시키고 자신감과 만족감을 갖도록 한다.

2. 음악 감상의 계획 · 실행 · 평가

유아의 놀이를 지원하기 위한 활동으로서의 음악 감상을 하려면, 교사로서 어떻게 수업을 준비하고 계획할 것인지, 음악 감상 활동의 도입, 전개, 마무리를 통해 어떻게 유아를 대상으로 진행할 것인지, 그리고 음악 감상 활동에 대한 교수자로서의 평가를 어떻게 해야 할지 알아보려고 한다.

1) 음악 감상의 계획

(1) 감상곡 선정하기

놀이주제와 관련된 주제나 소재를 가진 감상곡으로 선정하되 유아의 흥미와 발달 수준을 고려해야 한다. 감상곡을 소개할 때는 친숙한 곡에서 점차 생소한 곡으로, 단순한 곡에서 복잡한 곡으로 선택하며, 음악적 요소를 중심으로 둘 이상의 음악을 서로 비교해 보기 위해 곡을 선정할 수도 있다. 또한, 같은 곡인데 연주한 악기가 다른 음악을 선정해서 서로 다른 악기 연주로 인한 다른 음색을 비교해 볼 수도 있고, 독주곡과 합주곡, 서양의 민요와 그 번안곡, 우리나라 전통 음악, 빠른 음악과 느린 음악, 결혼행진곡과 군대행진곡, 즐거운 분위기의 곡과 슬픈 분위기의 곡 등을 서로 비교해 볼 수도 있다. 유아에게 소개해 줄 감상곡은 다양한 장르의 음악 모두 가능하며, 시대에 따라 고전음악인지 현대음악인지, 문화에 따라 전통음악인지 외국음악인지, 형태에 따라 성악곡, 기악곡, 독주곡, 협주곡, 합창곡 등 다양한 음악을 경험하도록 고려한다.

유아에게 적합한 음악 감상곡은 첫째, 특별한 소리가 있는 음악으로서 파도소리, 바람소리, 빗소리, 천둥소리 등 주변의 자연소리, 교통기관이나 생활도구, 기계 소리 등 일상생활 관련 소리가 삽입된 음악도 흥미롭다. 예를 들어, 「뻐꾹 왈츠」, 「휘파람과 개」, 「왕벌의 비행」, 「장난감 교향곡」 등이 있다.

둘째, 흥미 있는 이야기나 인물을 상상해 볼 수 있는 음악이 적합하다. 유아가 음악을 들으면서 어떤 스토리를 상상할 수 있거나 음악의 내용이 상상하기 쉽도록 선율의 변화가 많은 음악이 적절하다. 예를 들어, 「피터와 늑대」, 「아기코끼리의 걸음마」 등이 있다.

셋째, 매력적인 요소가 가미된 음악이 좋은데, 아름다운 멜로디나 음색이 있거나 경쾌한 리듬이 있는 음악, 또는 놀이에 활용되는 음악을 선정하는 것이 적합하다. 예를 들어, 「꼬마야 꼬마야」, 「두껍아 두껍아」, 「여우야 여우야」, 「동대문」, 「사랑의 인사」 등이 있다.

(2) 활동명, 활동목표와 방법 계획하기

음악 감상 활동은 활동명을 주로 감상곡의 제목으로 한다. 활동목표는 감상곡의 어떠한 음악적 요소를 탐색해 볼 것인지, 음악을 듣고 어떤 움직임을 할지, 음악 감상을 통해 무엇에 관심을 갖도록 할지와 관련하여 수립할 수 있다. 활동방법은 음악을 듣고 이야기를 상상해 보거나 음악에 맞추어 지휘하거나 음악의 느낌을 그림이나 동작으로 표현하기 등 다양한 방법으로 음악 감상 활동을 계획해 볼 수 있다. 음악 감상 활동을 하기 위해 선정한 감상곡의 어떠한 음악적 요소를 강조하여 탐색할지에 대해 정하는 것이 중요한데, 다음은 음악 감상에서 탐색할 음악적 요소들과 교수-학습 방법의 예이다.

〈표 7-1〉 음악적 요소와 교수-학습 방법의 예

음악적 요소		설명과 교수-학습 방법의 예
음과 음색	셈여림	• 음의 강하고 약함. 큰 소리와 작은 소리를 구별하고 소리 크기의 변화를 인식 예: 음악 소리가 커질 때는 우리 몸을 크게 만들어 보자. 음악 소리가 작아질 때는 우리 몸을 점점 작게 만들어 보자. 예: 쇼팽의 「빗방울 전주곡」 감상 시, 음악 소리가 커지는 부분은 어디니? 가장 큰 소리를 내는 악기는 무엇이니?
	장단	• 음의 길고 짧음 예: 음악을 들으면서 소리가 길게 날 때는 긴 선으로, 소리가 짧게 날 때는 짧은 선으로 표현해 보자.
	고저	• 음의 높고 낮음. 음의 높낮이는 일정한 시간 내 진동수에 의해 결정됨. 진동수가 많을수록 높은음, 진동수가 적을수록 낮은음 예: 높은음에서는 손을 높이 올려 보자. 낮은음에서는 손을 아래로 내려 보자.

음악적 요소		설명과 교수-학습 방법의 예
음과 음색	음질	• 음의 깨끗하고 선명한 정도 예: 소리가 깨끗하고 분명하게 들리니? 이 소리는 어떠니? 깨끗하게 들리니, 잡음이 많이 들리니?
	음색	• 그 소리의 독특한 질에 의한 소리의 차이. 같은 높이의 음이라도 음을 내는 방법에 따라 또는 악기에 따라 다른 소리가 남 예: 다른 악기의 소리가 나는 곳은 어디니? 다른 소리가 나는 곳은 어느 부분이니?
리듬	속도	• 음악이 연주되는 빠르기 예: (생상의 「동물의 사육제」 중 '거북이'와 오펜바흐의 오페라 중 '칸칸'의 음악 속도 비교하기) 음악의 빠르기가 어떻게 다르니?
	박자	• 규칙적 간격을 두고 울리는 소리. 소리의 일관성 있는 규칙을 의미 예: 3/4박자로 지휘하면서 음악을 들어 보자. 북소리에 맞춰서 걸으며 음악을 들어 보자. 음악에 맞춰 손뼉을 쳐 보자.
	리듬 패턴	• 음악의 길고 짧은 음이 집단으로 묶인 것 예: 선생님이 리듬막대로 소리를 들려주면 따라서 손뼉을 쳐 보자.
가락(멜로디)		• 음의 고저와 장단이 고유한 음높이와 흐름으로 나타나는 것 예: 음악의 멜로디를 손으로 그려 가면서 들어 보자. 지금 들은 멜로디와 같은 멜로디가 나오는 부분을 찾아보자.
화음		• 둘 또는 그 이상의 음이 동시에 소리를 내는 것. 친구들과 서로 다른 악기를 연주할 때 경험 예: 자기가 연주하고 싶은 악기를 골라서 음악에 맞춰 연주해 보자.

(3) 활동의 적절한 시간 정하기

음악 감상 활동은 조용하고 안정감 있는 시간으로 정하는 것이 좋으며, 정적 활동에 가깝기 때문에 동적 활동과 배분하여 계획한다. 너무 배고프거나 피곤할 때는 감상 활동에 집중하기 어렵기 때문에 급·간식 후 또는 바깥놀이 활동 후 들어와서 하는 것도 좋다.

(4) 적절한 활동장소와 교수-학습 자료 준비하기

음악 감상 활동을 할 때 음악을 켜고 끄는 것이 너무 단절되지 않으려면 CD player를 이용해서 소리가 점점 커지게 하며, 음악을 틀고 소리가 점점 작아지며 사라지게 하여 음악을 끄는 방법이 좋다. 특히, 빠르고 경쾌한 음악이 아닌 조용하고 부드러운 음악을 감상할 때는 음악이 뚝 끊어져서 끝날 경우 부드러운 분위기나 느낌에 방해가 되므로 자연스럽게 소리가 커지고 작아지도록 음량을 조절하여 켜고 끄도록 한다. 감상곡의 길이가 너무 길 경우에는 약 3~4분 정도의 길이로 편집하는 것이 좋다. 필요하다면 작곡가, 음악 속 이야기, 연주에 사용된 악기 등의 그림이나 사진자료 등을 준비할 수 있다.

(5) 전이와 확장활동 계획하기

음악 감상 활동이 끝나고 유아의 경험을 심화 및 확장할 수 있는 사후활동 또는 확장활동을 계획한다. 확장활동은 다양하게 계획할 수 있는데 음악의 느낌이나 분위기를 신체표현하거나 그림 그리기를 할 수 있고, 음악의 스토리를 기반으로 음악극을 하거나 감상곡을 연주한 악기가 나오는 동화를 감상할 수도 있다. 또한, 음악 감상 활동의 다음 시간으로 자연스럽게 전이하기 위한 방법도 생각해서 계획한다.

2) 음악 감상 활동의 실행

(1) 도입

- 음악 감상할 음악의 주제나 소재와 관련 있는 내용에 대해 유아의 관심과 흥미를 유발한다. 예를 들어, 림스키코르사코프의 「왕벌의 비행」 감상 시 벌에 대한 수수께끼나 벌 사진의 부분과 전체 맞히기를 이용할 수 있다.
- 흥미유발을 했다면 유아의 사전경험과 연결할 수 있는 발문을 한다. 예를 들어, "너희들 벌을 본 적이 있니? 벌은 어떤 소리가 나니?" 등 유아의 선경험과 연결하여 유아로 하여금 친숙하게 활동을 접하도록 유도한다.
- 도입의 끝부분은 활동내용이나 목표에 대해 소개한다. 예를 들어, "오늘은 벌에 대한 음악을 감상해 볼 거야." 등의 말로 소개할 수 있다.

(2) 전개

- 감상곡 들려주기: 도입에서 주의집중을 유도한 후 감상곡 전체를 들려준다. 감상곡은 분절해서 들려주지 않고 전체를 들려주어 음악의 전체적인 느낌이나 심상을 감상할 수 있도록 한다. 만약, 유아들과 감상하려는 곡이 너무 길다면 윈도우 무비메이커를 이용하여 유아들과 감상하기에 적절한 음악의 길이만큼만 편집하여 사용한다. 이럴 경우 음악적 요소가 분명하게 드러나서 유아들이 감상하기에 적합한 부분으로 편집하는 것이 좋다. 그리고 음악을 들을 때는 교사도 자연스럽게 감상하는 모습을 보인다. 눈을 감는다거나 몸을 부드럽게 흔들면서 음을 느끼듯이 감상하는 모습을 보이면서 유아들에게 모델링이 되도록 한다. 예 "음악을 들려줄게. 어떤 느낌의 음악일지 잘 들어 보자."
- 감상곡의 느낌 발문하기: 처음 음악을 들려준 후에는 유아들의 감상한 느낌을 묻는 발문을 한다. 예 "음악을 들어 보았는데 어땠니? 어떤 느낌이 들었니? 왜 그렇게 생각했니?"
- 감상곡 소개하기: 감상곡의 작곡가와 곡 제목을 소개하여 두 번째 음악을 들을 때는 곡에 대해 세밀한 감상을 하도록 돕는다. 작곡가의 이름, 국적, 곡을 작곡한 시대적 배경, 작곡자의 작곡 의도, 곡 제목 중 주요한 내용을 간략히 소개한다. 이때 음악을 해설하고 설명하는 방식이 되지 않도록 하며, 간단한 핵심내용만 안내하도록 한다. 예 "이 곡은 러시아의 림스키코르사코프라는 작곡가가 만든 음악인데, 벌 떼가 호수에 유유히 떠다니던 백조를 습격하는 모습을 음악으로 만든 거래."
- 감상곡 다시 듣기: 감상곡의 작곡가나 곡 제목에 대해 소개를 했으니 다시 감상곡을 들어 보면서 느낌이 어떻게 다른지, 소개한 이야기가 음악에 담겨 있는 것 같은지를 생각하면서 감상하도록 한다. 예 "음악을 다시 들려줄게. 정말 백조도 나오고 벌도 나오는 것 같은지 들어 보자."
- 감상곡에 대해 이야기 나누기: 감상곡의 느낌, 분위기를 감상한 대로 이야기

해 보고, 만약 감상곡이 「왕벌의 비행」이나 아서 프라이어의 「휘파람과 개」처럼 스토리를 가지고 있는 음악이라면 감상곡에 담겨 있는 이야기를 상상하며 말해 보도록 발문한다. 또한, 감상곡의 음악적 요소와 관련된 발문을 통해 음악 감상 활동의 활동목표가 잘 구현되는 수업이 될 수 있도록 한다. 예 "음악을 들어 보았는데, 정말 왕벌이 나오는 것 같았니? 왕벌이 어떻게 움직이는 것 같았니? 왜 그렇게 생각했니? (벌이 빠르게 날아다니는 것 같았어요. 음악이 빨라서요.), 이 음악은 어떤 악기로 연주하는 것 같니? 음악의 분위기는 어떠니? (밝고 깨끗한 분위기예요, 조용하고 부드러운 분위기예요.), 음악에서 빠른 부분은 어떤 느낌이 들었니? (신나고 경쾌했어요, 달리고 싶었어요.), 느린 부분에서는 어떤 느낌이 들었니? (부드러웠어요. 천천히 움직이는 것 같았어요.)"

- 감상곡 들으며 신체 움직여 보기: 유아는 귀로만 듣는 것보다 몸을 움직이면서 음악적 요소를 구체적으로 경험하게 된다. 따라서 해당 감상곡에서 특별히 강조하여 유아들이 감상해 볼 만한 특징적인 음악적 요소를 유아가 몸으로 움직이며 감상해 볼 수 있도록 한다. 예 "이번에는 음악의 빠르기를 몸으로 표현하면서 들어 보자. 음의 높낮이를 손으로 움직이면서 들어 보자."

(3) 마무리

- 음악 감상 활동에 대한 평가하기: 평가 시 활동목표의 내용과 음악적 요소에 대한 평가가 이루어지도록 한다. 단순히 기분이 어땠는지, 좋았는지를 묻는 평가보다는 음악 감상 활동의 목표나 감상했던 곡에서 강조하여 경험해 보았던 음악적 요소에 관한 평가가 되도록 한다. 예 "오늘 우리가 「왕벌의 비행」이라는 음악을 감상해 보았는데 어땠니? 음악의 빠르기가 어땠니? 새롭게 알게 된 점이 있니? 어떤 것이니? (벌에 대한 음악이 있다는 걸 알게 되었어요. 악기로 동물을 표현할 수 있다는 걸 알게 되었어요. 음악이 빨라지기도 하고 느려지기도 하는 게 재미있었어요.)"

- 확장활동 소개하기: 음악 감상 활동과 관련된 확장활동이 있다면 유아들에게 소개할 수도 있다. 확장활동으로는 감상한 음악의 느낌이나 이야기를 그림 그리기, 감상내용을 글로 쓰기, 음악극이나 동극으로 표현하기, 음악 감상의 느낌을 신체표현하기 등 유아의 경험을 심화 및 확장시킬 수 있는 활동으로 계획할 수 있다.
- 전이활동으로 전개하기: 음악 감상 활동이 끝난 후의 일과를 소개하고 유아들이 자연스럽게 다음 일과로 전이할 수 있도록 돕는다. 예 "다음은 무슨 시간이지? 선생님이 이름 부르는 어린이는 손을 씻고 간식 먹을 준비를 하자."

3) 음악 감상의 평가

음악 감상 수업에 대한 평가내용은 다음의 표와 같다. 이 표의 내용을 살펴보면 음악 감상 수업 시 고려해야 할 사항들을 알 수 있다.

<table>
<tr><th colspan="2">범주</th><th>내용</th><th>평가</th></tr>
<tr><td colspan="2" rowspan="5">수업설계</td><td>주제와 연계되는가?</td><td></td></tr>
<tr><td>유아의 경험과 연계되는가?</td><td></td></tr>
<tr><td>유아의 발달에 적합한가?</td><td></td></tr>
<tr><td>목표 진술은 적절하며, 평가의 요소를 고려하는가?</td><td></td></tr>
<tr><td>도입, 전개, 마무리 구성이 적절한가?</td><td></td></tr>
<tr><td rowspan="5">교수-학습 활동</td><td rowspan="5">음악 감상 지도과정</td><td>도입이 음악 감상 활동과 관련 있는가?</td><td></td></tr>
<tr><td>감상할 시간을 충분히 주는가?</td><td></td></tr>
<tr><td>음악의 느낌에 대해 이야기 나누는가?</td><td></td></tr>
<tr><td>음악을 들은 후에 다양한 방식으로 표현하는가?</td><td></td></tr>
<tr><td>음악을 듣고 음악적 요소에 대해 이야기 나누는가?</td><td></td></tr>
<tr><td colspan="2" rowspan="3">평가활동</td><td>음악 감상 활동에 대한 평가를 하는가?</td><td></td></tr>
<tr><td>음악 감상 활동에 대한 느낌이나 생각에 대해 이야기 나누는가?</td><td></td></tr>
<tr><td>음악 감상이 끝났음을 알리고 다음 활동을 소개하는가?</td><td></td></tr>
<tr><td colspan="2">학습 자료 활용</td><td>음악 감상을 효과적으로 할 수 있도록 적절한 자료를 활용하는가?</td><td></td></tr>
</table>

출처: 강민정 외(2018).

3. 음악 감상의 활동교육계획안 예시

<table>
<tr><td>수업일시</td><td>2021. 10. 27.</td><td>수업장소</td><td colspan="2">하늘반</td></tr>
<tr><td>놀이주제</td><td>가을 놀이</td><td>대상연령</td><td colspan="2">만 4세</td></tr>
<tr><td>활동시간</td><td>20분</td><td>활동유형</td><td colspan="2">음악 감상</td></tr>
<tr><td rowspan="2">활동명</td><td rowspan="2">비발디의 「사계」 중 '가을'</td><td>집단크기</td><td colspan="2">대그룹</td></tr>
<tr><td>대형</td><td colspan="2">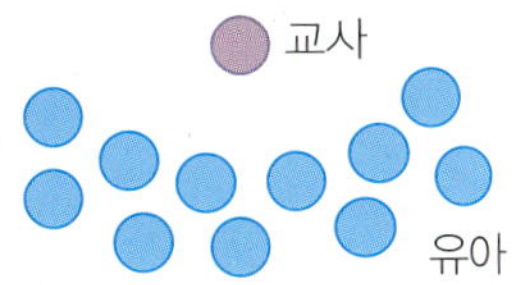</td></tr>
<tr><td>활동계획 배경
(놀이와의 연계)</td><td colspan="4">유아들과 함께 유치원 근처 숲으로 소풍을 나갔다 온 뒤, 유아들은 계절에 따라 변화하는 나무의 모습과 날씨, 옷차림에 대해 관심을 가지게 되었다. 교실로 돌아와 계절과 관련된 동화를 읽는 유아와 여러 가을 나무들을 그리면서 친구들에게 자신의 작품을 소개하며 놀이하는 유아들이 많아졌고, 가을 풍경과 가을의 자연물을 이용해 놀이하는 것에 흥미를 느끼는 유아가 늘어, 가을을 소재로 만든 음악을 감상하며 가을 놀이를 심화시키고자 활동을 계획하였다.</td></tr>
<tr><td>활동목표</td><td colspan="4">- 가을을 표현한 음악이 있음을 안다.
- 음악 소리의 크기 변화를 몸으로 표현해 본다.
- 비발디의 「사계」 중 '가을'을 감상하는 활동에 즐겁게 참여한다.</td></tr>
<tr><td>누리과정
관련요소</td><td colspan="4">• 신체운동 · 건강 〉 신체활동 즐기기 〉 실내외 신체활동에 자발적으로 참여한다.
• 의사소통 〉 듣기와 말하기 〉 자신의 경험, 느낌, 생각을 말한다.
• 예술경험 〉 아름다움 찾아보기 〉 자연과 생활에서 아름다움을 느끼고 즐긴다.
• 예술경험 〉 예술 감상하기 〉 다양한 예술을 감상하며 상상하기를 즐긴다.</td></tr>
<tr><td>준비물</td><td colspan="4">수수께끼 상자, 비발디의 「사계」 중 '가을' 음원</td></tr>
<tr><td>사전활동</td><td colspan="4">현장체험학습 '가을 동산'</td></tr>
<tr><td>절차</td><td colspan="3">활동내용</td><td>준비물 및 유의점</td></tr>
<tr><td>도입
(5분)</td><td colspan="3">○ 계절과 관련된 수수께끼를 통해 유아들의 흥미를 유발한다.
T: 얘들아~ 선생님이 지금 무얼 들고 있게? 궁금하지 않니? 얼른 선생님 앞으로 모여라!
C: 수수께끼 상자다!</td><td>준비물:
수수께끼 상자</td></tr>
</table>

<table>
<tr><th>절차</th><th>활동내용</th><th>준비물 및 유의점</th></tr>
<tr><td>도입
(5분)</td><td>T: 맞아, 요즘 너희가 계절이 변화하는 것에 관심이 많잖아. 그래서 선생님이 오늘 수수께끼 3문제를 준비했어! 잘 듣고 정답이 무엇일지 맞혀 봐~

- 나는 갈색 털 옷을 입었어.
- 나는 낮에 놀러 다니고, 나무 타기를 좋아해.
- 나는 추운 겨울에는 굴을 파고 들어가서 겨울잠을 자.
- 나는 도토리, 밤, 땅콩을 좋아해. 나는 누구일까?
정답: 다람쥐

- 나는 가을에 볼 수 있는 열매야.
- 나는 동글동글해.
- 나는 단단한 모자랑 매끈한 껍질이 있어.
- 나는 다람쥐가 좋아해. 나는 무엇일까?
정답: 도토리

- 우리는 일 년 중에 한 달 정도만 볼 수 있어.
- 우리는 부채 모양, 손바닥 모양 등 다양한 생김새를 가지고 있어.
- 우리는 나뭇잎에서 볼 수 있어.
- 우리는 가을이 되면 초록색 옷에서 빨간 옷, 노란 옷으로 갈아입어. 우리는 무엇일까?
정답: 단풍

○ 단풍에 대한 의미 간단히 설명해 주기
T: 얘들아. 마지막 수수께끼의 정답은 '단풍'이었어. 너희들은 '단풍' 하면 무엇이 떠오르니?
C: 단풍나무요!
T: 맞아. 가을에 빨갛게 물드는 단풍나무가 있지. 그런데 우리가 자주 보는 은행나무의 잎이 초록색에서 노란색으로 바뀌는 것도 '단풍'이래. 가을이 돼서 초록색 잎이 빨간색, 노란색으로 바뀌는 걸 모두 단풍이라고 해.</td><td></td></tr>
</table>

<table>
<tr><th>절차</th><th>활동내용</th><th>준비물 및 유의점</th></tr>
<tr><td>전개
(10분)</td><td>○ 비발디의 「사계」에 대해 소개한다.
T: 오늘은 비발디라는 작곡가의 「사계」라는 음악을 감상해 볼 거야. '사계'가 무슨 뜻인지 알고 있니?
C: '사계'가 뭐예요?
T: '사계'는 사계절을 의미해. 사계절에는 어떤 것들이 있지?
C: 봄, 여름, 가을, 겨울이요!
T: 맞아. 봄, 여름, 가을, 겨울을 사계라고 해. 그럼, 지금 들려주는 음악은 어떤 계절일지 상상하면서 잘 들어 보자.

○ 비발디의 「사계」 중 '가을'을 들려준다.
T: 음악을 들어 보니까 어땠어?
C: 처음에는 소리가 컸는데 갑자기 다시 작아지는 게 재미있었어요.
T: 소리가 커졌다가 작아졌다가 하는 게 재미있었구나. 그럼 이 곡은 어떤 계절인 것 같아?
C: 봄이요. / 가을이요. / 겨울이요.
T: 왜 그렇게 생각했어? 어떤 장면이 생각났어?
C: 친구들이 뛰어다니는 모습이 생각났어요. / 나뭇잎이 흔들리는 모습이 생각났어요. / 바람이 세게 부는 것 같았어요.
T: 그런데 비발디는 가을을 생각하면서 이 음악을 만들었대. 음악을 들으면서 가을처럼 느껴지는 부분이 있었니?
C: 점점 빨라지는 부분이 가을인 것 같았어요. 바람에 나뭇잎이 흔들흔들거리는 것 같아요.
T: 점점 빨라지는 부분이 나뭇잎이 바람에 날리는 것 같아서 가을 같았구나. 그럼, 이번에 선생님이 다시 한번 음악을 들려줄게. 정말 가을이 느껴지는지 잘 들어 보자.

○ '가을'을 다시 한번 들어 보고 음악적 요소에 대해 이야기한다.
T: 음악에서 소리가 컸다가 작았다가 다시 커졌다가 작아졌다가 하지. 그런데 너희가 들어 보니까 큰 소리와 작은 소리가 같은 음일까, 다른 음일까?</td><td>준비물 :
비발디 「사계」 중 '가을' 음원</td></tr>
</table>

절차	활동내용	준비물 및 유의점
전개 (10분)	C: 잘 모르겠어요. / 기억이 안 나는 것 같아요. T: 그럼, 선생님이 음악을 다시 들려줄게. 큰 소리 부분과 그 다음 작은 소리 부분의 음악이 같은 음인지, 다른 음인지 들어 보자. T: 다시 들어봤는데, 같은 음인 것 같아, 다른 음인 것 같아? C: 같은 음인 것 같아요. / 같은 음이 크게도 나오고 작게도 나와요. T: 그래. 같은 음이 한 번은 크게, 한 번은 작게 연주되는구나. 같은 음인데 크게 연주될 때와 작게 연주될 때 느낌이 어떻게 다르니? C: 크게 연주될 때는 나무가 크게 흔들리는 것 같고, 작게 연주될 때는 살랑살랑하는 느낌이 나요. T: 너희들이 지휘자라면 음악이 큰 부분과 음악이 작은 부분은 어떻게 지휘하면 좋을까? C: 큰 부분에서는 두 손으로 하고, 작은 부분에서는 한 손으로만 해요. ○ 마지막으로 '가을'을 들려준다. T: 우리 이제 마지막으로 한번 더 들어 볼 건데, 이번에는 우리가 지휘자가 되어서 소리가 커지는 것과 작아지는 것을 손으로 표현하면서 들어 보자. 다들 준비됐으면 다시 한번 음악을 들어 보자!	
마무리 (3분)	○ 활동을 평가하고 전이하며 마무리한다. T: 오늘 음악 감상을 하면서 새롭게 알게 된 점이 있니? C: 소리가 크고 작아지니까 느낌이 달라져요. / 가을은 같은 음을 크거나 작게 연주하는 곡이라는 걸 알게 되었어요. / 가을을 음악으로 표현하니까 재미있었어요. T: 소리가 크고 작아지면 음악의 느낌이 달라진다는 것을 알게 되었구나. / 비발디의 「사계」 중 '가을'은 같은 음을 크거나 작게 연주하는 곡이라는 것을 알게 되었구나. / 가을을 음악으로 표현할 수도 있다는 걸 알게 되었구나.	

절차	활동내용	준비물 및 유의점
마무리 (3분)	T: 이 '가을' 음악을 더 듣고 싶은 친구들이 있는 것 같아. 그럼, CD를 어디에 두는 게 좋을까? C: 음률 영역에 있으면 좋을 것 같아요. T: 좋아. 이 '가을' 음악 CD는 음률 영역에 놓아 줄게. 자유놀이시간에 더 감상해 보자. T: 다음은 무슨 시간이지? C: 자유놀이시간이에요. T: 자, 그러면 선생님이 부르는 아이부터 자유놀이하러 가자. '저는 옷에 단풍잎 같은 빨간색이 있어요.' 하는 어린이 출발~ '저는 옷에 은행잎 같은 노란색이 있어요.' 하는 어린이 출발하자~	
사후/확장활동	- 조형: 비발디의 「사계」 중 '가을' 풍경 그리기 - 과학: 가을 낙엽 관찰하기	
평가	• 가을을 표현한 음악이 있음을 아는가? • 음악 소리의 크기 변화를 몸으로 표현해 보았는가? • 비발디의 「사계」 중 '가을'을 감상하는 활동에 즐겁게 참여하였는가?	

CHAPTER 08

게임

1. 게임의 개념

게임이란, 두 명 이상의 유아가 일정한 규칙에 따라 자신의 신체를 조절하여 일정 목적을 달성하기 위한 활동이다. 유아는 게임을 통해 다양한 정서를 경험하는데 그중 강한 분노, 좌절, 질투나 시기 등의 감정을 게임이라는 안전한 테두리 안에서 표출하기도 하며, 유아 스스로 자신의 생각이나 감정에 대한 통찰을 얻기도 하는 기회를 제공한다. 예를 들어, "내가 너무 이기려고만 하니까 더 잘 안 되네."라든지 "내가 너무 성급했네. 다음엔 더 신중하게 해야지." 등 게임은 자신을 돌아보고 긍정적으로 발전하도록 한다. 게임은 공정성의 중요함을 고려하게 되는 활동으로서 편 게임의 경우 각 팀에게 동등하고 공정한 게임 자료를 부여해서 공평하게 임하도록 한다. 게임은 신체를 많이 움직이고 유아가 매우 흥미를 느끼며 참여하는 활동이다. 게임의 유형은 집단구성의 형태에 따라 원 게임, 편 게임, 자유대형 게임으로 구분할 수 있으며, 피아제(Piaget)는 게임에서 요구되는 유아의 반응행동에 따라 목적물 맞추기 게임, 경주 게임, 쫓기 게임, 숨기기 게임, 알아맞히기 게임, 지시 게임, 판-카드 게임으로 나누었다(Kamii & DeVries, 1980).

〈표 8-1〉 게임의 유형

구분 기준	게임의 유형	내용
집단구성 형태	원 게임	• 원형으로 둘러앉거나 둘러서서 하는 게임 • 간단한 규칙과 단순한 행동의 반복이 있는 게임 • 승패가 뚜렷이 구분되지 않으므로 모든 유아가 만족감과 성취감, 자신감을 형성하기 좋은 게임 • 학기 초나 게임 경험이 많지 않은 유아, 게임 규칙에 익숙하지 않은 연령의 유아에게 적합함 • 예: 수건돌리기, 고양이와 쥐, 의자 빼기 등

구분 기준	게임의 유형	내용
집단구성 형태	편 게임	• 두 편 이상으로 나눠서 하는 게임 • 각 팀에서 한 명의 유아가 나와 특정한 미션을 수행하고 다시 출발점으로 돌아오는 형태가 많음 • 2~3인이 함께 하는 협동게임도 있을 수 있음 • 규칙을 잘 지켜야 하고 게임 점수에 따라 승패가 결정됨 • 규칙을 잘 이해하고 지키며 팀별 경쟁하는 게임이어서 만 3세 학기 초에는 어려움 • 예: 공 나르기, 분리수거 게임, 2인3각 달리기 등
	자유대형 게임	• 자유롭게 넓은 장소를 이동하면서 하는 게임 • 규칙이 비교적 단순하며 많은 유아가 함께 게임 • 난이도를 조절할 수 있으므로 모든 연령의 유아가 할 수 있는 게임 • 보물찾기, 술래잡기, 꼬리잡기, 동대문을 열어라 • 숨기기 게임, 쫓기 게임, 언어적 지시 게임 등
유아의 반응행동	목적물 맞추기 게임	• aiming game • 어떤 물체를 표적으로 정하여 맞추는 게임 • 공간개념, 원인과 결과 관계 이해, 지각과 운동능력이 협응능력 발달 • 예: 투호 던지기, 볼링, 비석치기 등
	경주 게임	• racing game • 동일 순간에 출발하여 상대방보다 더 빨리, 더 멀리, 더 많이 목표행동을 잘 수행하는 게임 • 순위게임: 적어도 2회 이상하여 스스로 문제를 파악하고 전략을 세워 실험해 보도록 함 • 대근육 발달, 협동, 서열 등 발달 • 예: 숟가락으로 탁구공 옮기기, 징검다리 건너기 등
	쫓기 게임	• chasing game • 일종의 역할놀이 • 잡히지 않고 피해야 하는 역할과 잡는 역할이 있음 • 둘 중 한 명이라도 자신의 역할을 제대로 수행하지 못하면 진행이 안 되는 게임 • 타인 이해하기, 공간개념, 언어발달 등 • 예: 수건돌리기, 고양이와 쥐, 꼬리잡기 등
	숨기 게임	• hiding game • 술래는 찾기 힘들 거라고 생각되는 장소에 정해진 물건을 숨기거나 찾는 게임 • 공간의 크고 작은 관계 이해, 관찰력, 신체조절 능력 등 • 예: 숨바꼭질, 보물찾기, 친구의 신발 한 짝을 찾는 신데렐라 게임 등

구분 기준	게임의 유형	내용
유아의 반응행동	알아맞히기 게임	• guessing game • 한정된 단서를 이용해서 '누가?', '무엇을?'에 대한 문제를 추측하는 게임 • 상상력, 추리력, 주의집중력, 어휘능력 발달 • 예: 수수께끼, 스무고개, 촉감상자, 판토마임 등
	지시 게임	• commanding game • 언어, 그림, 동작 지시에 따라 행동하는 게임 • 다른 사람의 말을 집중해서 듣고 지시에 맞는 적절한 행동을 하는 능력 발달 • 예: 꼬마야 꼬마야, 색깔찾기, 두껍아 두껍아, 물건 찾아오기, 선생님이 말씀하시길 등
	판-카드 게임	• board game / card game • 게임판이나 카드 등 교구를 매개로 이루어지는 게임 • 신체보다는 인지적 기술을 많이 사용함 • 감각운동기에 해당하는 너무 어린 유아에게는 부적절함 • 게임에 포함된 학습내용을 잘 이해해야 게임 규칙의 이해와 참여 가능

2019 개정 누리과정에서 게임 활동은 신체운동 · 건강 영역으로서, 해당 영역의 목표는 다음과 같다(교육부 · 보건복지부, 2019). 개정 누리과정에서는 유아가 놀이를 하다가 너무 재미있어서 반 전체가 함께하고 싶어 게임으로 발전시키는 경우가 많다.

영역	목표
신체운동 · 건강	실내외에서 신체활동을 즐기고, 건강하고 안전한 생활을 한다. 1. 신체활동에 즐겁게 참여한다. 2. 건강한 생활습관을 기른다. 3. 안전한 생활습관을 기른다.

2019 개정 누리과정에서 신체운동 · 건강 영역의 내용은 다음과 같으며, 그중 게임의 누리과정 관련요소는 진하기로 표시한다(교육부 · 보건복지부, 2019). 여기에 게임의 주제나 소재와 관련된 영역과 내용이 추가될 수 있다.

내용범주	내용
신체활동 즐기기	신체를 인식하고 움직인다.
	신체 움직임을 조절한다.
	기초적인 이동운동, 제자리 운동, 도구를 이용한 운동을 한다.
	실내외 신체활동에 자발적으로 참여한다.
건강하게 생활하기	자신의 몸과 주변을 깨끗이 한다.
	몸에 좋은 음식에 관심을 가지고 바른 태도로 즐겁게 먹는다.
	하루 일과에서 적당한 휴식을 취한다.
	질병을 예방하는 방법을 알고 실천한다.
안전하게 생활하기	일상에서 안전하게 놀이하고 생활한다.
	TV, 컴퓨터, 스마트폰 등을 바르게 사용한다.
	교통안전 규칙을 지킨다.
	안전사고, 화재, 재난, 학대, 유괴 등에 대처하는 방법을 경험한다.

개정 누리과정에서 게임의 교육적 가치는 다음과 같다.

- 적절한 긴장감과 경쟁의 요소를 내포하므로 유아의 흥미를 유발하고 에너지를 발산할 기회를 제공한다.
- 개별적 게임은 조화롭고 균형 잡힌 신체발달을 증진하고 집단적 게임은 공동체 의식과 협동심을 발달시킨다.
- 문제해결능력을 함양하며, 승부보다는 과정을 소중히 하는 집중력과 과제집착력을 기를 수 있다.
- 심리적인 스트레스를 건강하게 발산하며 자신감과 만족감, 성취감을 느끼게 되면서 정서발달에 좋다.
- 게임의 규칙을 잘 이해하며 더 나아가 스스로 게임 규칙을 만들거나 변형하여 인지적 능력을 향상시킨다.
- 수, 공간, 방향, 속도, 거리, 위치, 색깔, 모양 등 기본 개념을 이해하고 실제 상황에 적용할 수 있는 능력을 기른다.
- 협동적 게임의 경우에는 유아들이 서로의 노력을 가치 있게 여기고 함께하는 것의 소중함을 깨닫게 한다.

2. 게임의 계획 · 실행 · 평가

유아의 놀이를 지원하기 위한 활동으로서의 게임을 하려면, 교사로서 어떻게 수업을 준비하고 계획할 것인지, 게임 활동의 도입, 전개, 마무리를 통해 어떻게 유아를 대상으로 진행할 것인지, 그리고 게임 활동에 대한 교수자로서의 평가를 어떻게 해야 할지 알아보려고 한다.

1) 게임의 계획

(1) 게임 선정하기

유아의 연령이나 발달 수준에 따라 놀이주제에 맞는 게임을 정한다. 만 3세 학기 초에는 아직 게임의 경험이 적고 혼자놀이나 병행놀이를 주로 하는 때이므로 탐색을 즐길 수 있는 게임이 적당하다. 점차 연령이 높아지고 게임 경험이 많아질수록 간단한 지시를 듣고 기억해서 행동하는 게임이나 규칙을 잘 지키고 승패를 가르는 게임이 적합하다.

게임 활동을 계획할 때는 가장 먼저 게임을 하게 될 공간의 구성을 어떻게 할지 평면도를 그려 보도록 한다. 출발선은 어디로 할지, 목표물은 어떤 형태로 어디쯤

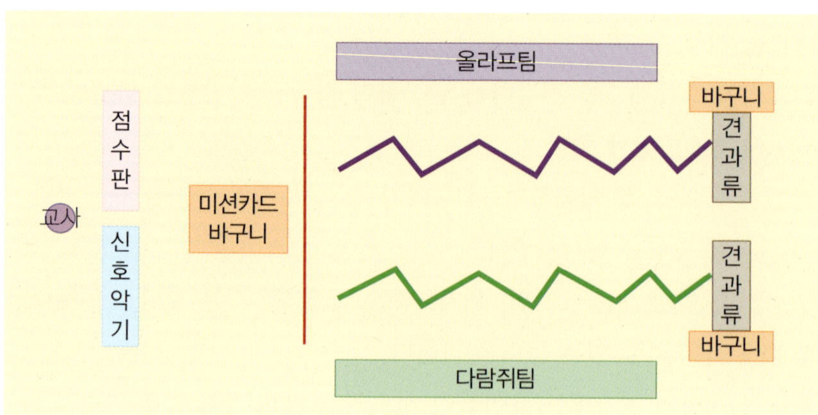

[그림 8-1] 게임 공간 세팅의 예

놓을지, 출발선에서 목표물까지 가는 방법은 어떻게 할지, 응원하는 유아들은 어디 앉을지, 게임의 세팅을 미리 그려 보면 게임의 규칙이 결정되며, 이를 기반으로 어떻게 유아를 대상으로 게임 활동을 진행해야 할지 분명해진다. 출발선은 대체로 교사가 있는 곳으로 하는 것이 일반적이지만 유아가 게임 중에 교사의 확인이나 도움을 받아야 하는 게임의 경우에는 교사의 맞은편이 출발선일 수도 있다.

(2) 활동명, 활동목표와 방법 계획하기

활동목표는 게임에서 유아들이 경험하게 될 지향점으로 정하는데, 활동목표에 따라 동일한 게임도 다른 방향으로 진행하게 된다. 예를 들어, 탑 쌓기 게임을 한다고 가정할 때, 만약 활동목표가 탑을 협동하여 높게 쌓는 것으로 정한다면 유아들이 탑의 하단부를 견고하게 하여 최대한 높이 쌓을 수 있도록 기초부터 튼튼히 그리고 동시에 높이 쌓는 전략을 강조해야 할 것이다. 반면에 탑을 창의적으로 쌓는 것에 목표를 둔다면 유아들로 하여금 어떻게 하면 다른 사람들과 다르게 독창적이고 참신한 탑을 만들지에 대한 측면을 중점적으로 생각하며 게임하도록 할 것이다. 이처럼 활동목표를 친구를 배려하며 협동하는 것으로 할지, 빠르게 미션을 수행하고 돌아오는 것으로 할지 활동목표를 정할 필요가 있다.

활동목표가 정해진다면 활동방법을 계획한다. 만 3세 학기 초는 편 게임을 할 경우에도 각 팀에서 한 명씩 나와 미션을 수행하고 점수를 부여한 후 들어가는 방식으로 진행하는 것이 적절하지만, 만 4세 후반부터는 점차 릴레이 형식으로 이어서 하는 게임을 통해 순발력을 기를 수 있다. 만 4~5세는 둘 이상이 함께 협력하여 미션을 수행하도록 하여 다른 사람을 배려하면서 함께 하는 가치를 배울 수 있도록 한다.

게임 수행에 대해 평가하고 점수를 부여하는 방법에 대한 계획도 필요한데 게임과 관련된 점수판을 사용하는 것도 좋다. 예를 들어, 탑 쌓기 게임이라면 점수판도 점수블록이 누적되어 그래프처럼 쌓이도록 만들 수 있고, 나무에 열매를 붙이고 돌아오는 게임이라면 점수판에 점수꽃을 붙여서 개수를 세어 비교하는 방식으로 각 팀의 점수를 알아볼 수 있다. 점수판 방식은 바구니에 공을 담아 세기, 작은 블록을 쌓아서 높이로 표시하기, 삼각대에 숫자 넘기기 등 다양한 방법을 활용할 수 있다.

[그림 8-2] 다양한 점수판의 예

또한, 게임 미션 수행에 대한 점수 외에도 태도점수를 부여하는 방법이 있다. 응원을 열심히 하는 팀에게 또는 바르게 앉아서 게임을 참여하는 팀에게 주는 태도점수의 경우 자칫 흥분하여 통제와 조절이 어려울 수 있는 유아들로 하여금 침착하게 임하도록 하여 다시 게임 분위기를 안정화 시킬 수 있는 방법이다.

(3) 집단 구성 정하기

게임을 하기 위해 집단 구성을 어떻게 할 것인지, 대집단으로 반 전체의 유아들이 함께 게임할 것인지, 소집단으로 나누어 한 집단이 담임교사와 게임을 할 동안 나머지 다른 집단은 보조교사와 어떤 활동을 할 것인지 등을 결정한다. 예를 들어, 부활절 달걀 숨기기 게임을 한다면 학급 인원을 반으로 나눠서 숨기는 팀이 교실에서 부활절 달걀을 숨기는 동안 다른 팀은 유치원 도서관에서 도서 대출을 하고 온 후 숨겨진 부활절 달걀을 찾는 등 시간대를 달리하여 두 팀으로 진행할 수도 있다.

(4) 교수-학습 자료 준비하기

게임을 하기 위해서는 게임 도구가 필요할 수 있는데 융판에 붙여야 할 그림카드, 분리수거용 쓰레기(종이, 플라스틱, 캔, 비닐 등) 모형, 나무에 붙일 열매 등이 있을 수 있다. 볼링을 하거나 게임의 반환점으로 1.5L 페트병을 이용한다면 물을 채우고 뚜껑을 꼭 닫은 후 테이프로 밀봉하여 반환점이 쉽게 넘어져서 게임의 공정성이 훼손되지 않도록, 그리고 견고하여 게임하면서 충돌하더라도 쉽게 부서지지 않도록 준비한다. 또한, 게임 자료를 만들 때는 유아가 스스로 문제를 해결하고 시행착오를 최소화할 수 있도록 힌트를 넣어 제작한다. 예를 들어, 분리수거용 쓰레기가 그려진 그림카드를 각각 적절한 곳에 분리하도록 돕기 위해서 종이 쓰레기 그림카드는 테두리를 노란색으로, 플라스틱 그림카드는 테두리를 파란색으로, 캔 그림카드는 주황색으로 얇게 그려 놓고 각각 분리수거 되어야 하는 융판 모형에도 동일한 색의 테두리가 각각 있도록 하여 유아가 교사의 도움 없이도 스스로 힌트의 도움을 받아 문제해결을 할 수 있도록 제작한다.

(5) 적절한 활동장소 정하고 게임 대형으로 준비하기

게임 전날은 교사가 미리 강당 등 게임을 하게 될 공간에 게임 세팅을 준비해 둔다. 유아들이 앉을 곳을 테이프나 유아용 의자를 놓아 표시하고 출발선, 목표물, 바닥에 필요한 미션 표시 또는 게임에 사용하게 될 미션 도구들을 적절한 장소에 적절한 간격으로 놓아둔다. 이처럼 교사가 미리 게임의 대형을 표시해 두면 유아들이 게임 장소로 와서 원하는 곳에 앉게 되므로 자연스럽게 팀이 나뉘어져서 별도의 팀 나누는 활동을 하지 않아도 된다. 유아들이 빠르게 뛰어갔다가 뛰어와야 할 때는 앉아 있는 유아들이 게임하는 유아들을 방해하지 않도록 공간적으로 넓게 앉도록 표시하고, 두 팀 이상일 때는 각 팀의 유아들이 서로 부딪히지 않도록 충분한 공간을 만들어 둔다.

게임은 신체를 크게 움직이는 활동이므로 유아가 충분히 움직일 만큼 넓고 안전한 공간에 활동장소를 마련하며, 강당 등 별도의 공간에서 할 경우 다른 학급의 사용시간과 겹치지 않는지 스케줄을 확인하며, 불필요한 교구장이나 책상, 자료 등은 미리 창고나 교구장에 정리한다.

2) 게임 활동의 실행

(1) 도입

- 주의집중하기: 게임을 할 때는 게임 대형으로 앉아 있는 상태에서 도입–전개–마무리를 진행한다. 원 게임이라면 원형으로 앉아 이야기한 후 게임을 시작하고, 편 게임은 양편으로 나뉘어 앉아 있는 대형으로 이야기한 후 게임을 시작하며, 자유대형 게임은 주로 반원형으로 앉아 이야기한 후 게임을 시작하면서 자유롭게 돌아다닌다. 또한, 주의집중은 게임의 내용과 관계있는 수수께끼, 노래 부르기, 손유희 등 다양한 방식으로 하는데 게임의 주제나 소재에 대해 흥미롭게 알아보는 정도로 짧게 하는 것이 좋다.
- 활동목표 소개하기: 주의집중에서 알아본 주제와 관련하여 오늘의 게임이 어떤 게임이고 어떤 방향을 향해서 게임을 할 것인지를 소개한다. 교사가 유아들에게 활동목표를 읽어 주듯이 말하는 것이 아니라 활동목표의 중심내용을 이야기하듯이 말한다. 예를 들어, "그래서 오늘 우리가 함께 친구를 배려하면서 협동해서 탑을 높이 쌓아 볼 거야."라는 식으로 이야기하지만 이 내용 안에 오늘 게임의 활동목표인 '친구와 협동하여 탑을 쌓아 볼 수 있다.'를 소개하게 된 것이다.

(2) 전개

- 양 팀의 인원수 확인하기: 먼저, 편 게임의 경우에는 양 팀의 인원수가 같은지 확인해야 한다. 각 팀에서 한 명씩 나와 악수하거나 하이파이브 하고 들어가기, 앉은 채로 앞에서부터 각 팀 한 명씩 손 들며 숫자 말하기, 팀별로 인원수를 세어 본 후 숫자의 크기 비교하기 등 다양한 방법으로 확인할 수 있다.

양 팀의 인원수가 같다면 그대로 게임을 진행하고, 만약 한 팀의 인원이 한 명 더 많다면 "파란팀이 한 명 많구나. 그럼, '노란팀 중 제가 한 번 더 게임을 하겠어요.' 하는 어린이 있니?" 등으로 발문하여 다른 팀에서 한 번 더 게임을 할 유아를 정한다. 양 팀의 인원이 크게 불균형일 경우에는 "노란색에 앉은 아이들은 8명인데 파란색에 앉은 아이들이 12명이야. 그럼, 파란색에 몇 명이 더 많니? 파란색 팀에서 몇 명이 노란색 팀으로 가면 양 팀이 같아질까?"와 같이 발문하여 유아들과 많은 쪽에서 몇 명이 이동해야 하는지 이야기해서 양 팀의 인원수를 같게 만든다.

- 게임 도구를 보며 게임 규칙과 방법 알아보기: 유아로 하여금 게임 대형으로 세팅되어 있는 자료 등을 보고 스스로 규칙과 게임방법을 추론하고 알아내도록 다음과 같이 발문한다. "얘들아, 우리가 게임을 하려고 왔는데 앞에 뭐가 보이니? (바구니가 있어요.) 그래. 여기 바구니가 있네. 바구니 안에 뭐가 들어 있나 함께 보자. 이게 뭐지? (그림카드가 있어요.) 어떤 그림카드가 있나 함께 보자. 또 뭐가 보이니? (저 앞에 융판이 있어요.) 그래. 저 앞에 융판이 있는데 융판에 무엇이 붙어 있니? (종이, 페트병, 캔이 그려져 있어요.) 우리가 이 그림카드와 저 융판의 표시를 가지고 어떤 놀이를 해 볼 수 있을까?"

유아들과 세팅된 자료를 탐색하면서 그때그때 주의사항을 함께 이야기하며 알아본다. 예를 들어, 그림카드 이야기를 할 때 "그럼, 한 어린이가 그림카드 몇 장을 뽑을까?" 등과 같이 발문할 수 있다. 특히, 게임을 할 때 문제가 될 수 있거나 위험할 수도 있어서 주의해야 하는 상황은 "만약, 글자카드를 붙이고 돌아오는데 도중에 카드가 융판에서 떨어지면 어떻게 해야 할까? 그래. 다시 돌아가서 붙이고 돌아와야겠구나!" 등과 같이 미리 예측하여 어떻게 하면 좋을지 약속을 정한다. 그리고 게임 중 지켜야 할 약속은 〈표 8-2〉처럼 '떠들지 않기, 장난치지 않기' 등 부정적인 표현을 사용하지 말고 긍정적인 표현으로 정한다. 게임 규칙은 게임의 세팅과 자료를 보고 유아들이 어떤 게임인지 알아내는 것이 중요하기 때문에 성인 교사가 시범을 보이며, 이 게임은 어떻게 하는 것이라고 모두 알려 주는 방법은 지양한다. 특히, 게임 규칙을 성인 교사가 읊고 유아가 따라 읊도록 하는 경우가 있는데 이럴 경우 게임 규칙은 유아에게 아무런 의미 없는 전달사항일 뿐이다. 최대한 유아가 스스로 생각하며 게임의 규칙과 방법을 탐색하도록 발문한다.

〈표 8-2〉 긍정적인 게임 규칙의 예

부정적인 표현	긍정적인 표현
자기만 하겠다고 하지 않기	한 번에 3개씩 던지기
새치기 하지 않기	차례를 지키며 줄 서기
친구에게 던지지 않기	과녁을 향해서만 던지기
뛰지 않기	걸어서 다녀오기
옆 친구와 장난치지 않기	게임을 열심히 응원하며 참여하기

- 점수 부여방법 알아보기: 게임의 규칙을 알아본 후에는 어떻게 점수를 받을 수 있는지 알아본다. 빨리 들어오는 팀에게 점수를 줄 것인지, 바르게 붙이고 돌아오면 모두 점수를 받을 수 있는 것인지, 점수를 1점 줄지, 2점씩 줄지, 어떤 행동에 대해 점수가 부여되는지를 알아본다. 또한, 태도점수를 만들어서 유아들에게 응원 태도, 게임참여 태도, 게임에 임하는 성실한 자세 등이 중요함을 인식 시켜 준다. 그러나 편 게임의 경우에 교사가 양 팀의 점수를 무승부로 만들기 위해 태도 점수를 불공평하게 주는 일은 없도록 한다. 게임에서 승패를 경험하는 것도 유아들에게 원인과 결과에 대한 인과관계를 이해하게 하고 경쟁심과 감정을 조절하는 기회를 제공하므로 자연스럽게 상황을 받아들이도록 돕는다. 게임의 결과보다는 과정이 중요하다는 것을 강조하고, 친구들과 함께 즐겁게 게임을 하는 것이 더 의미 있다고 이야기해 주어 승부로 인해 지나치게 속상해하지 않도록 한다. 이기고 지는 것을 강조하여 언급하기보다는 미션을 성공하면 그것으로도 가치 있다는 것을 느끼도록 진행한다.

특히, 릴레이 게임은 규칙을 제대로 지키지 않으면서 빨리 도착한다고 이길 수 있는 것이 아니라 조금 늦게 도착하더라도 규칙을 잘 지키는 편이 이길 수 있다는 평가를 내려서 유아들로 하여금 규칙의 중요성을 배울 수 있도록 한다. 예 "빨리 들어오는 것만 중요할까? 아니면 규칙을 모두 지키면서 들어오는 것이 중요할까? 그래. 모든 규칙을 잘 지키고 들어오는 팀에게 점수를 주도록 할게. 그리고 응원을 열심히 한 팀이나 바르게 앉아서 응원하는 팀에게는 태도점수를 줄 거야. 모두 열심히 응원해 보도록 하자."

- 시범 보이기: 언어적으로 알아본 게임 규칙을 실제로 시범 보여 줄 유아를 각 팀에서 한 명씩 나오도록 한다. 만약, 각 팀에서 두 명이 나와 함께 협동하는 게임이라면 "시범 보여 줄 아이 있니? 파란팀에서는 ㅇㅇ와 ㅁㅁ가 나오자. 노란팀에서는 △△와 ◇◇가 나와서 시범을 보여 주자." 등으로 말하며 각 팀별로 2명씩 총 4명이 나와서 시범을 보이면 된다. 그리고 앉아 있는 유아들에게도 "앉아 있는 어린이들은 시범을 보이는 친구들이 규칙을 잘 지켜서 게임을 하는지 잘 보고 이야기해 보자." 등으로 말하면서 역할을 부여하여 집중하도록 한다. 선생님의 신호악기와 함께 게임을 실제처럼 해 보고 점수를 부여해 보는 것까지가 시범이다. 이를 통해 유아들은 게임을 어디서 출발해서 어떻게 하고 어디로 도착하는지 분명히 이해하게 되고 점수는 어떻게 받을 수 있는지도 명확하게 확인하게 된다.
- 시범 평가하기: 시범을 보인 유아들이 규칙을 잘 지켜서 시범을 보여 주었는지 평가하며, 이때 게임의 주의사항이 잘 안 지켜진 경우에는 강조하여 평가함으로써 이후의 본 게임 때 유아들이 해당 주의사항과 규칙을 잘 기억하고 지킬 수 있도록 한다.
- 팀 이름 또는 응원구호 정하기: 팀 이름은 유아의 의견대로 정한다. "봄꽃 게임을 할 거니까 팀 이름을 봄꽃 중에서 정하면 어떨까?"처럼 게임의 내용과 관련된 팀 이름으로 정하는 것도 좋다. 또한, 각 팀별 어떤 응원구호로 응원할지 정한 후 한 번씩 연습해 본다. 응원구호는 '이겨라! 잘해라!' 등의 승부와 관련된 표현보다는 '힘내라!'와 같이 과정을 격려하는 표현으로 정한다. "파란팀은 뭐라고 응원하면 좋을까? 그럼, 파란팀 다 같이 '힘내라, 힘내라!' 하고

응원해 보자. 시작~", "또 노란팀은 뭐라고 응원하면 좋을까? 그럼, 노란팀 다 같이 파이팅, 파이팅! 하고 응원해 보자. 시작~" 이런 식으로 응원구호를 유아가 원하는 대로 정하고 함께 연습해 본다.

- 게임 진행하기: 이제 각 팀별 유아들이 나와서 본 게임을 진행한다. 게임은 유아들이 대체로 매우 좋아하는 활동이어서 흥분하거나 소리를 지르기도 하고 신나서 좋아하는데 가급적 제재하기보다는 게임을 응원하며 잘 즐기도록 허용한다. 그러나 교사의 개입이 필요한 경우에는 게임 도중에라도 멈추게 하여 게임하는 태도나 응원 태도 등에 대해 이야기한 후 다시 게임을 한다. 특히, 유아들이 지나치게 흥분한 상태일 경우에는 잠시 멈추고 감정을 조절하여 가라앉힌 후 다시 안전하게 게임하도록 한다.
- 점수 확인하기: 첫 번째 게임이 끝나면 미션 수행에 대해 점수를 확인하고 각 팀별 태도점수도 부여하여 최종 점수를 정한다.
- 게임 평가하기: 규칙을 잘 지키면서 게임을 한 것에 초점을 맞추어 평가하면 이기고 지는 것과 무관하게 모두 규칙을 잘 지킨 것으로 칭찬할 수 있다. "게임에서 어떤 점이 좋았니? 우리 팀은 어떤 걸 잘한 것 같니? 다음에 어떻게 하면 더 재미있을까?" 등처럼 게임 중 좋았던 점이나 잘했던 점 위주로 평가하여 패배의 원인을 잘못하고 실수했기 때문이라고 친구 탓을 하지 않도록 신경 쓴다. 또한, 게임을 이긴 팀에게 잘했다고 박수 쳐 주고, 이긴 팀은 게임을 끝까지 열심히 해 준 상대팀에게도 수고했다고 박수 쳐 주도록 한다.
- 게임 한 번 더 진행하기: 유아들로 하여금 한 번 시도한 게임의 평가를 통해 새롭게 적용해 보고 싶은 전략을 수립해 보고 해당 게임 전략을 다시 시도해 볼 수 있도록 게임을 한 번 더 진행하면 좋다.
- 점수 확인하기: 게임이 끝나면 미션 수행에 대한 점수와 태도 점수를 확인한다.

(3) 마무리

- 게임 활동 평가하기: 게임 활동 전반에 대해 평가하면서 활동목표의 내용을 확인하는 발문이나 가장 인상 깊었던 점, 재미있었던 점, 아쉬웠던 점, 다르게 바꿔서 해 보고 싶은 점 등을 생각해 볼 수 있다. 종이블록으로 탑 쌓기 게임을 해 보았는데 레고로 정교한 탑 쌓기 게임을 해 보고 싶다고 하면 다음 날은 레고를 이용해서 한 명이 3조각씩 가지고 가서 쌓는 식으로 변형해서 시도해 볼 수 있다. 예를 들어, "오늘 ~게임을 해 보았는데 어땠니? 어떤 점이 즐거웠니? 오늘 게임을 하면서 칭찬해 주고 싶은 친구가 있었니?" 등과 같이 말하며 게임 활동에 대해 평가한다.
- 사후/확장활동 소개하기: "내일 게임을 한 번 더 해 보자!"라고 하면 사후활동으로서 소개해 볼 수 있고 게임과 관련된 다른 활동으로 유아의 경험을 심화 및 확장할 수 있도록 소개한다. 예를 들어, 탑 쌓기 게임 이후 쌓기영역에서 블록을 높이 쌓아 보자고 하거나 우리 전통 탑 알아보기 동화 감상이나 이야기 나누기 등을 소개할 수도 있다. 또는 "오늘 탑 쌓는 게임을 해 보았는데 앞으로는 어떤 놀이를 더 해 보고 싶니?" 등의 발문을 통해 관련된 다른 놀이를 생각해 보도록 유도할 수 있다.
- 전이활동으로 전개하기: 다음 활동은 무엇인지 알아보고 유아들이 다음 활동으로 자연스럽게 전이하도록 안내한다. 특히, 게임의 경우 강당 등 특별한 장소에서 진행하는 경우가 많기 때문에 전이활동은 교실로의 이동과 함께 이루어질 수 있다. 이때는 "선생님이 이름 불러주는 어린이들은 강당 문 앞에 서 보자."라고 하여 유아들을 소수의 인원씩 호명하여 강당에 줄 세우고 함께 교실로 이동하는 방법이 있다.

3) 게임의 평가

게임 수업에 대한 평가내용은 다음의 표와 같다. 이 표의 내용을 살펴보면 게임 수업 시 고려해야 할 사항들을 알 수 있다.

범주	내용	평가
게임 선정	놀이주제와 연계되는가?	
	유아의 발달에 적합한가?	
	교육적 가치가 있는가?	
	게임에 필요한 자료가 준비되어 있는가?	
매체	자료가 적절한가? (활용성, 견고성, 흥미 고려)	
환경	게임을 할 수 있는 공간이 충분한가?	
전개	게임을 진행하기에 안전한 공간인가?	
	게임에 적절한 대형(집단구성)으로 앉았는가?	
	동기유발 방법이 적절한가?	
	편 게임일 경우 인원수를 확인하는가?	
	팀 이름과 게임 방법을 유아들이 정하는가?	
	게임 규칙을 정하는가?	
	시범을 보여 주는가?	
	유아의 흥미에 따라 게임을 반복하거나 중단하는가?	
	교사의 언어, 태도, 위치가 적절한가?	
평가활동	속도, 규칙 지키기, 관전 태도를 모두 고려하여 점수 결과를 제시하는가?	
	유아와 함께 게임에 대해 목표, 내용, 과정을 고려하여 평가하는가?	
	규칙 준수에 대해 평가하는가?	
	개별평가나 점수판을 활용하는가?	
	게임이 끝났음을 알리고 다음 활동을 소개하는가?	

출처: 교육부(2000), 강민정 외(2018).

3. 게임의 활동교육계획안 예시

수업일시	2021. 9. 23.	수업장소	강당
놀이주제	열매	대상연령	만 4세
활동시간	20분	활동유형	게임
활동명	눈 감고 열매 줍기	집단크기	대집단
활동계획 배경	유아들이 산책하면서 주워 온 열매들을 가지고 눈 감고 줍기 놀이를 하다가 이걸 게임으로 다 같이 해 보고 싶다는 제안을 하여 유아들과 이야기 나누기를 통해 게임방법과 규칙을 만들어 게임을 실시하게 되었다.		
활동목표	- 견과류(땅콩, 호두, 아몬드)의 이름을 안다. - 눈을 감고 촉감만으로 서로 다른 견과류를 구별할 수 있다. - 게임 규칙을 지키며 즐겁게 게임한다.		
누리과정 관련요소	• 신체운동 · 건강 〉 신체활동 즐기기 〉 신체를 인식하고 움직인다. • 의사소통 〉 듣기와 말하기 〉 상대방이 하는 이야기를 듣고 관련해서 말한다. • 자연탐구 〉 생활 속에서 탐구하기 〉 물체를 세어 수량을 알아본다.		
준비물	견과류(땅콩, 호두, 아몬드) 각 7개씩, 견과류 접시 2개, 미션카드 20개, 바구니 3개, 점수판, 신호악기, 마스킹 테이프		
사전활동	이야기 나누기 (견과류 이름과 모양 알아보기)		

절차	활동내용	준비물 및 유의점
도입 (5분)	○ 손유희 「도토리」로 주의집중한다. 때굴때굴 때굴때굴 도토리가 어디서 왔나 단풍잎 곱게 물든 산골짝에서 왔지 때굴때굴 때굴때굴 도토리가 어디서 왔나 깊은 산골 종소리 듣고 있다가 왔지	견과류(땅콩, 호두, 아몬드) 각 7개씩, 견과류 접시 2개, 미션카드 20개, 바구니 3개, 점수판, 신호악기

절차	활동내용	준비물 및 유의점
도입 (5분)	○ 견과류 실물을 탐색한다. T: 우리가 이야기 나누기에서 알아봤던 견과류를 가져왔어. 어떤 것들이 보이니? C1: 땅콩이요! C2: 땅콩, 호두, 아몬드! T: 응. (유아들에게 견과류를 보여 주며) 땅콩도 있고, 호두랑 아몬드도 있지. 이걸 너희들이 눈을 가리고 손으로만 만져서 무엇인지 맞혀 볼 수 있겠니? C2: 네. 저요! C3: 저요, 저요, 저요! T: 그래. 바르게 앉아 있는 우리 C2가 나와서 해 보자. C2: 음…. 이건 호두 같아요. T: 호두라고 생각했구나. 어떤 느낌 때문에 호두라고 생각했니? C2: 울퉁불퉁해서요. T: 울퉁불퉁해서 호두라고 생각했구나. 또 해 보고 싶은 어린이 있니? C3: 저요! T: 이번에는 C3가 나와서 해 보자. C3: 땅콩이다! T: 땅콩이라고 생각했구나. C3는 왜 땅콩이라고 생각했니? C3: 왜냐면 작고, 가운데가 볼록 들어가 있어요. T: 작고 가운데가 볼록 들어가 있어서 땅콩이라고 생각했구나. 또 해 보고 싶은 어린이 있니? C1: 저요. T: 그래. C1이 나와서 해 보도록 하자. C1: 이건 아몬드예요! T: 아몬드라고 생각했구나. 왜 아몬드라고 생각했니? C1: 물방울 모양에 무늬가 느껴져서요. T: 잘 말해 주었어. 오늘 우리는 이 견과류로 게임을 해 볼 거야. 어떤 게임일지 한번 생각해 보자.	

절차	활동내용	준비물 및 유의점
전개 (10분)	○ **유아들이 직접 게임 방법과 규칙을 정한다.** T: 그럼, 우리가 가지고 있는 견과류들로 어떤 게임을 할 수 있을까? C1: 어떤 게 땅콩인지 찾는 게임이요! C3: 견과류 만져 보고 찾아보는 게임이요! T: 견과류 찾는 게임을 할 수 있겠구나. 그런데 우리가 견과류를 그냥 보고 찾는 것보다 더 재미있게 찾을 수 있는 방법은 무엇이 있을까? C2: 눈을 감고 찾아볼 수 있어요~ T: 그래. 눈을 감아서 견과류를 보지 않고 찾아볼 수 있겠다. T: 또 뭐가 보이니? C2: 카드요. T: 그래. 그러면 열심히 친구들을 응원한 팀에게도, 마지막에 1점을 주는 걸로 하자. 1. 신호악기가 울리면 출발선에서 미션카드 한 장을 뽑아 출발한다. 2. 바닥의 선 모양대로 지그재그 걷는다. (또는 한 발로 깡충깡충 걷는다.) 3. 도착하면 미션카드를 바구니에 넣고 눈을 감는다. 4. 눈을 감고 고개를 든 채로 손으로만 땅콩, 호두, 아몬드를 만져서 미션카드의 그림만큼 골라 집어 바구니에 넣는다. 5. 출발선으로 다시 돌아와서 미션카드대로 집어 왔는지 확인한다. T: 그럼, 이 카드에는 무슨 그림이 보이니? 이 카드를 게임에 활용해 볼 수 있을까? C2: 우리가 만져 본 견과류들이 보여요. C1: 그 카드를 보고 카드에 나온 대로 찾아오면 돼요! T: 그래. 카드에 나온 것과 똑같이 찾아오면 더 재미있겠다. 그럼 (호두 1, 아몬드 1, 땅콩 1 카드를 보여 주며) 이 카드를 뽑으면 무엇을 가져와야 하는 걸까?	 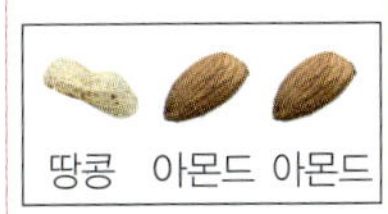

절차	활동내용	준비물 및 유의점
전개 (10분)	C: 호두 한 개, 아몬드 한 개, 땅콩 한 개요. T: 그럼, (땅콩 1, 아몬드 2 카드를 보여 주며) 이 카드를 뽑으면 무엇을 가져와야 하는 거니? C: 땅콩 하나랑 아몬드 두 개요. T: 맞아. 눈을 감고 손으로만 견과류를 만져서 카드에 나와 있는 대로 견과류를 가져오면 되겠다. T: 카드는 몇 장을 뽑는 게 좋을까? C3: 한 사람당 한 장씩 뽑아요. T: 그래. 한 사람당 한 장씩 뽑도록 하자. 또 뭐가 보이니? C3: 바닥에 선이 있어요. T: 바닥에 붙여진 선이 보이는구나. 이 선은 게임에서 어떻게 활용해 볼 수 있을까? C2: 선을 따라 걸어가요. T: 그래. 선을 따라 지그재그로 걸어갈 수 있겠다. 출발선에서 카드를 한 장 뽑아서 선을 따라 지그재그로 걸어가고 나서는 어떻게 할까? C2: 그 옆에 있는 바구니에 카드를 넣고 눈 감아요! C3: 카드를 그림대로 찾아요. C1: 근데 살짝 볼 수도 있으니까 고개를 들어요! T: 그럼, 우리는 출발선에서 미션카드를 뽑고 도착하면 카드를 바구니에 넣고 눈을 감고 고개를 든 상태에서 손으로만 견과류를 만져서 카드에 나온 대로 찾은 다음 바구니에 담아서 지그재그 선을 따라서 돌아오면 되겠다. T: 점수는 어떻게 하면 얻을 수 있을까? C1: 카드랑 똑같이 가져오면 1점으로 해요! T: 그럼, 카드랑 똑같이 잘 찾아오면 1점을 주자. 또 먼저 들어온 아이는 어떻게 할까? C2: 먼저 들어온 친구한테 또 1점을 줘요. T: 먼저 들어온 팀에 1점을 더 주도록 하자. 그리고 친구가 게임을 하고 있을 때 열심히 응원해 준 팀은 어떻게 할까? C1: 열심히 응원한 팀한테도 1점을 줘요!	

절차	활동내용	준비물 및 유의점
전개 (10분)	○ **게임 시작 전, 각 팀의 인원수를 확인한다.** T: 게임을 하기 전에 양 팀의 수가 같은지 확인해 보자. 한 명씩 차례대로 나와서 앞에 마주 본 사람과 신나게 하이파이브를 하고 들어와 앉자. 먼저, C1이랑 C2 하이파이브하고 첫째 줄에 마주 보고 앉아 주세요. C3랑 C4…. (중략) T: 왼쪽 팀은 6명, 오른쪽 팀은 7명이 있구나. 그럼 왼쪽 팀 중에서 한 번 더 하고 싶은 어린이 있니? C1: 제가 한 번 더 할래요. T: 그래. 그럼 C1이가 이따 한 번 더 하는 걸로 하자. ○ **각 팀 유아 한 명씩이 게임 시범을 보이고 평가한다.** T: '선생님. 제가 시범을 보이겠어요.' 하는 어린이 있니? C1: 저요! C2: 제가 할래요~ C3: 저요, 저요~ T: 왼쪽 팀에서 바르게 앉아 있는 C1, 오른쪽 팀에서 C2가 나와서 해 보자. T: 그럼, 신호악기 소리가 들리면 출발해 보자. 너희들은 시범을 보이는 어린이들이 규칙을 지키면서 게임을 하는지 잘 보자. (시범 후) T: 얘들아, C1과 C2가 시범을 잘 보여 주었니? C: 네~ T: 이제 친구들이 가져온 것을 살펴보자. C1의 카드에는 무엇이 그려져 있니? C: 땅콩 한 개랑 아몬드 두 개요! T: C1이가 미션카드에 있는 그림대로 땅콩 하나, 아몬드 두 개를 잘 가져왔으니 왼쪽 팀에 1점을 줄게. 이번엔 C2가 가져온 견과류를 보자. C2 카드에는 무엇이 그려져 있니? C: 호두 하나, 아몬드 하나, 땅콩 하나요!	

<table>
<tr><th>절차</th><th>활동내용</th><th>준비물 및 유의점</th></tr>
<tr><td>전개
(10분)</td><td>T: 그래. C2도 호두 한 개, 아몬드 한 개, 땅콩 한 개를 그림과 똑같이 가져왔으니 오른쪽 팀에 1점을 줄게. 그리고 먼저 들어온 어린이에게도 1점을 주기로 했으니까 오른쪽 팀에 1점을 더 줄게.

○ 팀 이름, 응원구호를 정한다.
T: 두 어린이 모두 시범 보여 줘서 고마워. 다시 제자리에 놓고 자기 자리에 들어가 주세요.
T: 우리 팀의 이름도 정해 볼 수 있는데, 어떤 이름으로 하는 게 좋을까?
C2: 저희는 다람쥐팀이요!
C3: 저희는 올라프팀이요!
T: 모두 재미있는 이름으로 정했구나. 다람쥐팀은 친구들이 나와서 게임을 할 때 어떻게 응원해 줄 수 있을까?
C1: 다람쥐 힘내라! 다람쥐 힘내라!
T: 올라프팀은?
C3: 올라프! 화이팅! 올라프! 화이팅!
T: 이제 게임을 시작할 건데, 친구들을 위해서 열심히 응원해 줄 수 있겠니?
C: 네~

○ 게임을 진행한다.
T: 자, 각 팀에서 첫 번째 어린이들은 나와서 출발선 앞에 서 보자. 준비됐니? (신호악기) (응원) (짧은 평가) (점수 부여) (반복)
T: 모두 게임을 해 보았는데 점수가 어떻게 되니? 다람쥐팀이 7점, 올라프팀이 8점이네. 그럼, 어느 팀이 이겼니?
C: 올라프팀이요!
T: 그래. 올라프팀 승리! 다람쥐팀은 올라프팀에게 축하한다고 박수 쳐 주자. 그리고 올라프팀은 다람쥐팀에게 열심히 최선을 다해서 해 줘서 고맙다고 박수 쳐 주자.</td><td></td></tr>
</table>

절차	활동내용	준비물 및 유의점
마무리 (5분)	○ **활동을 회상하고 평가한다.** T: 오늘은 우리가 견과류 찾기 게임을 해 봤는데 어땠어? C1: 너무 재미있었어요~ T: 어떤 점이 가장 즐거웠니? C2: 다 같이 응원하는 거요. C3: 눈 감고 찾는 게 재미있었어요. T: 하면서 힘들거나 아쉬운 건 없었어? C2: 종류가 더 많았으면 좋겠어요. T: 다음에는 어떤 열매들로 더 해 보고 싶니? C1: 도토리로도 해 보고 싶어요~ C2: 저는 밤이요! T: 그럼, 선생님이 도토리랑 밤도 가져와서 눈 감고 견과류 만져 보는 교구와 함께 수 · 조작 영역에 놓아 줄게. 자유놀이 시간에 놀이해 보도록 하자. ○ **전이활동을 안내한다.** T: 다음은 자유놀이시간이야. 계획해 둔 영역에 가서 놀이하도록 하자.	
확장활동	[조형 영역] 땅콩, 아몬드, 호두 껍질에 물감 묻혀 찍기	
평가	• 견과류(땅콩, 호두, 아몬드)의 이름을 아는가? • 눈을 감고 촉감만으로 서로 다른 견과류를 구별할 수 있는가? • 게임 규칙을 지키며 게임하는가?	

CHAPTER
09

신체표현

1. 신체표현의 개념

신체표현이란, 신체를 인식하고 이동 및 비이동하며 움직이거나, 도구 등을 조작하는 운동인 기본운동과 움직임을 모방하는 구조적 신체표현 또는 상상을 통해 창의성을 나타내는 창의적 신체표현으로 구분할 수 있다. 유아는 활발히 몸을 움직이면서 자신을 둘러싼 주변 공간을 탐색한다. 자신의 생각, 느낌, 경험을 신체 움직임을 통해 표현하면서 즐거움과 기쁨을 느낄 수 있으며, 다양한 유형의 신체표현을 하면서 신체에 대한 인식과 신체 조절의 유능함을 경험하고 자신에 대한 긍정적인 자아상을 형성하게 된다.

2019 개정 누리과정에서 신체표현 활동은 신체운동 · 건강 영역과 예술경험 영역으로서, 해당 영역의 목표는 다음과 같다(교육부 · 보건복지부, 2019).

영역	목표
신체운동 · 건강	실내외에서 신체활동을 즐기고, 건강하고 안전한 생활을 한다. 1. 신체활동에 즐겁게 참여한다. 2. 건강한 생활습관을 기른다. 3. 안전한 생활습관을 기른다.
예술경험	아름다움과 예술에 관심을 가지고 창의적 표현을 즐긴다. 1. 자연과 생활 및 예술에서 아름다움을 느낀다. 2. 예술을 통해 창의적으로 표현하는 과정을 즐긴다. 3. 다양한 예술 표현을 존중한다.

2019 개정 누리과정에서 신체운동 · 건강 영역과 예술경험 영역의 내용은 다음과 같으며, 그중 신체표현의 누리과정 관련요소는 진하기로 표시한다(교육부 · 보건복지부, 2019).

내용범주	내용
신체활동 즐기기	**신체를 인식하고 움직인다.**
	신체 움직임을 조절한다.
	기초적인 이동운동, 제자리 운동, 도구를 이용한 운동을 한다.
	실내외 신체활동에 자발적으로 참여한다.
건강하게 생활하기	자신의 몸과 주변을 깨끗이 한다.
	몸에 좋은 음식에 관심을 가지고 바른 태도로 즐겁게 먹는다.
	하루 일과에서 적당한 휴식을 취한다.
	질병을 예방하는 방법을 알고 실천한다.
안전하게 생활하기	일상에서 안전하게 놀이하고 생활한다.
	TV, 컴퓨터, 스마트폰 등을 바르게 사용한다.
	교통안전 규칙을 지킨다.
	안전사고, 화재, 재난, 학대, 유괴 등에 대처하는 방법을 경험한다.

내용범주	내용
아름다움 찾아보기	자연과 생활에서 아름다움을 느끼고 즐긴다.
	예술적 요소에 관심을 갖고 찾아본다.
창의적으로 표현하기	노래를 즐겨 부른다.
	신체, 사물, 악기로 간단한 소리와 리듬을 만들어 본다.
	신체나 도구를 활용하여 움직임과 춤으로 자유롭게 표현한다.
	다양한 미술 도구를 활용하여 움직임과 춤으로 자유롭게 표현한다.
	극놀이로 경험이나 이야기를 표현한다.
예술 감상하기	다양한 예술을 감상하며 상상하기를 즐긴다.
	서로 다른 예술 표현을 존중한다.
	우리나라 전통 예술에 관심을 갖고 친숙해진다.

신체표현을 통해서 유아는 대상의 특징을 관찰한 후 자신의 몸을 움직여서 창의적으로 표현해 보면서 즐겁게 활동해 볼 수 있다. 개정 누리과정에서 신체표현의 교육적 가치는 다음과 같다.

- 신체를 움직이면서 대 · 소근육과 운동기술능력을 발달시키고 자신의 신체를 안전하게 조절하고 유지하는 능력을 기르게 된다.

- 자신의 느낌이나 감정을 표현하면서 정서적 해방감과 만족감을 경험하게 된다.
- 자신과 다른 사람들의 다양한 생각과 느낌에 대해 긍정적인 태도를 가지며, 서로의 예술적 표현을 존중하는 마음을 갖는다.
- 신체표현을 할 대상의 움직임이나 특징을 관심 있게 보고 탐색하는 과정에서 관찰력과 인지적 사고능력을 키울 수 있다.
- 자신의 주변에서 관찰할 수 있는 대상의 움직임을 자신의 몸으로 표현하면서 창의력과 신체표현력을 증진시킬 수 있다.
- 자신의 몸을 움직이고 조절하며 아름다운 예술적 표현을 하면서 성취감과 즐거움을 경험한다.
- 친구들과 함께 동작을 하면서 집단 속의 소속감을 느끼고, 옆 친구들의 움직임을 인지하며 신체표현을 하면서 조망수용능력과 공간지각능력을 향상시킨다.

2. 신체표현의 계획 · 실행 · 평가

유아의 놀이를 지원하기 위한 활동으로서의 신체표현을 하려면, 교사로서 어떻게 수업을 준비하고 계획할 것인지, 신체표현 활동의 도입, 전개, 마무리를 통해 어떻게 유아를 대상으로 진행할 것인지, 그리고 신체표현 활동에 대한 교수자로서의 평가를 어떻게 해야 할지 알아보려고 한다.

1) 신체표현의 계획

(1) 신체표현할 대상 선정하기

유아의 놀이와 관련된 대상을 신체표현 활동의 주제로 정해서 유아가 놀이에서 경험한 것에 대한 자유로운 신체적 표현의 기회를 제공한다. 유아의 신체적 기본 운동 능력을 고려하여 활동을 계획하되, 학기 초에는 기본적인 동작으로 신체의 움직임을 탐색해 보도록 하고 점차 학기 중후반으로 갈수록 구체적이며 정교한 표현을 할 수 있도록 한다. 예 학기 초에는 동물이 되어 네 다리로 걸어 보기를 하고 학기 중후반에는 코끼리가 되어 걸어 보기, 거북이가 되어 걸어 보기, 사자가 되어 걸어 보기

(2) 활동명, 활동목표와 방법 계획하기

활동명은 주로 신체표현할 대상의 이름으로 정할 수 있으며, 활동목표는 기본동작을 움직이는 활동인지, 구조적 신체표현인지, 창의적 신체표현인지에 따라 달라질 수 있다. 활동방법을 계획할 때는 유아가 동일한 동작을 단순히 반복적으로 하는 것이 아니라 동작의 크기, 속도 등에 변화를 주면서 표현해 보도록 하여 유아의 흥미를 유지하고 동작의 숙련도를 높여 갈 수 있도록 한다.

〈표 9-1〉 동작의 요소와 내용

동작의 요소	내용	
동작의 구성요소	신체	• 신체 인식, 전신의 움직임, 신체 부분의 움직임, 신체 모양
	공간	• 상하좌우 움직임의 방향과 넓이 인식 • 개인공간과 공유공간(일반공간)의 이해 • 이 꽃 저 꽃을 날아다니는 나비처럼 움직여 보자, 음악을 듣고 소리가 낮아지면 몸을 점점 아래로 움직여 보자.
	시간	• 속도와 리듬 • 애벌레는 어떤 속도로 움직일까? 풍선이 바람에 빠르게 날아가는 모습을 표현해 보자.
	힘	• 힘의 강약, 힘의 질(가볍게, 무겁게, 갑자기, 부드럽게) • 북소리의 크기에 맞춰 걷기, 소나기와 이슬비 내리는 모습 표현하기
	흐름	• 연속적 흐름(유연, 개연성), 비연속적 흐름(끊기게, 정지된)
	관계	• 사람과의 관계(짝, 집단), 사물과의 관계 • 친구와 마주 보고 손과 손을 마주 잡아요, 훌라후프 통과하기
기본 동작	비이동 동작	• 이동하지 않고 몸을 축으로 하여 움직이는 동작 • 이후 창의적인 신체표현의 기초가 되는 동작 • 서기, 앉기, 구부리기, 뻗기, 꼬기, 흔들기, 떨기, 회전하기 • 시계추가 움직이는 모습 표현하기(흔들기), 꽈배기가 되어 보자(꼬기), 벽이 나에게 점점 다가온다면(밀기), 팽이가 되어 보자(회전), 높은 곳의 물건을 꺼내자(뻗기)

동작의 요소	내용	
기본 동작	이동 동작	• 몸을 이동시키면서 움직이는 동작 • 걷기, 달리기, 두 발 모아 뛰기, 호핑, 스키핑, 갤러핑 • 스케이트 타기(미끄러지기), 개구리처럼 움직이기(뛰기), 한 발 뛰기(호핑), 고무줄 뛰어넘기(뛰어넘기), 꼬리 잡기(달리기)
	조작적 동작	• 도구를 사용하여 움직이는 동작 • 던지기, 받기, 차기, 치기 • 공 던지고 받기(던지기, 잡기, 되받아치기), 투호 던지기(던지기), 풍선 치기(치기)
춤과 움직임으로 표현하기	구조적 표현동작	• 노랫말이나 음악 주제에 의해 특별하게 정해진 대로 움직이는 표현 동작 • 둘이 살짝, 호키포키, 탈춤, 강강술래
	반구조적 표현동작	• 정해진 지시에 따르지만 부분적으로 창의적이고 자유로운 움직임이 포함되는 표현 동작
	창의적 표현동작	• 일정한 형식 없이 유아가 탐색과정을 통해 자신의 생각과 느낌을 자유롭게 상상하여 움직이는 표현 동작 • 비가 내리는 모습 표현하기, 바람 부는 들판의 꽃들을 표현하기
동작 감상하기	다양한 춤과 동작 감상하기	• 우리나라 춤과 세계 여러 나라의 춤 감상하기 • 다양한 장르의 신체 움직임과 동작 감상하기 • 명화의 춤추는 사람을 흉내 내요, 세계 여러 나라의 춤을 감상해요, 우리나라 전통춤을 감상해요, 전래놀이를 해요

출처: 김진희, 강미영(2020).

(3) 활동의 적절한 시간 정하기

신체표현은 학급 유아들의 신체 리듬을 보면서 활동시간을 정한다. 학급의 유아들이 주로 아침을 거르고 온다면 간식 시간 전에는 신체표현을 계획하지 않는다. 신체표현은 동적 활동에 해당하므로 가급적 정적 활동과 맞물려 일과를 계획한다. 특히, 무더운 날 바깥놀이를 하고 들어온 직후에는 휴식이 필요하기 때문에 신체표현을 계획하지 않는 것이 좋다. 미세먼지가 심하거나 자외선 지수가 높아서 바깥놀이를 나갈 수 없는 날은 신체표현을 충분히 하도록 적절한 시간을 배분한다. 활동시간은 유아의 연령과 발달 수준, 학기 초인지 말인지 등을 고려하겠지만 대체로 20분 전후로 하는 것이 적당하다.

그리고 신체표현 활동은 반드시 일과 중 특정한 시간을 할애하여 진행해야 하는 것은 아니다. 전이활동이나 이동 중, 다른 활동 중에도 얼마든지 짧은 신체표현 활동을 진행하여 유아의 균형감각, 운동능력, 대 · 소근육 발달 등을 지원할 수 있다. 예를 들어, 바깥놀이 나가기 전 현관에서 점프하며 탬버린 치고 놀이하기, 한 줄로 이동 중 점프하며 지그재그로 움직이기, 교사의 작은북 소리에 맞춰 행진하며 이동하기 등이 있다.

(4) 적절한 활동장소와 교수-학습 자료 준비하기

교실에서 신체표현을 할 경우에는 가장 넓은 쌓기놀이 영역의 교구장을 더 옆으로 넓혀서 유아들이 마음껏 신체를 움직일 수 있는 공간을 확보한다. 교실이 협소할 경우에는 유치원의 강당이나 대근육실을 이용하는데 사전에 해당 활동시간 다른 학급에서 사용하는지 여부를 확인하고 장소를 확보한다. 신체표현 활동 전날 해당 장소 바닥에 유아가 앉을 자리, 유아가 표현할 대상 관련 소품이나 무대 배경이 필요할 경우 모두 표시하거나 준비해 둔다. 신체표현을 소집단으로 할 경우에는 원형, 반원형, 직선형의 대형으로 앉아서 할 수 있고, 대집단으로 할 경우에는 반원형인 V자형으로 앉아 두 집단으로 나누어 신체표현하거나 ㄷ자형으로 앉아 세 집단으로 나누어 신체표현할 수 있다.

[그림 9-1] 신체표현 대형

신체표현을 더욱 실감 나게 하기 위해 소품을 준비할 수도 있지만, 소품 없이도 유아들의 풍부한 상상력을 이용해서 마음껏 표현할 수 있다. 신체표현은 넓은 공간에서 진행하여 유아들이 흥분하거나 지나치게 신나서 움직이며 소란스러울 수 있기 때문에 교사가 신호악기를 이용해서 유아들의 움직임을 조절하도록 한다. 신체표현을 풍부하게 하도록 배경음악을 준비하면 좋은데 유아들이 표현할 대상과 분위기에 어울리는 음악으로 정한다. 예를 들어, 거북이가 기어가는 신체표현인데 빠르고 신나는 음악은 어울리지 않으므로 느리고 부드러운 음악으로 준비한다.

때로는 소품의 이용이 오히려 유아의 신체표현을 제한하기도 하므로 소품 사용 전에 생각해 본다. 예를 들어, 바람에 날리는 갈대를 표현하기 위해 스카프를 제공한다면 유아들은 스카프를 많이 흔들기 위해 신체의 팔과 손만 움직이고 다른 신체 부위의 움직임은 적어질 수도 있다. 이때는 오히려 소품 없이 유아가 바람에 날리는 갈대가 되어 움직여 보기로 한다면 유아는 전신을 움직이며 갈대를 표현할 것이므로 이 경우에는 스카프가 없는 것이 유아의 신체 표현을 더욱 적극적이고 활발하게 지원할 수 있다.

그리고 소품을 제공할 때 유아의 신체 사이즈를 고려하여 유아가 소품을 조작하는 중에 걸려 넘어지는 등의 안전사고가 일어나지 않도록 한다. 예를 들어, 리본을 주고 흔들며 표현하게 하는데 리본의 길이가 유아의 신장보다 지나치게 길면 유아가 걸려 넘어질 수도 있고 리본을 조작하는 과정에서 조절이 되지 않아 표현에 어려움을 겪을 수 있다. 따라서 유아의 신체발달 정도와 신체 사이즈를 고려하여 통제 및 조절 가능한 크기의 소품으로 준비한다.

(5) 전이와 확장활동 계획하기

신체표현은 대체로 넓은 장소에서 하는 것이 좋기 때문에 교실보다는 강당이나 대근육실 등으로 장소를 이동해서 활동을 한다. 따라서 신체표현 이전 활동에서 신체표현으로 전이하려면 교실에서 강당으로 이동하는 모든 과정을 고려해야 한다.
예 "다음 시간은 신체표현이지? 모두 강당으로 이동할 건데 선생님이 이름 부르는 어린이는 교실 문 앞에 줄을 서자. (모두 줄을 선 후) 선생님을 따라 강당으로 이동하자. (강당 문 앞에 도착해서) ㅇㅇ부터 ㅁㅁ까지(우리 반이 21명인데 3집단으로 나누려면 7명씩 호명함) 빨간 선 위에 앉아 보자. △△부터 ◇◇까지는 가운데 노란 선 위에 앉아 보자. 남은 어린이들은 모두 초록색 선 위에 앉아 보자. (문을 닫고 교사 자리로 들어감) 자, 신체표현을 할 준비가 되었나 보자. ㅇㅇ와 ◁◁는 너무 붙어 있어서 서로 부딪힐 것 같구나. 서로 팔이 부딪히지 않게 넓게 앉아 보자."

또한, 신체표현 활동 후 다시 교실로 돌아가는 동선도 계획해야 한다. 예 "이제 다시 교실로 돌아갈 거야. 선생님이 부르는 아이들은 강당 문 앞에 서자. (강당 문에 모두 서면) 다 같이 한 줄로 교실에 가자."

신체표현 이후 어떠한 사후 및 확장활동을 할지 미리 계획한다. 놀이중심 교육과정이므로 신체표현을 마무리하면서 오늘 움직여 본 대상과 관련하여 앞으로 어떤 놀이를 해 보고 싶은지 유아들에게 물어보고 유아가 제안하는 대로 실행해 본다. 예 "오늘 팝콘이 되어 보았던 걸 그림으로 그려 보고 싶구나. 민들레꽃을 찧어 소꿉놀이를 해 보고 싶니?"

2) 신체표현 활동의 실행

(1) 도입

- 신체표현할 대상에 대해 유아의 관심과 흥미를 유발할 수 있는 주의집중을 한다. 예를 들어, 팝콘이 되어 보는 신체표현을 한다면 옥수수나 팝콘 관련 수수께끼 또는 부분과 전체 그림 맞히기 등을 한다.
- 흥미유발을 했다면 유아의 사전경험과 연결할 수 있는 발문을 한다. 예 "너희들은 팝콘을 먹어 본 적이 있니? 옥수수가 팝콘이 되는 걸 보았니?"
- 도입의 끝부분은 활동내용이나 목표에 대해 소개한다. 예 "오늘은 우리가 팝콘이 되어서 움직여 볼 거야."

(2) 전개

- 신체표현할 대상의 특징에 대해 탐색하기: 신체표현을 하고자 하는 대상의 움직임에 대해 충분히 이야기하여 유아가 어떻게 표현할지 알아볼 수 있도록 한다. 신체표현 수업의 전개 부분은 신체 탐색 단계와 신체 표현 단계의 두 부분으로 나누어 볼 수 있다. 전개의 전반부에는 신체표현 대상의 다양한 움직임을 생각해 보고 탐색해 볼 수 있도록 한다. 신체 탐색 단계가 충분히 이루어지면 이후의 신체 표현 단계에 유아들이 더욱 풍부하고 창의적으로 몸을 움직이며 표현할 수 있다. 예 "거북이는 어떻게 기어갈 것 같니? 나비는 어떻게 날아갈 것 같니? 코끼리는 어떻게 샤워할 것 같니?"
- 가능한 표현동작 생각해 보기: 위의 '신체표현할 대상의 특징에 대해 탐색하기'를 하는 중간중간 유아로 하여금 어떻게 표현할지 직접 몸을 움직여 보도록 한다. 앉아서 보여 주는 유아와 앞으로 나와서 보여 주는 유아의 경우를 섞어 가면서 신체표현할 대상의 다양한 움직임을 표현해 보도록 한다. 특히, 난이도가 있거나 주요한 동작의 경우는 몇몇의 유아들이 앞으로 나와서 함께 표현해 보도록 하는데 유아들이 친구들 앞에서 몸을 움직이는 것을 부끄러워할 수도 있기 때문에 한 번에 3~4명에서 많게는 5~6명이 한 번에 나와 움직여 보도록 한다. 예 "'제가 코끼리가 되어 샤워하는 걸 표현해 보겠어요.' 하는 어린이는 앞으로 나와 보자. 얘들아, 친구들이 나와서 샤워하는 코끼리를 표현했는데 어땠어?

  또한, 특별히 다양한 방법으로 표현한 점을 강조하여 유아들로 하여금 일정한 동작이 정해져 있지 않고 창의적으로 마음껏 표현할 수 있다는 것을 볼 수 있도록 한다.

〈표 9-2〉 동작의 요소에 기초한 발문의 예

요소	내용	동작요소를 고려한 발문의 예
신체	• 신체 각 부분에 대한 모양과 명칭 • 신체의 각 부분으로 만들 수 있는 다양한 형태 • 신체의 여러 부분을 합하여 만들 수 있는 동작	• 두 손을 어깨, 가슴, 배, 허리, 엉덩이에 올려 보자. • 몸을 가늘고 길게 만들어 보자.
공간	• 개인공간: 개별 유아를 둘러싼 공간으로 유아의 신체와 아주 가까이 있는 공간 • 일반공간: 여럿이 함께 사용하는 공간이며 바닥, 벽, 천장에 의해서만 제한되는 넓은 공간	• 훌라후프 안에서 움직여 보자. • 선생님 제스처에 맞춰 교실을 걸어 보자.
시간	• 동작의 속도와 관련된 요소 : 빠르고 느린 리듬의 차이	• 빠른 속도로 달리던 차가 급정거하는 것처럼 멈춰 보자.
힘 (노력: 에포트)	• 동작의 질 : 무게(힘)– 동작의 강하고 약한 정도 : 흐름– 움직임의 계속성 자유로운 흐름(free flow) 제한된 흐름(bound flow)	• 신호가 울리면 강하고 힘차게 걸어가 보자. • 새가 되어 미끄러지듯이 날아 보자. (free flow) • 신나게 움직이다가 신호를 듣고 멈춰 보자. (bound flow)
관계	• 신체 부분 간의 관계 • 다른 사람이나 사물과의 관계	• 오른쪽 팔과 오른쪽 발을 같이 들어 보자. • 짐볼을 발로 움직여 보자.
주제	• 움직임을 표현하고자 하는 동기, 의도, 아이디어	• 준비한 토끼 그림을 살펴본 후 토끼가 되어 움직여 보자.

출처: 심성경 외(2017).

- 약속 정하기: 신체표현은 넓은 공간에서 다양하게 움직이는 활동이므로 모두 안전하게 신체표현을 할 수 있도록 약속을 정한다. 일반적인 주의사항 말고 본 활동과 관련된 주의사항을 약속으로 정해서 안전하고 즐거운 신체표현이 되도록 지원한다. 음악을 사용하는 경우에는 음악이 시작되면 움직이고 음악이 멈추면 움직임을 멈추기로 약속한다거나, 신호악기를 이용하여 활동 중 움직이기와 멈추기 약속을 미리 정하여 진행할 수 있다. 예 "벌이 너무 빨리 날다가 다른 벌들과 부딪히면 어떤 일이 일어날까? 민들레 홀씨가 흙 위에 떨어질 때 너무 세게 주저앉으면 어떻게 될까?"

- 한 팀이 신체표현하기: 유아들이 신체표현을 하러 나오면 교사는 배경음악을 틀고 내레이션을 하면서 어떤 신체표현을 할지, 유아마다 어떻게 신체표현하고 있는지 등을 이야기해 준다. 교사도 가만히 앉아 있기보다는 자유롭게 유아들 사이에서 위치를 바꿔 가면서 유아들이 표현하는 모습을 하나하나 말해 주며 표현을 격려한다. 예 "옥수수가 정말 단단하고 작은데 프라이팬이 점점 뜨거워지고 있어. 점점 더 뜨거워지고 있네. ○○(유아 이름) 옥수수는 뜨거워서 옆으로 옆으로 움직이고 있네. ○○ 옥수수는 통통 튀고 있네."
- 한 팀의 신체표현 평가하기: 처음 신체표현을 한 후에는 간략히 평가를 하여 다시 한번 기억해야 할 주의사항이 있다면 언급해 주고 신체표현 대상과 유사하게 창의적으로 표현한 동작을 칭찬하여 이후에 신체표현을 하는 팀이 다양하게 움직이고 안전하게 표현하도록 할 수 있다. 첫 신체표현 평가에서 중요한 내용을 생각해 보며 이야기 나누면 이후의 신체표현은 질서정연하고 안정감 있게 진행할 수 있다. 예 "친구들이 팝콘을 표현해 보았는데 어땠니? 팝콘이 될 때 옆의 옥수수들과 부딪히지 않으려면 어떻게 움직이면 좋을까? 팝콘이 되는 모습을 ~~ 표현해 준 것이 인상 깊었구나. 또 '다른 친구의 표현을 칭찬해 주고 싶어요.' 하는 아이 있니?"
- 다른 팀의 신체표현하기: 신체표현은 크게 움직이면서 옆 사람과 부딪히는 안전사고가 발생할 수 있기 때문에 대집단이 한 번에 하지 않는 것이 좋다. 한 반은 두 팀 또는 세 팀으로 나누어 신체표현을 하도록 한다. 두 번째 팀이 나와서 표현 대상에 대한 창의적 신체표현을 해 보도록 한다. 특별히 평가하고 싶은 독특하고 기발한 움직임이 있거나 중요하게 주의를 주어야 하는 안전 관련 사항이 있다면 평가를 하고 그렇지 않다면 마지막 팀의 신체표현으로 넘어가도 무방하다.
- 마지막 팀의 신체표현하기: 두 팀으로 나눴을 때는 전 단계에서 신체표현이 마무리될 수도 있고 세 팀으로 나눴다면 마지막 팀의 신체표현을 실시한다. 유아들이 참신하고 창의적으로 표현하도록 허용적인 분위기를 제공하고 다양한 움직임을 격려한다.

(3) 마무리

- 신체표현 활동에 대한 평가하기: 평가 시 활동목표의 내용과 동작 요소에 대한 평가가 이루어지도록 한다. 단순히 기분이 어땠는지, 좋았는지를 묻는 평가보다는 음악 감상 활동의 목표나 감상했던 곡에서 강조하여 경험해 보았던 음악적 요소에 관한 평가가 되도록 한다. 예 오늘 우리가 「왕벌의 비행」이라는 음악을 감상해 보았는데 어땠니? 음악의 빠르기가 어땠니? 새롭게 알게 된 점이 있니? 어떤 것이니? (벌에 대한 음악이 있다는 걸 알게 되었어요. 악기로 동물을 표현할 수 있다는 걸 알게 되었어요. 음악이 빨라지기도 하고 느려지기도 하는 게 재미있었어요.)
- 확장활동 소개하기: 신체표현 활동과 관련되어 유아의 경험을 심화 및 확장시킬 수 있는 사후 또는 확장활동을 소개한다. 예 「왕벌의 비행」 동화 짓기, 왕벌에게 편지 쓰기, 벌집 만들기, 왕벌의 비행에 맞춰 악기 연주하기
- 전이활동으로 전개하기: 신체표현 활동이 끝난 후의 일과를 소개하고 유아들이 자연스럽게 다음 일과로 전이할 수 있도록 돕는다. 예 다음은 무슨 시간이지? 선생님이 이름 부르는 어린이부터 대근육실 문 앞에 줄을 서도록 하자.

3) 신체표현의 평가

신체표현 수업에 대한 평가내용은 다음의 표와 같다. 이 표의 내용을 살펴보면 신체표현 수업 시 고려해야 할 사항들을 알 수 있다. 표의 모든 항목은 공통적인 평가항목이며, (기)라고 표시된 것은 기본동작활동의 평가항목이고 (구)라고 표시된 것은 구조적 신체표현의 평가항목이며, (창)이라고 표시된 것은 창의적 신체표현에 해당하는 평가항목이다.

범주	내용	평가
수업설계	주제와 연계되는가?	
	유아의 경험과 연계되는가?	
	유아의 발달에 적합한가?	
	목표 진술은 적절하며, 평가의 요소를 고려하는가?	
	도입, 전개, 마무리 구성이 적절한가?	
	신체활동을 할 수 있는 충분한 공간이 확보되어 있는가?	
	유아들의 안전이 고려되는 공간인가?	
교수-학습 활동	신체활동과 관련된 사전활동이 있는가?	
	유아들이 활동해야 할 내용에 대해 단계적으로 지도하는가?	
	활동 시 안전에 대한 약속을 하는가?	
	활동 속에 기본 동작(이동, 비이동 등) 활동이 다양하게 구성되었는가?	
	활동 유형에 따른 집단의 크기가 적절한가?	
	움직임의 요소를 활용하여 상호작용하는가?	
	기초체력의 요소가 활동을 통해 이루어지는가? (근력, 지구력, 유연성, 평형성, 협응력, 순발력, 민첩성 등) (기+구)	
	활동하기에 적합한 대형인가? (기+구)	
	도입이 적절한가? (창)	
	교사의 언어적 자극이 유아의 표현을 확장할 수 있는가? (창)	
	유아들이 흥미롭게 즐겨 참여할 수 있는 활동이었는가? (창)	
평가활동	평가가 적절한 내용으로 이루어지는가?	
	신체활동을 마무리하고 다음 활동을 안내하는가?	
학습 자료 활용	유아의 발달과 활동에 적합한 자료를 사용하는가?	
	매체를 적절하게 활용하는가?	

출처: 강민정 외(2018).

3. 신체표현의 활동교육계획안 예시

<table>
<tr><td rowspan="3">놀이주제</td><td rowspan="3">바다</td><td>대상연령</td><td colspan="2">만 4세</td></tr>
<tr><td>활동시간</td><td colspan="2">20분</td></tr>
<tr><td>활동유형</td><td colspan="2">신체표현</td></tr>
<tr><td>활동명</td><td>물고기가 되어 보자</td><td>대형</td><td colspan="2">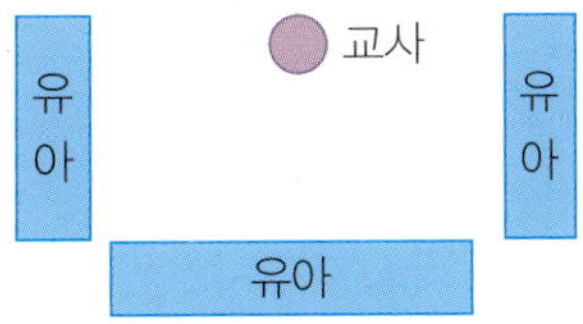</td></tr>
<tr><td>활동계획 배경</td><td colspan="4">우리 반 아이들은 평소에도 동물에 관심이 많아 종종 동물들을 흉내 내는 모습을 보였다. 그래서 우리 반의 놀이는 동물을 표현하는 놀이가 진행 중이었고, 교사로서 유아들의 이러한 놀이를 지원하기 위해 아쿠아리움을 현장체험학습으로 다녀온 뒤에 물고기를 표현해 보는 활동을 계획하게 되었다.</td></tr>
<tr><td>활동목표</td><td colspan="4">- 물고기의 다양한 움직이는 모습을 안다.
- 자신의 몸을 이용해 물고기의 움직임을 표현할 수 있다.
- 서로 다른 신체표현을 존중하며 즐긴다.</td></tr>
<tr><td>교육과정 관련요소</td><td colspan="4">• 신체운동과 건강 〉 신체활동 즐기기 〉 신체 움직임을 조절한다.
• 신체운동과 건강 〉 신체활동 즐기기 〉 기초적인 이동운동, 제자리 운동, 도구를 이용한 운동을 한다.
• 예술경험 〉 창의적으로 표현하기 〉 신체나 도구를 활용하여 움직임과 춤으로 자유롭게 표현한다.
• 자연탐구 〉 자연과 더불어 살기 〉 주변의 동식물에 관심을 가진다.
• 사회관계 〉 더불어생활하기 〉 서로 다른 감정, 생각, 행동을 존중한다.</td></tr>
<tr><td>사전활동</td><td colspan="4">현장체험학습(아쿠아리움)</td></tr>
<tr><td>준비물</td><td colspan="4">바닷소리 효과음, 바위 모형, 해초 모형, 바다 배경 PPT, 매트</td></tr>
<tr><td>시간</td><td colspan="3">활동내용</td><td>자료 및 유의점</td></tr>
<tr><td>도입
(5분)</td><td colspan="3">○ 바닥에 테이프 색깔로 자리 정돈을 한다.
- ㅇㅇ이가 초록색 테이프에 앉았네. 초록색 테이프에 앉은 사람이 많아서 노란색 테이프에 앉은 ㅇㅇ이 옆으로 옮겨 줄 사람이 있니?</td><td>사전에 바위 모형과 해초 모형을 비치해 둔다.</td></tr>
</table>

<table>
<tr><th>시간</th><th>활동내용</th><th>자료 및 유의점</th></tr>
<tr><td>도입
(5분)</td><td>○ 「아기 상어」 손유희로 주의집중한다.
- (엄마상어 나오기 전까지 다 같이 노래를 부르며 손유희 사용)

아기 상어~(뚜루 뚜루루) / 귀여운 (뚜루 뚜루루)
바닷속 (뚜 루루 뚜루) / 아기 상어!

○ 아쿠아리움으로 견학을 다녀왔던 경험에 대해 이야기 나눈다.
T: 지난주에 우리가 어디로 견학을 다녀왔는지 기억나니?
C: 아쿠아리움이요!
T: 아쿠아리움에서 무엇을 보았니?
C: 상어요. / 열대어도 있었어요!
T: 너희들이 만약 물고기라면 어떨 것 같니?
C: 저는 막 헤엄칠 거예요! / 저는 잘 거예요.
T: 오늘은 우리가 모두 물고기가 되어 볼 거야.</td><td>바다 배경 PPT를 빔프로젝터로 띄워 주고 바닷소리 효과음을 튼다.
대근육실에 도착하여 테이프 앞에 앉도록 한다.</td></tr>
<tr><td>전개
(12분)</td><td>○ 바닷속 물고기의 움직임에 대해 이야기 나눈다.
T: 물고기들은 아쿠아리움 말고 또 어디에서 살까?
C: 바다에도 살아요.
T: 바다에서는 어떻게 움직일 수 있을까? 보여 줄 어린이 있니?
T: 또 다르게 표현해 줄 수 있는 어린이가 있니?
T: 바닷속 물고기들은 무엇을 먹을까?
C: 작은 벌레를 먹을 것 같아요. / 상어는 다른 물고기도 먹어요.
T: 물고기가 먹이를 먹는 모습은 어떻게 표현해 볼 수 있을까?
T: 바닷속 물고기들은 어디에서 잘까?
T: 물고기가 자는 모습을 표현해 볼 어린이 있니?
C: 바다에 둥둥 떠다니면서 잘 것 같아요!

○ 교사는 유아들이 물고기 표현하는 것을 보면서 행동을 읽어 준다.

깊고 깊은 바닷속에서 큰 물고기, 작은 물고기들이 신나게 헤엄치고 있습니다. 빠르게 헤엄치기도 하고 느리게 헤엄치기도 하네요. 오른쪽으로도 돌고 왼쪽으로 돌기도 합니다.</td><td>대형을 보면 두 그룹으로 나누어 앉았으므로 한 그룹씩 일어나 신체 표현하도록 한다.
유아들의 움직임을 관찰하며 반응하고 융통성 있게 변형한다.
바닷소리, 보글보글 소리를 배경음악으로 튼다.</td></tr>
</table>

<table>
<tr><th>시간</th><th>활동내용</th><th>자료 및 유의점</th></tr>
<tr><td>전개
(12분)</td><td>바위틈에 숨는 물고기들도 있고 해초 속에 숨어 있는 물고기들도 있네요. 물고기들이 배가 고파서 먹이를 먹고 있기도 하고요. 뻐끔뻐끔 숨을 쉬다가 피곤해서 잠이 들어요.

T: 노란색 팀이 표현하는 동안 초록색 팀은 무엇을 하고 있을까?
C: 노란 팀을 잘 봐요.
T: 노란색 테이프 팀이 매트에 나와서 물고기를 표현해 볼까?
C: ○○이 물고기는 꼬리지느러미를 흔들고 있구나.
T: 노란색 테이프 팀은 물고기처럼 들어가서 앉아 주세요.
T: 노란색 팀이 나와서 표현해 줬는데 어떤 점이 물고기 같았니?
T: 이번에는 초록색 테이프 팀이 매트로 나와 주세요.
T: 다른 아이들(노란색 테이프 팀)도 잘 보고 어떤 표현이 물고기 같은지 이야기해 줘.
T: 초록 팀의 어떤 움직임이 가장 물고기 같아 보였니? 왜 그렇게 생각하였니?
T: ○○이가 한 번 더 표현해 줄 수 있을까?</td><td></td></tr>
<tr><td>마무리
(3분)</td><td>○ 활동을 하면서 느낀 점을 이야기한다.
T: 오늘은 우리 모두 물고기가 되어 움직여 보니 어땠니?
C: 진짜 물고기가 된 것 같아서 재밌었어요.
T: 어떤 점이 재미있었니?
T: 놀이를 하면서 어려운 점이 있었니?
C: 꼬리를 흔들면서 움직이는 것을 따라 하는 게 어려웠어요. / 물고기처럼 해초 사이를 지나다니는 것이 어려웠어요.
T: 다음에 더 재미있게 놀이하려면 무엇이 필요할까?
C: 상어 모자요. / C: 꼬리요. / C: 지느러미요.
T: 그럼, 다음에 물고기가 되기 위해 필요한 것들을 만들어 보자.

○ 다음 활동으로의 전이하기
다음 시간은 뭐지? 급식이구나. 선생님이 이름 불러 주는 아이들은 물고기처럼 움직이며 줄을 서 보도록 하자.</td><td></td></tr>
</table>

확장활동	물고기 신체표현을 활용한 바다 장애물 달리기 게임 활동으로 확장한다. (바닥에 있는 물결 모양대로 지나가기, 파란 비닐 아래로 지나가기, 꼬리를 흔들면서 달리기, 해초 건너뛰기 등)	
평가	• 물고기의 다양한 움직이는 모습을 아는가? • 자신의 몸을 이용해 물고기의 움직임을 표현할 수 있는가? • 서로 다른 신체표현을 존중하며 즐기는가?	

CHAPTER 10

요리

1. 요리의 개념

요리 활동은 유아들이 여러 재료의 질감과 특성을 오감으로 직접 탐색하고 요리 방법에 따라 재료가 변화하는 과정을 관찰하면서 과학적 · 수학적 경험을 풍부하게 할 수 있다. 유아에게 요리는 재료를 직접 만져 보고, 맛을 보며, 냄새를 맡아보는 등 오감을 다양하게 이용하고 서로 다른 재료의 유사점과 차이점도 탐색할 수 있는 놀이와 같다. 또한, 요리는 유아 스스로 직접 만든 음식을 먹어 보면서 즐거움과 만족감을 경험하고 다양한 식재료에 대해 관심을 갖게 되며 편식을 줄일 수 있는 기회를 제공한다.

요리 활동은 크게 두 가지 유형으로 이루어질 수 있다. 하나는 대집단으로 요리 순서도를 보며 요리 방법을 알아보며 시범을 보인 후 소집단으로 직접 요리를 하는 유형이고, 다른 하나는 소집단으로 유아들이 직접 요리를 하는 유형이다. 첫 번째 방법은 교사가 자유놀이시간의 소집단 요리 활동 시 해당 활동영역에만 있지 않고 다른 흥미영역의 유아들과 상호작용하면서 요리 활동을 진행할 수 있다는 장점이 있어서 학급에 담임이 한 명일 경우 추천할 만하다. 그렇지 않다면 교사가 유아들과 직접 탐색하며 요리하는 두 번째 방법이 안정적이고 유아들의 개별적인 탐색을 위해 질적인 상호작용을 할 수 있어서 교육적으로 좋다.

2019 개정 누리과정에서 요리 활동은 주로 신체 · 운동건강 영역과 자연탐구 영역에 해당하며, 그 외 놀이주제에 따라 다른 영역의 목표와 내용범주, 내용이 관련될 수도 있다. 요리에 주된 영역인 신체 · 운동건강 영역과 자연탐구 영역의 목표는 다음과 같다(교육부 · 보건복지부, 2019).

영역	목표
신체운동 · 건강	실내외에서 신체활동을 즐기고, 건강하고 안전한 생활을 한다. 1. 신체활동에 즐겁게 참여한다. 2. 건강한 생활습관을 기른다. 3. 안전한 생활습관을 기른다.
자연탐구	탐구하는 과정을 즐기고, 자연과 더불어 살아가는 태도를 가진다. 1. 일상에서 호기심을 가지고 탐구하는 과정을 즐긴다. 2. 생활 속의 문제를 수학적 · 과학적으로 탐구한다. 3. 생명과 자연을 존중한다.

2019 개정 누리과정에서 신체 · 운동건강 영역과 자연탐구 영역의 내용은 다음과 같으며, 그중 요리의 누리과정 관련요소는 진하기로 표시한다(교육부 · 보건복지부, 2019).

내용범주	내용
신체활동 즐기기	신체를 인식하고 움직인다.
	신체 움직임을 조절한다.
	기초적인 이동운동, 제자리 운동, 도구를 이용한 운동을 한다.
	실내외 신체활동에 자발적으로 참여한다.
건강하게 생활하기	자신의 몸과 주변을 깨끗이 한다.
	몸에 좋은 음식에 관심을 가지고 바른 태도로 즐겁게 먹는다.
	하루 일과에서 적당한 휴식을 취한다.
	질병을 예방하는 방법을 알고 실천한다.
안전하게 생활하기	일상에서 안전하게 놀이하고 생활한다.
	TV, 컴퓨터, 스마트폰 등을 바르게 사용한다.
	교통안전 규칙을 지킨다.
	안전사고, 화재, 재난, 학대, 유괴 등에 대처하는 방법을 경험한다.

내용범주	내용
탐구과정 즐기기	주변 세계와 자연에 대해 지속적으로 호기심을 가진다.
	궁금한 것을 탐구하는 과정에 즐겁게 참여한다.
	탐구과정에서 서로 다른 생각에 관심을 가진다.

내용범주	내용
생활 속에서 탐구하기	**물체의 특성과 변화를 여러 가지 방법으로 탐색한다.**
	물체를 세어 수량을 알아본다.
	물체의 위치와 방향, 모양을 알고 구별한다.
	일상에서 길이, 무게 등의 속성을 비교한다.
	주변에서 반복되는 규칙을 찾는다.
	일상에서 모은 자료를 기준에 따라 분류한다
	도구와 기계에 대해 관심을 가진다.
자연과 더불어 살기	주변의 동식물에 관심을 가진다.
	생명과 자연환경을 소중히 여긴다.
	날씨와 계절의 변화를 생활과 관련짓는다.

유아는 요리를 통해 다양한 직접적 경험을 실제로 하면서 요리 재료에 대해 과학적 · 수학적으로 생각하고 탐색해 볼 수 있다. 개정 누리과정에서 요리의 교육적 가치는 다음과 같다.

- 요리 활동은 재료의 물리적 · 화학적 변화를 관찰하고 시간, 온도, 부피, 무게의 변화를 탐색하면서 과학적 개념을 함양할 수 있다.
- 요리를 하면서 유아 스스로 자신감과 성취감, 만족감과 즐거움을 경험하고 요리한 재료를 직접 먹어 보면서 평소 좋아하지 않았던 재료에 대해서도 관심을 갖게 되어 편식을 줄일 수 있다.
- 재료를 계량하고 재료의 개수를 세어 보며 수와 양, 모양, 크기 등을 비교하거나 분류하면서 수학적 개념을 경험할 수 있다.
- 요리순서도의 글자와 그림을 통해 상징과 기호를 이해하는 문해 능력을 발달시킬 수 있다.
- 요리 활동을 하면서 볶는다, 젓는다, 삶는다, 자른다 등 요리 행위와 관련된 언어 또는 시다, 맵다, 노르스름하다, 연하다 등 요리 재료와 관련된 표현을 사용하게 되어 어휘력을 향상시킬 수 있다.
- 예측하기, 가설 세우기, 직접 요리를 통해 실험해 보기 등 논리적 사고를 할

수 있다.

- 다양한 도구를 적절하게 사용하는 방법을 알게 되며, 대·소근육 발달과 눈과 손의 협응능력을 기를 수 있다.
- 요리 활동을 하기 위해 필요한 도구 사용 시 사용법과 주의사항에 대해 배우며 안전에 대한 생각을 할 수 있다.
- 손을 씻고 위생적으로 요리하면서 바른 식습관을 형성하며, 건강한 신체를 유지하는 방법에 관심을 가질 수 있다.

2. 요리의 계획·실행·평가

유아의 놀이를 지원하기 위한 활동으로서의 요리를 하려면, 교사로서 어떻게 수업을 준비하고 계획할 것인지, 요리 활동의 도입, 전개, 마무리를 통해 어떻게 유아를 대상으로 진행할 것인지, 그리고 요리 활동에 대한 교수자로서의 평가를 어떻게 해야 할지 알아보려고 한다.

1) 요리의 계획

(1) 유아들과 함께 만들 요리 정하기

유아들의 놀이를 관찰하면서 유아의 흥미와 관심이 주를 이루는 놀이주제와 관련된 요리로 계획해 볼 수 있다. 또한, 놀이와 관련해서 어떤 요리를 하고 싶은지 유아들과 이야기 나누기를 해 보도록 하고 그 과정에서 대부분의 유아들이 원하는 요리로 정할 수도 있다. 예를 들어, 유아들이 구슬에 관심을 가지고 구슬 엮기, 구슬치기, 구슬 굴리기 등 다양한 놀이를 한다면 구슬 엮기와 연관된 패턴을 만드는 요리로서 과일 꼬치 만들기를 계획해 볼 수 있다. 또는 송편, 김치와 같이 절기나 계절과 관련되어 요리를 정하기도 한다. 〈표 10-1〉은 유치원에서 유아들과 하기에 적합한 요리의 주재료별 요리 활동 종류를 나타내고 있다.

〈표 10-1〉 요리의 주재료와 요리 활동 종류

요리의 주재료	요리 활동의 종류				
곡류	• 팝콘	• 주먹밥	• 김밥	• 다식	• 미숫가루
과일	• 과일 꼬치	• 과일 화채	• 과일 주스	• 과일잼	
채소	• 채소 샐러드	• 감자전	• 고구마 경단	• 김치	
달걀	• 삶은 계란 • 치즈 토스트	• 계란찜 • 메추리알 꼬치	• 계란 • 스크램블드에그	• 햄	
우유	• 바나나우유	• 딸기 셰이크	• 코코아 우유		
물과 얼음	• 얼음과자	• 각종 차(오미자차, 유자차)		• 팥빙수/과일빙수	
밀가루	• 핫케이크	• 피자토스트	• 샌드위치	• 쿠키	
기타	• 카나페	• 퐁듀			

(2) 활동명, 활동목표와 방법 계획하기

요리 활동의 활동명은 주로 요리 이름으로 하며, 활동목표를 무엇으로 할지 결정한다. 예를 들어, 카나페 만들기를 할 때 활동목표가 세계 여러 나라의 다양한 문화와 음식에 관심을 갖도록 하는 것인지, 유아가 창의적으로 카나페를 다양하게 꾸미도록 할지 정한다. 만약, 전자라면 가장 전형적인 요리 재료와 방법을 중심으로 순서대로 요리하면 될 것이며, 후자라면 여러 가지 요리 재료를 제공하여 유아가 원하는 재료를 선택한 후 원하는 모양으로 배열해 보도록 격려할 수 있다.

요리 활동은 유아들이 좋아하며 누구나 참여하고 싶어 하지만 불이나 날카로운 도구를 사용해야 할 수도 있기 때문에 안전을 최우선으로 진행해야 한다. 따라서 요리 활동의 집단크기를 대집단으로 할 것인지, 소집단으로 할 것인지, 만약 소집단으로 한다면 몇 명을 한 조로 묶어서 활동할지 계획한다. 대부분의 유아교육기관에서는 안전한 요리 활동을 위해 학급의 전체 유아가 한꺼번에 하기보다는 몇 개 조로 나누어 진행한다. 요리 활동을 위한 조별 인원은 요리 활동을 진행하는 시기, 유아의 연령, 유아의 요리 활동 사전 경험 정도, 요리 방법의 난이도 등을 고려하여 정한다. 대체로 한 조당 6~8명 정도의 유아가 적당하며, 조의 구성은 만 3세의 경우 교사가 정할 수 있고 만 4, 5세의 경우에는 유아들이 스스로 원하는 순서에 하도록 집단구성표를 활용할 수 있다.

학기 초나 어린 연령의 유아에게는 과일 꼬치, 카나페, 얼음과자, 채소 샐러드, 샌드위치, 화채 등 불을 사용하지 않는 요리 활동으로 계획하는 것이 좋다. 불을 사용해야 하거나 대 · 중집단으로 요리해야 할 경우에는 방과후과정 교사 또는 학부모 등 보조 인력의 자원을 요청하여 활동하도록 한다. 만약, 요리할 때 믹서기, 전기팬 등 전기제품을 사용해야 한다면 요리 활동이 이루어지는 영역을 교실의 중앙이 아닌 교실 구석의 조용하고 한적한 곳으로 정한다. 교실 벽면에서 전기 콘센트의 연장선을 사용할 경우 교사가 벽면 전기 콘센트 쪽에 자리 잡고 앉도록 하는데, 그 이유는 교사의 등과 벽면의 사이 공간이 좁아서 그 사이에 유아가 오갈 수 없도록 함으로써 자칫 교사 뒤로 오가던 유아가 전기선에 걸려 넘어지거나 전기선이 당겨져 전기제품이 바닥으로 떨어지는 안전사고를 사전에 예방하기 위함이다.

요리 활동을 진행할 때는 5가지 과학적 탐구과정을 경험할 수 있도록 비교하기, 실험하기, 관찰하기, 측정하기, 예측하기에 해당하는 질문을 한다. 각각의 과학적 탐구과정에 대한 교사의 발문은 다음의 〈표 10-2〉와 같다.

〈표 10-2〉 요리 활동에서의 과학적 탐구과정

과학적 탐구과정	교사 발문의 예
비교하기	햄과 치즈의 색이 어떻게 다르니? 호두 껍질과 호두 속의 모양이 어떻게 다르니?
실험하기	프라이팬이 달구어진 후에는 버터가 어떻게 될까? 시간이 지나면 얼음이 어떻게 될 것 같니?
관찰하기	핫케이크 가루를 자세히 살펴보니 어떠니? 하얀 가루에 우유와 계란 혼합물을 넣으니 색이 어떻게 되었니?
측정하기	그릇에 핫케이크 가루를 3컵 넣어 보자. 계란을 2개 넣어 볼까?
예측하기	핫케이크 가루에 우유와 계란 혼합물을 많이 넣으면 핫케이크 사이는 어떻게 될까? 적게 넣으면 어떻게 될까?

(3) 재료 및 도구 정하기

요리의 재료는 유아가 좋아하는 것과 별로 좋아하지 않는 것을 적절히 섞어서 계획하여 유아가 다양한 요리 재료에 대해 긍정적인 경험을 할 수 있도록 한다. 예를 들어, 과일 꼬치 만들기를 한다면 유아들이 평소 좋아하는 딸기, 바나나 등과 함께 방울토마토나 키위 등 별로 안 좋아하는 재료도 제공하여 이번 요리 활동을 통해 다양한 과일을 먹어 보도록 격려한다.

요리 재료를 준비할 때는 유아의 연령과 발달을 고려하여 유아 수준에서 조리할 수 있는 정도로 준비한다. 예를 들어, 바나나, 딸기 등은 유아가 도마와 빵칼로 자를 수 있지만 당근은 유아가 자르기에 너무 딱딱하므로 미리 얇게 썰어 두거나 살짝 데쳐 자르기 쉽도록 준비한다.

유아 중에는 특정한 식품에 대한 알레르기를 가진 경우가 있으므로 반드시 학기 초에 조사하여 어느 유아가 어떤 음식에 대한 알레르기가 있는지 알아둔다. 요리를 할 때 해당 유아의 경우에는 그 재료를 제하고 요리를 하도록 하거나 대체할 수 있는 다른 재료를 제공하여 모든 유아가 즐겁게 요리 활동에 참여할 수 있도록 배려한다.

특히, 요리 재료를 준비할 때는 유아를 어느 정도 참여시킬 것인지 고려해야 한다. 예를 들어, 김밥을 만든다면 김 위에 밥을 올려놓고 펴는 모든 과정을 유아가 스스로 하도록 할 것인지, 교사가 적당한 양의 밥을 덩어리로 김 위에 올려 주면 유아가 손으로 펼치는 것만 하도록 할지, 교사가 밥을 올려 얇고 넓게 골고루 펼쳐 주는 것까지 하고 유아는 재료만 올려놓고 말 것인지를 결정한다.

재료나 도구는 활동할 유아의 참여 인원수를 고려하여 충분히 준비하되 2~3개 정도 많이 준비하여 요리 중 바닥에 떨어질 경우 교체할 수 있도록 한다. 또한, 요리 과정을 세심하게 되짚어 생각해 보면서 상황마다 필요할 도구를 미리 준비한다. 예를 들어, 요리 재료를 자르는 활동이라면 유아별로 작은 도마와 빵칼을 준다거나, 자른 과일을 담아 놓을 큰 그릇이 필요하다면 미리 준비해 둔다. 방울토마토의 꼭지를 떼어야 한다면 꼭지를 떼서 버릴 수 있는 큰 통도 함께 준비한다. 잼을 케첩처럼 짤 수 있다면 상관없으나 병에 담긴 잼을 사용해야 한다면 풀 수 있는 숟가락도 함께 준비한다.

도구는 가급적 재료나 물리적 · 화학적 변화가 잘 보일 수 있는 투명한 그릇이나 냄비를 이용한다. 프라이팬의 경우 뚜껑을 닫고 요리해야 한다면 뚜껑은 유리로 된 것을 준비하여 불이 가해져서 재료가 변화하는 과정을 유아들이 관찰할 수 있도록 한다.

요리에 필요한 재료와 도구를 배치할 때에는 각각의 유아가 앉은 자리에서 충분히 손이 닿을 수 있는 위치에 골고루 놓도록 고려한다. 다음의 [그림 10-1]과 같이 요리 활동을 하는 책상 어느 위치에 앉은 유아도 4가지 요리 재료를 쉽게 가지고 가서 활동할 수 있게 배치한다. 같은 알파벳은 같은 재료를 의미한다.

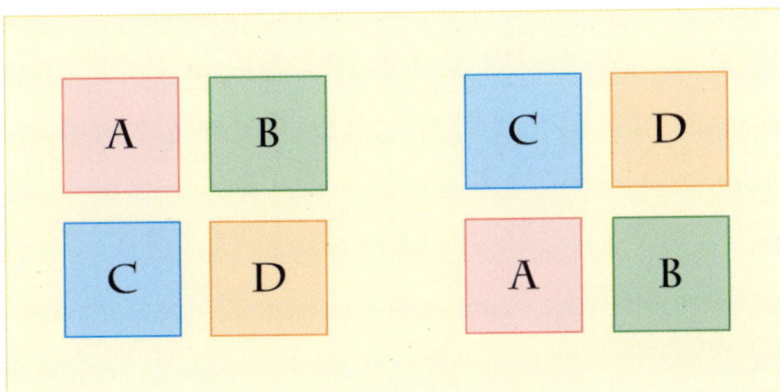

[그림 10-1] 요리 재료 배치 방법

출처: 이정환, 김희진(2013). 영유아 교육의 교수학습방법. 서울: 파란마음.

(4) 요리순서도 만들기

요리 활동을 진행할 때 교사가 모든 요리 순서와 방법을 설명한다면 유아들이 주도적으로 참여하기 어려울 것이다. 따라서 요리순서도를 준비하여 유아로 하여금 준비물이 무엇인지, 요리를 만들기 위해서는 어떻게 해야 할지 요리순서도를 보고 힌트를 얻어 생각해 보고 말할 수 있도록 한다. 요리순서도는 요리 이름, 준비물, 요리 순서에 따른 요리 방법을 절차적으로 나타내되 글자와 그림이 적절히 함께 제공되어 유아가 글자나 숫자를 몰라도 이해할 수 있도록 만든다. 만 3세 대상의 요리순서도는 만들지 않아도 되지만, 만 4, 5세는 요리순서도를 만들어 수업을 해야 유아들이 주도적으로 요리 활동에 참여하도록 발문하며 진행할 수 있다. 특히, 교사가 사전에 요리를 미리 만들어 보면서 그 모습을 사진으로 찍어 요리순서도를 만들면, 유아가 실제로 요리 활동을 할 때 사용하게 될 유치원의 도구가 요리순서도에 그대로 나오기 때문에 활동 시 유아의 요리 방법 이해도를 높일 수 있어서 효과적이다. 다음의 [그림 10-2]는 요리순서도의 예시이다. 요리순서도의 재료는 한 명의 유아가 사용하게 될 수와 양으로 나타나게 하며, 요리 순서는 숫자로도 표시하지만 숫자 바로 아래 점으로 수의 양을 함께 표시하여 수를 읽지 못하는 유아도 순서를 인지하도록 돕는다. 요리순서도에서 글자는 최소한으로 하는데 요리 순서마다의 그림이 이미 많은 설명을 하기 때문에 '자른다', '넣는다' 등 동사 위주로 작성해도 된다. 요리순서도 상의 재료의 종류와 함께 양도 드러나도록 표시한다. 예를 들어, 설탕 2스푼을 넣어야 한다면 준비물이나 요리 순서 해당 칸에 설탕이 담긴 스푼 2개를 그려 놓고 '설탕'이라고 함께 글자도 제시하여 설탕은 2스푼만큼 넣는다는 정보를 전달한다.

[그림 10-2] 요리순서도

2) 요리 활동의 실행

(1) 도입

- 손 씻기와 앞치마 착용 후 요리 영역으로 모인다. 다른 모든 활동은 도입에서 주의집중을 하였으나 요리는 안전하게 진행하는 것이 중요하며, 요리 재료에 대한 다양한 탐색이 충분히 이루어질 수 있도록 시간을 확보하는 것이 좋다. 따라서 별도의 주의집중 없이 유아들로 하여금 손을 씻고 모이도록 한 후 앞치마와 머릿수건을 하도록 한다. 요리를 할 준비가 된 유아들은 요리 활동이 준비된 책상으로 와서 앉는다.
- 요리의 도입은 짧게, 오늘 하게 될 요리를 소개하며, 필요시 활동목표를 간략히 알려 줄 수 있다. 예 "오늘은 과일 꼬치를 만들어 볼 거야."

(2) 전개

- 요리순서도 보며 준비물 알아보기: 요리순서도를 보면서 준비물이 무엇인지 알아본다. 유아들은 요리법을 모르더라도 요리순서도에 나열되어 있는 그림을 보면서 준비물이 무엇인지 이야기할 수 있다. 예 "과일 꼬치를 만들려면 어떤 준비물이 필요하니?"
- 요리순서도를 보며 요리하기: 요리순서도의 준비물을 모두 알아본 후에는 요리순서도를 가리키며 제일 먼저 무엇을 해야 할지 유아에게 생각하고 답하도록 한다. 예 "그럼, 제일 먼저 무얼 해야 하니? 그래. 바나나를 잘라야 하지." 요리 순서별로 필요시 재료나 도구를 배분하거나 재료를 탐색하면서 요리를 진행한다. 요리의 주의사항은 요리 순서를 알아보는 그때그때의 순서에 해당하는 내용에 대해 이야기한다. 예 (과일 꼬치 만들기에서 토마토를 꼬치에 끼워야 하는 단계라면) "다음은 뭘 해야 하지? 그래. 꼬치에 토마토를 끼워야 하는구나. 토마토에 꼭지가 있는데 어떻게 해야 할까? 토마토를 꼬치에 어떻게 끼워야 할까? 그래. 토마토 가운데로 끼워야 잘 끼워지고 빠지지 않겠지."

예 "팥빙수를 한다면, 얼음을 빙수기에 갈아야 하는데, 빙수기의 이 부분에는 칼날이 있으니까 조심해서 보자. 그럼, 믹서기를 사용할 때는 어떻게 해야 할까? 그래. 이 안을 봐. 큰 칼날이 있지. 그러니 손을 넣지 않고 눈으로만 보자."

- 필요시 재료나 도구 배분하기: 요리 순서 중 특정한 재료나 도구가 필요한 경우 유아들에게 배분하는데, 하나의 재료나 도구가 교사의 오른쪽 방향으로 배분되었다면 다른 재료나 도구는 교사의 왼쪽 방향으로 배분되도록 하여 유아들이 너무 많이 기다리지 않고 공평하게 도구나 재료를 받을 수 있도록 한다. 예 "도마를 하나씩 나눠 줄게. 선생님 오른쪽으로 돌릴 테니 옆의 친구에게 전달하자. 연유는 선생님 왼쪽, 시럽은 오른쪽으로 돌릴 테니 한 명씩 자기 팥빙수 위에 먹고 싶은 만큼 짜 넣도록 하자."
- 오감을 이용한 재료 탐색하기: 요리 활동을 하는 도중에 재료의 특성(형태, 색깔, 냄새, 촉감)을 시각, 청각, 후각, 촉감 등 다양한 오감을 이용하여 탐색할 수 있도록 한다. 요리는 맛있는 음식을 만드는 것이 목적이라기보다는 재료에 대해 탐색하고 유아의 생각과 느낌을 언어적으로 표현해 보도록 하는 재료 탐색 단계가 무엇보다도 중요하다. 예 "냄새는 어떠니? 바나나 껍질의 색은 어떠니? 껍질을 벗기면 안의 바나나는 어떤 색이니? 맛은 어떠니? 만져봤을 때 느낌이 어떠니?"
- 요리를 직접 먹어 보기: 유아는 스스로 만든 요리를 먹는 것에 대해 매우 즐거워한다. 요리 활동을 하는 책상 옆에 요리를 먹을 수 있는 책상을 세팅해 두고 요리가 끝나면 자신이 만든 요리를 옆 책상으로 가져가서 친구들과 함께 즐겁고 여유 있게 먹을 수 있도록 한다. 그러면 유아들이 먹는 동안 다음 조가 요리 활동을 이어 할 수 있어서 효율적인 시간 활용이 가능하다. 또한, 양을 많이 하여 유치원의 다른 선생님들께 대접하는 기회를 갖게 해 줌으로써 나눔을 실천하며 자연스러운 인성교육과 함께 예의범절도 경험할 수 있도록 한다. 예 "다 만든 어린이는 접시에 담아 맛있게 먹자. '핫케이크를 교무실에 계신 선생님께 드리고 오겠어요.' 하는 어린이 있니? ㅇㅇ와 ㅁㅁ가 함께

교무실에 가서 선생님들께 드리고 오자."

- 정리하기: 요리하면서 사용한 도구와 남은 재료는 모두 유아 스스로 정리한다. 요리를 먹었다면 쓰레기도 치우고 접시 등도 정리하며, 손에 음식이 묻은 경우 물로 씻도록 한다. 요리 활동은 즐겁게 진행되지만 유아 스스로 청결하게 자신의 자리를 잘 정리하는 습관을 들인다.

(3) 마무리

- 요리 활동에 대한 평가하기: 유아가 요리를 직접 해 보고 자신이 만든 요리를 먹은 후에는 요리 활동에 대해 평가할 수 있다. 소집단으로 요리를 한 경우에는 조별 요리가 모두 끝난 후 대집단으로 전체 요리 활동에 대한 평가를 하는 방법도 있다. 요리 활동을 하면서 어땠는지, 어렵거나 불편했던 점은 없는지 등에 대해 발문한다. 예 "오늘 과일 꼬치를 만들어 보았는데 어땠니? 과일 꼬치를 먹어 보니 맛이 어땠니? 요리를 하면서 불편했던 점 있니? 어떤 점이 불편했니?"
- 확장활동 소개하기: 요리 활동 후 동시 짓기나 새노래 부르기 등의 활동을 해 볼 수 있고 남은 채소의 단면을 관찰해 보거나 산적꽂이 요리 후 패턴 만들기 등의 활동으로 확장할 수 있다.
- 전이활동으로 전개하기: 요리 활동이 끝난 후의 일과를 소개하고 유아들이 자연스럽게 다음 일과로 전이할 수 있도록 돕는다. 예 "다음은 무슨 시간이니? 선생님이 이름 부르는 아이는 교실 문 앞에 줄을 서도록 하자."

3) 요리의 평가

요리 수업에 대한 평가내용은 다음의 표와 같다. 이 표의 내용을 살펴보면 요리 수업 시 고려해야 할 사항들을 알 수 있다.

범주	내용	평가
요리 활동의 선정	주제와 연계되는가?	
	유아의 경험과 연계되는가?	
	유아의 발달에 적합한가?	
	교육적으로 가치가 있는가?	
	유아의 영양과 건강을 고려하였는가?	
환경 및 도구	공간이 충분한가?	
	물이 가까운 곳에 있는가?	
	전기가 가까운 곳에 있는가?	
	안전을 고려하였는가?	
	도구가 유아의 수준에 적절한가?	
집단의 크기	개별 또는 소집단으로 실시하는가?	
요리 순서도	요리순서도가 있는가?	
	필요한 양이 정확하게 기재되어 있는가?	
	요리 과정이 구체적으로 명시되어 있는가?	
요리 활동의 지도 과정	사전활동(이야기 나누기, 동화 등)을 제공하는가?	
	손을 씻도록 지도하는가?	
	앞치마를 입도록 지도하는가?	
	준비된 재료를 탐색해 보는 시간을 갖는가?	
	요리의 순서를 익히는 시간을 주는가?	
	유아가 주도적으로 요리를 하도록 허용하는가?	
	요리한 것을 그릇에 담도록 지도하는가?	
	사용한 도구와 자료를 정리할 시간을 주는가?	
	앞치마를 벗고 손을 씻도록 지도하는가?	
	요리한 음식을 먹어 볼 기회를 제공하는가?	
마무리	요리 활동에 대한 평가를 하는가?	
	요리 활동이 끝났음을 알리고 다음 활동을 소개하는가?	

출처: 교육부(2000).

3. 요리의 활동교육계획안 예시

수업일시	2021. 5. 31.	수업장소	교실
놀이주제	곶감	대상연령	만 4세
활동시간	20분	활동유형	요리
활동명	'호두 곶감 말이'를 만들어요	집단크기	소집단
		대형	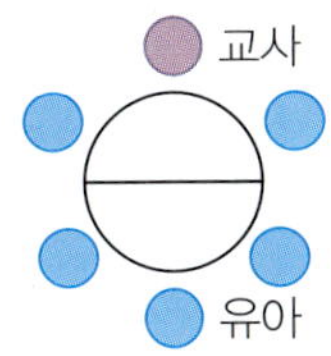
활동계획 배경 (놀이와의 연계)	유아들이 언어 영역에서 「호랑이와 곶감」 동화를 읽고 '곶감'에 대해 관심을 가졌다. '곶감'이 생소한 일부 유아들이 "곶감이 뭐지?"라고 이야기하자 '곶감'을 아는 유아들이 감을 말린 것이라고 이야기했다. 유아들이 감을 말리는 이유를 궁금해하여 교사는 유아들의 궁금증을 해결해 주기 위해 '옛날 우리 조상들이 음식을 오래 저장하기 위해 감을 곶감으로 만든 지혜'에 대해 이야기 나누었다. 이야기 나누기 때 보여 준 곶감을 말리는 사진이 아름다워 보인다며 유아들은 색 점토로 감을 만들고 줄에 걸어 비슷하게 표현하는 놀이를 했다. 며칠 뒤 유아들은 감이 다 말라서 곶감이 되었다며, 줄에서 감(색 점토로 만든 것)을 떼어 먹는 상상 놀이를 했다. 그러면서 곶감을 그냥 먹는 방법 말고 요리하는 방법은 없는지 고민하고 궁금해하여 실제로 곶감을 먹어 보고 요리하는 활동을 계획하게 되었다.		
활동목표	- 호두 곶감 말이를 만들 줄 안다. - 곶감과 호두의 모양과 맛을 탐색해 본다. - 곶감과 호두로 만든 요리에 관심을 갖는다.		
누리과정 관련요소	• 신체운동 · 건강 〉 건강하게 생활하기 〉 몸에 좋은 음식에 관심을 가지고 바른 태도로 즐겁게 먹는다. • 의사소통 〉 듣기와 말하기 〉 자신의 경험, 느낌, 생각을 말한다. • 자연탐구 〉 생활 속에서 탐구하기 〉 물체의 특성과 변화를 여러 가지 방법으로 탐색한다.		
준비물	껍질을 깐 호두, 곶감, 가위, 랩, 플라스틱 칼, 도마, 접시, 요리순서도, 곶감 수수께끼 판		
사전활동	[이야기 나누기] 감으로 곶감을 만들었대요.		

<table>
<tr><th>절차</th><th>활동내용</th><th>준비물 및 유의점</th></tr>
<tr><td>도입
(2분)</td><td>○ 요리할 준비를 한다.
- 요리를 할 어린이들은 손을 씻고 모이자.
- 손을 다 씻은 사람은 앞치마와 머릿수건을 하고 앉으세요.

○ 오늘 할 요리를 소개한다.
- 오늘 우리는 과일 꼬치 만들기 요리를 해 볼거야.</td><td></td></tr>
<tr><td>전개
(15분)</td><td>○ 요리순서도를 통해 호두 곶감 말이 만들기를 위한 준비물을 알아본다.
- 얘들아, 과일 꼬치를 만들려면 어떤 준비물이 필요하니? 그래. ~~ 준비물이 필요하구나.

○ 요리순서도를 보면서 요리를 한다.
- 그럼 먼저 무엇을 해야 하니? 곶감을 잘라야 하지.
- 곶감을 나눠 줄게. 한 명이 곶감 하나씩만 꺼내어 자기 도마 위에 놓자.
- 곶감이 어떻게 생겼니? 곶감을 직접 살펴보자. (곶감을 하나씩 나눠 준다.)
- 먹어 보니까 맛이 어떠니?
- 우리가 방금 먹어 본 곶감 끝에는 무엇이 있니?
- 순서도를 보면 꼭지를 어떻게 하니?
- 가위로 자를 때 곶감의 어느 부분을 잘라야 할까?
- 그래. 모두 가위로 점선 부분을 잘라 보자.
- 꼭지를 잘랐더니 곶감 위가 어떻게 되었니?
- 다음에는 또 어딜 잘라야 할까?
- 그래. 곶감의 가운데는 짧은 쪽을 잘라야 할까(가로), 긴 쪽(세로)을 잘라야 할까?
- 꼭지를 잘라서 생긴 구멍에 가위 한 쪽을 넣고 반까지만 쭉 잘라 보자.
- 곶감을 잘라 보니 느낌이 어떠니?
- 곶감 안에는 무엇이 있니?
- 이 씨는 어떻게 해야 할까?</td><td></td></tr>
</table>

절차	활동내용	준비물 및 유의점
전개 (15분)	- 왜 씨를 빼야 할까? - 씨를 빼서 이 통에 넣도록 하자. - 이제 무엇을 해야 할까? - 그래. 곶감을 옆으로 펼쳐서 랩 위에 놓아 볼까? 펼친 곶감의 안이 어떤 것 같니? - 딱풀처럼 끈적끈적해서 곶감 위에 재료를 올리면 잘 붙겠구나. 이제 위에 어떤 재료를 올려놓아야 할까? - 그래. 호두를 한번 살펴보자. - 선생님이 호두(껍질째 있는 호두)를 너희에게 옆으로 돌릴 테니 한 명씩 만져 보자. 호두를 호두나무에서 따면 이렇게 두꺼운 껍질이 있어. 직접 만져 보니까 느낌이 어때? - 또 다르게 느낀 어린이 있니? - 호두의 껍질은 어떻게 깔 수 있을까? - 이번에는 우리가 요리할 호두를 나눠 줄게. 껍질을 깐 호두를 직접 만져 보니 느낌이 어떠니? - 호두의 생김새는 어떠니? - 껍질이 있는 호두와 속에 있는 호두는 어떻게 다르니? - 또 다른 생각을 한 어린이가 있니? - 이제 호두를 다 살펴보았으면 펼친 곶감 위에 올려놓자. 호두를 곶감의 어디에 올리면 좋을까? - 그래. 호두도 곶감의 가운데보다 조금 아래에 놓으면 잘 말 수 있을 거야. - 곶감 위에 호두를 몇 개씩 놓으면 좋을까? - 2개만 넣으면 아까 우리가 본 사진처럼 예쁜 꽃 모양의 호두 곶감 말이를 만들 수 있을까? - 호두를 2개씩 겹쳐서 넣으면 모양이 예쁘고 맛도 좋은 호두 곶감 말이를 만들 수 있어. - 호두까지 올려놓았으면 무엇을 해야 할까? - 그래. 이제 김밥말이 틀을 잡고 말면 되겠다. 그런데 이때 중요한 게 하나 있어. 곶감을 살짝 말면 될까? 아니면 꾹꾹 눌러서 말아야 할까?	

<table>
<tr><th>절차</th><th>활동내용</th><th>준비물 및 유의점</th></tr>
<tr><td>전개
(15분)</td><td>- 왜 꾹꾹 눌러서 말아야 할까?
- 그래. 곶감이 딱 붙어서 떨어지지 않도록 꾹꾹 눌러서 말아 보자. 곶감으로 호두를 말아 보니 어떠니?
- 이제 다 말았으면 무엇을 해야 하니?
- 다음에는 무엇을 해야 할까?
- 호두 곶감 말이는 선생님이 어른 칼로 잘라 줄게.
- 호두 곶감 말이를 자른 모양이 어떠니?
- 이렇게 우리가 직접 만든 호두 곶감 말이를 몇 개씩 먹으면 좋을까?
- 요리 시간이 모두 끝난 뒤에는 다른 반에 나누어 주러 가 보자.
- 이제 호두 곶감 말이를 먹어 보자.</td><td></td></tr>
<tr><td>마무리
(3분)</td><td>○ 만든 호두 곶감 말이를 간식으로 먹으며 소감을 나눈다.
- 호두 곶감 말이 맛이 어떠니?
- 또 다른 맛이 느껴지는 어린이 있니?
- 호두 말고 곶감 안에 어떤 것을 넣어 보고 싶니?

○ 자리 정돈 후 다음 활동을 언급하고, 다음 순서 유아들을 지도한다.
- 이제 먹은 자리를 정리해 보자. 다 정리했으면 원하는 영역으로 이동해서 놀이하자. 2조 어린이들은 화장실에서 손을 씻고 요리하는 책상으로 모이자.</td><td></td></tr>
<tr><td>사후/확장활동</td><td colspan="2">[미술] 점토로 호두 곶감 말이 만들기
[역할놀이] 호두 곶감 말이 식당 놀이</td></tr>
<tr><td>평가</td><td colspan="2">• 호두 곶감 말이를 만들 줄 아는가?
• 곶감과 호두의 모양과 맛을 탐색해 보았는가?
• 곶감과 호두로 만든 요리에 관심을 갖는가?</td></tr>
</table>

수업일시	5. 14. 금.	수업장소	교실
놀이주제	세계 여러 나라 놀이	대상연령	만 4세
활동시간	20분	활동유형	요리
활동명	카나페 만들기	집단크기	소집단 (5~7명)
		대형	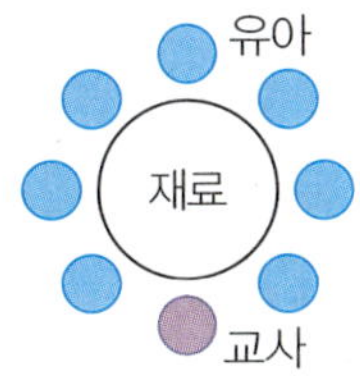
활동계획 배경 (놀이와의 연계)	유아들이 세계 여러 나라에 관심을 가지면서 다양한 나라의 놀이가 진행되었는데 이번 주에는 유아들이 다른 나라의 음식에 관심을 가지기 시작하였다. 이를 본 교사는 다른 나라의 음식들도 소개하는 시간을 가지고 세계 여러 나라 음식을 유아와 함께 알아보기로 한다. 그리고 다양한 음식 중에서 재료와 요리 방법이 간단한 프랑스 음식인 '카나페' 만들기를 선택하여 요리 활동을 계획하였다.		
활동목표	- 프랑스의 요리 '카나페'에 관심을 가진다. - 카나페를 순서에 따라 만들어 볼 수 있다. - 카나페 요리 활동에 즐겁게 참여한다.		
누리과정 관련요소	• 신체운동 · 건강 〉 건강하게 생활하기 〉 몸에 좋은 음식에 관심을 가지고 바른 태도로 즐겁게 먹는다. • 사회관계 〉 사회에 관심 가지기 〉 다양한 문화에 관심을 가진다.		
준비물	빵칼, 도마, 접시, 숟가락, 통, 카나페 사진 자료, 요리순서도, 크래커, 딸기잼, 치즈, 햄, 방울토마토, 바나나, 오이		
사전활동	이야기 나누기 '세계 여러 나라의 음식'		

절차	활동내용	준비물 및 유의점
도입 (3분)	○ 「멋쟁이 토마토」를 부르며 주의집중을 한다. T, C: (손유희를 하면서) 울퉁불퉁 멋진 몸매에~ T: 자, 얘들아. 우리 오늘은 토마토가 들어간 다른 나라의 음식을 요리해 볼 거야. 어떤 음식을 만들어 볼 것 같니? C: 스파게티요. / 토마토 주스요? T: 맞아! 그런 음식도 있지만, (카나페 사진을 보여 주며) 오늘은 카나페를 만들 거야. 카나페가 어느 나라 음식인지 아는 어린이 있니?	

절차	활동내용	준비물 및 유의점
도입 (3분)	C: 프랑스요! T: 맞아. 카나페는 프랑스 음식이라고 했었지! 잘 기억하고 있구나. 그러면 우리 카나페 만들기를 시작해 보자.	카나페 사진 자료
전개 (14분)	○ **요리순서도를 보며 준비물을 알아보고, 교사가 준비해 온 재료들을 유아들이 스스로 나누어 가지게 한다.** T: (순서도를 보여 주며) 짜잔! 우리가 카나페를 만들기 위한 순서도가 여기 있어. 먼저, 우리가 카나페를 만들기 위해서 어떤 준비물이 필요한 것 같니? C: 도마요. T: 맞아. 도마를 하나씩 나누어 줄게. 선생님이 도마를 옆으로 돌릴 테니까 하나씩 가지고 옆에 있는 친구에게 전해주자. 도마를 받았으면 자기 앞에 놓고 기다리자. T: (빵칼을 작은 바구니에 담아 유아들에게 건네주며) 다들 자기 앞에 도마가 놓여져 있니? 이번에는 빵칼을 나누어 줄게. 아까 도마는 오른쪽으로 돌렸으니까 빵칼은 선생님 왼쪽으로 돌릴게. 바구니를 받으면 조심해서 빵칼을 하나씩 가지고 도마 위에 올려 두자. 칼날에 다칠 수도 있으니까 손잡이 부분을 잡아서 가져가자. T: 빵칼을 사용할 때는 옆에 있는 친구들끼리 서로 조심해서 사용하기로 약속하자. T: 다음으로 순서도를 보니까 접시도 필요하네. 선생님이 양쪽으로 접시를 돌릴게. 접시도 하나씩 가져가서 자기 앞에 놓자. ○ **순서도를 보며 요리 방법을 알아보며 카나페를 만든다.** T: 각자 앞에 도마랑 빵칼이랑 접시가 다 준비되어 있지? T: 우리 오늘은 카나페를 각자 두 개씩 만들어 볼 거야. 함께 순서도를 봐 보자. 가장 처음에 어떤 재료가 있지? C: 크래커요! T: 그래. 크래커가 몇 개 필요할까? C: 두 개요!	준비물: 요리순서도, 도마, 빵칼, 접시, 치즈, 크래커, 숟가락, 바나나, 잼, 햄, 오이, 방울토마토

절차	활동내용	준비물 및 유의점
전개 (14분)	T: 맞아. 선생님이 크래커를 돌릴 테니 한 사람당 크래커 두 개씩 가져가서 자기 접시 위에 두자. / 크래커 모양은 어때? / 만졌을 때 느낌은 어떤 것 같니? / 앞면과 뒷면이 다르니? / 구멍이 뚫려 있구나. 몇 개나 있니? C: 네모 모양이에요. / 부드러워요. / 똑같은 것 같아요. / 구멍이 많이 뚫려 있어요. T: 우리가 크래커를 다 나누어 가졌다면 다음에는 무엇을 해야 하지? C: 잼을 발라요. T: 잼을 바르려면 무엇이 필요할까? C: 딸기잼이요. / 숟가락이요. T: 숟가락을 하나씩 나누어 줄게. 또 딸기잼 병을 양쪽으로 돌릴 테니까 한 명씩 퍼서 크래커에 발라 보자. T: 딸기잼은 얼마큼 발라야 할까? / 너무 많이 바르거나 적게 바르면 어떻게 되지? C: 넘쳐서 흘러요. / 맛이 없어요. T: 그래. 그러면 크래커에 딸기색이 보일 정도만 얇게 발라 보자. T: 그다음 순서는 무엇일까? C: 치즈를 잘라요. T: 치즈를 잘라야 하니까 선생님이 치즈를 전달해 줄게. 한 장씩 가져가자. / 치즈는 어떤 모양이니? / 무슨 냄새가 나는 것 같니? C: 네모 모양이에요. / 꾸릿해요. / 흐물흐물거려요. T: 치즈는 왜 잘라야 할까? C: 치즈가 크래커보다 커요. T: 치즈는 어떻게 자르면 좋을까? C: 반으로 잘라요. T: (시범을 보여 주며) 맞아. 이렇게 한 번 잘라 보자. 치즈가 하나였었는데, 자르니까 몇 개가 되었지? C: 두 개요.	

절차	활동내용	준비물 및 유의점
전개 (14분)	T: 크기는 어떻게 되었어? C: 작아졌어요. T: 다시 합쳐 보면 아까 치즈 모양이 똑같이 되니? C: 네~ T: 치즈를 다 잘랐으면 치즈를 올리자. 치즈를 올릴 때 어떻게 올리면 보기에 예쁠까? 크래커가 네모 모양이니까 치즈를 똑같이 바로 올리는 게 예쁠까? 비스듬히 올리는 게 예쁠까? C: 치즈가 보이게 올려요. T: 그래. 우리 치즈를 크래커랑 비스듬하게 올려 보자. T: 이번에는 햄도 치즈처럼 똑같이 자를 거야. 반으로 잘라 보자. T: 햄이 잘 보이게 치즈랑 비스듬하게 햄을 올리자. 올렸더니 어떤 모양이니? 무엇처럼 보이니? C: 바람개비 같아요. / 꽃 같아요. / 별 같아요. T: 이제 바나나를 잘라 볼 거야. 선생님이 바나나를 작은 조각으로 나누어 줄게. 한 조각씩 받아 보자. / 모두 다 받았니? T: 바나나에서는 어떤 냄새가 나니? C: 달콤한 향이 나요. / 바나나 냄새요. T: 바나나를 자르려면 껍질을 어떻게 해야 할까? C: 벗겨야 해요. T: 그래. 껍질을 벗겨서 껍질은 이 통에 담자. T : 바나나는 어떻게 잘라야 할까? C: 얇게 잘라요. T: 그래. 순서도에 나와 있는 그림을 보니까 얇게 잘라야 하지? 선생님이 먼저 자르는 걸 보여 줄게. 선생님을 보고 나서 너희도 잘라 보자. T: (자르는 시범을 보여 주며) 이렇게 자르면 돼~ T: 바나나 자른 것은 이 큰 통에 함께 담아서 이따가 카나페에 필요한 만큼만 올리도록 하자.	

절차	활동내용	준비물 및 유의점
전개 (14분)	T: 이번에는 오이도 잘라 보자. 오이도 작은 조각으로 나누어 줄게. T: 오이에서는 무슨 냄새가 나지? / 어떻게 생겼니? C: 시원해요. / 초록색이에요. T: 오이도 얇게 잘라 보자. / 아까 바나나처럼 자르면 되는데 똑같이 잘 잘렸니? 어떻게 달랐어? C: 오이는 딱딱해요. T: 다 자른 오이도 바나나와 마찬가지로 통을 돌릴 테니 통 안에 넣어 두자. T: 이제 방울토마토를 하나씩 나누어 줄게. / 동글동글한 방울토마토를 어떻게 카나페 위에 올릴 수 있을까? C: 자르면 돼요. T: 방울토마토도 반으로 잘라 보자. / 반으로 자르니까 속과 겉이 어떻게 다르니? C: 안에는 물컹물컹해요. T: 지금은 바나나랑 오이, 토마토를 하나씩 올려서 카나페를 완성해 볼 거야. 바나나랑 오이, 토마토 중에서 어떤 것을 가장 마지막에 올려야 할까? C: 방울토마토요. T: 왜 그렇게 생각했니? C: 방울토마토는 동글동글해서요. / 쓰러져요. T: 그래. 방울토마토가 윗부분이 동그랗지? 그래서 방울토마토를 먼저 올려서 그 위에 오이랑 바나나를 올리면 카나페가 쓰러지겠구나. 그러면 안 되니까 바나나랑 오이를 먼저 올린 후에 방울토마토를 마지막에 올리자. T: 카나페 다 만들었니? 아직 카나페를 다 만들지 못한 어린이 있니? T: 이제 카나페를 다 만든 어린이는 주변 정리를 하고, 여기 옆 테이블에 가서 맛있게 먹자. 다 먹었으면 자기가 먹은 자리를 정돈하고, 접시는 이곳에 정리하자. 그리고 입이랑 손 한 번씩 닦은 후에 다시 자유롭게 놀이하러 가자.	

절차	활동내용	준비물 및 유의점
전개 (14분)	○ **다음 요리 활동 순서 조를 부른다.** T: 첫 번째 모둠 요리 활동이 끝났어~ 두 번째 요리할 어린이들 요리하러 모이자! (마지막 모둠이 끝날 때까지)	
마무리 (3분)	○ **요리 활동을 평가한다.** 마지막 조의 요리 활동이 끝나고 전체 이야기 나누기 시간 갖기 T: 우리가 오늘 카나페를 만들어 보았는데 어땠니? / 어떤 점이 좋았니? / 어떤 점이 만들기 어려웠니? / 다음에 카나페를 또 만든다면 어떤 재료를 넣고 싶니? ○ **확장활동과 관련하여 유아들과 이야기를 나눈다.** T: 오늘은 우리가 프랑스 음식인 카나페를 만들었는데, 다음에는 어떤 놀이를 하고 싶니? ○ **다음 시간 안내** T: 이제 집에 갈 시간이 되었어. 선생님이 이름 부르는 어린이는 일어나서 의자를 정리하고 집에 갈 준비를 하자.	
사후/확장활동	언어: 내가 가장 좋아하는 음식 책 만들기	
평가	• 프랑스의 요리 '카나페'에 관심이 생겼는가? • 순서도를 보고 순서에 맞게 카나페를 만들었는가? • 카나페 요리 활동에 즐겁게 참여하였는가?	

CHAPTER 11

과학 활동

1. 과학 활동의 개념

과학 활동은 유아가 자연세계의 현상에 흥미와 관심을 갖게 되면서 '왜 그럴까?'에 대한 질문을 던지고 이러한 지적 호기심을 해결하기 위해 가설을 설정하고 결과를 예측하며, 실험을 통해 증명하고 그 결과를 공유하며 문제를 해결해 가는 탐구 과정이다. "유아기 과학교육의 목적은 유아의 과학적 태도와 과학적 과정 기술, 과학적 개념을 발달시켜 궁극적으로 유아의 과학적 소양을 기르는 것이다(신은수, 안경숙, 김은정, 안부금, 2006; 고문숙 외, 2015, p. 233 재인용)." 유아에게 좁은 의미에서의 과학 활동은 식물의 성장을 관찰하고 관찰일지를 작성하거나 동물의 먹이와 사는 곳을 조사하여 키우는 활동을 말하지만, 넓은 의미에서는 유아로 하여금 다른 사람들이 생각해 본 적 없는 과학적 궁금증을 갖도록 하는 것이 중요하다.

유아는 태어나면서부터 마치 과학자와 같이 끊임없이 탐색을 통해 주변 세계를 탐구하고 반복적 실행을 통해 과학적 개념을 터득해 가는 존재이다. 탄생과 함께는 자신의 신체를 이용한 탐색을 하다가 점차 행동반경이 커지면서 주변 사물이 가지고 있는 물질의 속성, 물리적 개념에 대해 지속적인 시도와 실수를 거듭하며 세상을 알아간다. '개미의 집은 어디일까? 이 많은 개미들은 어디로 가는 걸까? 개미는 과자 부스러기가 여기 떨어져 있다고 어떻게 서로 의사소통을 할까? 연잎은 왜 비가 와도 젖지 않고 빗방울이 구슬처럼 동그랗게 굴러떨어져 버리고 항상 뽀송뽀송할까?' 등 유아 주변에는 수많은 과학적 질문이 있을 수 있으며, 교사는 유아가 과학적 호기심을 유지하며 과학적 질문자가 되도록 격려해야 한다.

유아들은 때로 과학적 오개념을 갖기도 한다. 노란색은 시다(레몬 등 노란 과일이 시다는 것을 일반화한 오개념), 쇠로 만들어진 것은 모두 물에 가라앉는다(철은 무거워서 물에 가라앉는 것을 일반화한 오개념) 등 유아가 형성하고 있는 오개념은 유아와의 이야기 나누기를 통해 실험을 설계하고 정말 그러한지 알아보는 실험을 반복적으로 실시하면서 유아들 스스로 오개념을 바로잡아 가도록 안내할 수 있다.

유아교육기관에서의 과학 활동은 크게 세 가지로 나눠 볼 수 있다. 첫째, 바깥놀이, 현장학습 등 실외활동 시 자연체험 중심의 과학 활동이고, 둘째, 자유놀이시간에 유아가 하는 놀이나 과학 영역에서의 활동이 있을 수 있으며, 셋째, 대 · 소집단 활동으로서의 과학실험 활동이 있다. 자연체험 중심 과학 활동에서는 바깥놀이 영역에 있는 자연탐구 영역에서 텃밭 가꾸기나 식물 기르기를 통해 식물 성장에 필요한 요소들을 이해하고 식물의 성장과정을 관찰하며 텃밭에서 직접 기른 채소를 수확하여 먹으면서 자연의 소중함을 경험할 수 있다. 또한, 동물을 길러 보고 동물에게 먹이 주기, 곤충과 벌레 관찰하기와 벌레로 인해 생기는 잎사귀의 구멍에 관심을 갖는 등 수많은 자연현상에 호기심과 흥미를 가질 수 있도록 한다. 그리고 대 · 소집단 활동으로서의 과학실험 활동에서는 유아로 하여금 과학적 탐구과정에 필요한 기초적인 기술(관찰, 비교, 분류, 측정, 예측)을 기르고, 과학적 태도(호기심 가지고 질문하기, 비판적으로 사고하기, 논리적으로 사고하기, 협력적으로 문제 해결하기, 객관적 사실에 근거하여 말하기)를 형성하도록 돕는다.

2019 개정 누리과정에서 과학 활동은 자연탐구 영역에 해당한다. 과학 활동의 주된 영역인 자연탐구 영역의 목표는 다음과 같다(교육부 · 보건복지부, 2019).

영역	목표
자연탐구	탐구하는 과정을 즐기고, 자연과 더불어 살아가는 태도를 가진다. 1. 일상에서 호기심을 가지고 탐구하는 과정을 즐긴다. 2. 생활 속의 문제를 수학적 · 과학적으로 탐구한다. 3. 생명과 자연을 존중한다.

2019 개정 누리과정에서 자연탐구 영역의 내용은 다음과 같으며, 그중 과학 활동의 누리과정 관련요소는 진하기로 표시하였는데 자연탐구 영역의 전 내용범주와 내용이 과학 활동과 관련되며, 각 세부활동별로 선택될 수 있는 내용이 달라질 수 있다(교육부 · 보건복지부, 2019).

내용범주	내용
탐구과정 즐기기	주변 세계와 자연에 대해 지속적으로 호기심을 가진다.
	궁금한 것을 탐구하는 과정에 즐겁게 참여한다.
	탐구과정에서 서로 다른 생각에 관심을 가진다.
생활 속에서 탐구하기	물체의 특성과 변화를 여러 가지 방법으로 탐색한다.
	물체를 세어 수량을 알아본다.
	물체의 위치와 방향, 모양을 알고 구별한다.
	일상에서 길이, 무게 등의 속성을 비교한다.
	주변에서 반복되는 규칙을 찾는다.
	일상에서 모은 자료를 기준에 따라 분류한다
	도구와 기계에 대해 관심을 가진다.
자연과 더불어 살기	주변의 동식물에 관심을 가진다.
	생명과 자연환경을 소중히 여긴다.
	날씨와 계절의 변화를 생활과 관련짓는다.

과학 활동을 통해 유아는 다양한 과학적 탐구과정을 경험하면서 논리적으로 사고하고 주변 세계를 탐색해 볼 수 있다. 개정 누리과정에서 과학 활동의 교육적 가치는 다음과 같다.

- 과학 활동 시 유아는 사물을 탐색하고 실험을 하기 위해 직접 자료를 조작하면서 대·소근육이 발달하고 눈과 손의 협응능력과 힘의 조절능력을 기르게 된다.
- 유아가 자신을 둘러싼 주변 환경에 호기심을 가지며 궁금증을 해결하기 위해 노력하는 탐구적 태도를 기르게 된다.
- 다양한 과학 활동을 하면서 물리적 지식, 논리·수학적 지식, 사회적 지식을 습득하게 되면서 인지발달을 이룰 수 있다.
- 과학 활동에 참여하고 다른 사람과 토의하며 의견을 공유하면서 새로운 어휘를 습득하고 과학적인 어휘를 사용하게 되는 언어발달을 이룰 수 있다.
- 궁금했던 점이나 문제상황에 대해 스스로 문제해결을 위해 노력하는 과정을 통해 성취감과 자신감을 얻을 수 있다.

- 다른 사람과 함께 관찰하고 예측하며 실험하고 결과를 토의하면서 서로 다른 생각과 느낌을 존중하게 되고 협업의 가치를 경험하게 된다.
- 과학적 탐구 과정기술을 익히게 되고 자기주도적으로 탐구하는 자세를 형성하여 미래 시민으로서의 소양을 함양할 수 있다.

2. 과학 활동의 계획 · 실행 · 평가

유아의 놀이를 지원하기 위한 활동으로서의 과학 활동을 하려면, 교사로서 어떻게 수업을 준비하고 계획할 것인지, 과학 활동의 도입, 전개, 마무리를 통해 어떻게 유아를 대상으로 진행할 것인지, 그리고 과학 활동에 대한 교수자로서의 평가를 어떻게 해야 할지 알아보려고 한다.

1) 과학 활동의 계획

(1) 과학 활동의 주제 선정하기

개정 누리과정에서는 유아의 놀이를 중심으로 하여 어떻게 하면 놀이를 심화 및 확장하도록 도움을 줄 수 있을까를 고민하며 놀이지원을 위한 활동을 계획한다. 따라서 과학 활동 역시 유아가 놀이 중 갖게 된 과학적 호기심과 관련하여 계획하게 될 가능성이 크다. 유아의 놀이를 기반으로 과학 활동의 주제를 선정하면 해당 주제에 가장 적합하도록 과학적 탐구과정 기술을 사용하고 문제를 해결하는 데 필요한 과학적 태도를 형성할 수 있게 격려한다.

① 과학적 탐구능력

과학적 탐구능력이란, 과학적 현상을 탐구하기 위해 탐구과정 기술을 사용하여 문제를 해결하고 과학의 내용과 지식을 발견할 수 있는 능력을 말한다(Martin, 1997). 마틴(Martin, 1997)은 과학적 탐구능력을 관찰하기, 분류하기, 토의하기, 측정하기, 예측하기, 추론하기로 구분하여 설명하였으며, NRC(National Research Council, 2001)는 과학적 탐구기술을 관찰하기, 분류하기, 의사소통하기, 예측하기, 토의하기, 실험하기, 창안하기로 구분하였다. 본서에서는 이 두 가지 견해를 종합하여 〈표 11-1〉과 같이 과학적 탐구과정 기술을 정의하고 각 범주와 세부 교육내용을 정리해 보았다.

〈표 11-1〉 과학적 탐구과정 기술

구성요소의 범주	세부 내용
관찰하기	• 물질의 특성과 변화를 관찰하기 • 오감을 활용한 관찰하기(시각, 미각, 후각, 촉각 등)
분류하기	• 물체나 현상의 유사점 또는 차이점에 따른 분류하기 • 크기, 모양, 색, 특징 등 다양한 준거를 이용하여 분류하기
측정하기	• 길이, 질량, 온도, 부피 등 표준화된 단위를 이용하여 측정하기 • 비표준화된 신체, 사물, 도구 등을 이용하여 측정하기
의사소통하기	• 실험결과를 그림이나 그래프, 소리, 언어 등을 통해 상징적으로 표현하기
예측하기	• 선경험이나 지식을 바탕으로 실험 결과를 미리 예측하기 • 원인과 결과의 관계를 고려하여 앞으로 일어날 일을 예측하기
토의하기	• 실험 설계 및 문제해결 과정에서 의견 교환하기 • 실험을 통해 발견한 내용과 새롭게 알게 된 점을 발표하기
실험하기	• 예측을 통해 수립한 가설을 검증하기 • 토의를 통해 설계한 실험 방법에 대해 도구를 이용하여 실험하기
창안하기	• 상상력과 창의력을 전개하여 새로운 것을 생각하기 • 새로운 아이디어를 바탕으로 창의적인 무언가를 만들어내기

유아로 하여금 과학적 탐구과정 기술을 사용하도록 하기 위해 교사로서 다양한 질문을 할 수 있다. 각각의 과학적 탐구과정 기술에 대한 교사의 발문은 다음의 〈표 11-2〉와 같다.

〈표 11-2〉 과학적 탐구과정 기술에 대한 교사의 발문

구분	교사의 발문
관찰하기	• 이것은 무슨 색깔이니? • 어떤 일이 일어났니? • 어떻게 움직이고 있니? • 어떻게 변화하고 있니? • 자세히 본 것대로 이야기해 보자.
분류하기	• 물에 뜨는 것과 가라앉는 것으로 분류해 보자. • 딱딱한 것은 파란색 통에 넣고 부드러운 것은 초록색 통에 놓아둘 수 있겠니? • 이것과 같은 것을 가지고 있는 사람은 누구니? • 같은 모양끼리 모아 보자. • 이것과 다른 것은 어디에 놓으면 좋겠니?
측정하기	• 어느 쪽이 더 많니? • 길이가 얼마이니? • 어떤 방법으로 잴 수 있을까? • 우리 몸을 이용해서 길이를 재 볼 수 있을까? • 어제보다 물의 양이 어떻게 되었니? 줄었니, 늘어났니?
의사소통하기	• 우리가 보았던 것을 그림으로 그려 볼 수 있겠니? • 물에 뜨는 것과 가라앉는 것을 그래프의 해당하는 칸에 붙여 보겠니? • 어떤 일이 일어났는지 말해 줄 수 있니? • 얼음이 녹는 모습을 몸으로 표현해 보겠니? • 방아깨비가 잎을 어떻게 먹는지 이야기해 주겠니?
예측하기	• 만약 ~라면 어떻게 될까? • 네가 ~을 한다면 무슨 일이 생길까? • ~은 이렇다. 그다음은 어떻게 될까? • 어떤 것이 녹고, 어떤 것이 녹지 않을까? • 만약 ~로부터 ~을 빼면 어떻게 될까?
토의하기	• 어떤 점이 같고 어떤 점이 다르니? • 다른 사람의 이야기를 듣고 또 떠오른 생각이 있니? • 왜 그런 일이 일어났을까? • 서로의 생각이 어떻게 다른지 비교해 볼까? • 다른 사람의 이야기를 듣고 궁금한 점을 서로 물어보자.
실험하기	• 직접 해 볼 수 있는 방법에는 무엇이 있을까? • 같은 결과를 얻는 방법은 무엇일까? 우리가 검증해 볼 수 있을까? • 그 방법 외에 다른 방법은 어떤 것이 있을까? • 어떻게 하면 그것을 알아낼 수 있을까? • 잘 안 된 건 다시 어떻게 해 보면 좋을까?

구분	교사의 발문
창안하기	• 다른 상상을 해 보겠니? • 남과 다른 생각을 한 사람 이야기해 주겠니? • 네가 생각한 새로운 아이디어를 어떻게 보여 줄 수 있을까? • 지금까지의 방법과 다른 방법에는 어떤 것이 있을까? • 여기에 더 생각을 발전시켜 볼 수 있을까?

② 과학적 태도

과학적 태도란, 과학 지식과 개념을 이해하고 이를 토대로 새로운 현상에 대해 추론하도록 하는 일련의 과학적 과정에서 중요하게 요구되는 행동양식이며 과학적 활동에의 접근방법이다(Gauld, 1982). 과학적 태도의 구성요소는 호기심, 적극성, 솔직성, 객관성, 비판성, 끈기성, 협동성의 7가지이다. 먼저, 호기심은 유아가 주변 세계에 대해 궁금증을 가지고 흥미와 관심을 지속하는 것이며, 적극성은 자기주도적으로 탐구과정에 참여하는 것을 의미한다. 솔직성은 과학을 수행하는 과정 전반에 있어서 과학자로서의 윤리적 건전성과 정직성을 의미하며 실험 결과가 가설과 다르더라도 이를 솔직히 발표하며 편견을 배제하고 겸허히 받아들이는 자세를 의미한다. 객관성이란 과학적 탐구과정 전반에 자료와 정보를 체계적으로 수집하고 반영하여 논리적으로 납득할만한 과정을 지켜나가는 것을 의미하며, 비판성은 과학적인 탐구과정과 주변 세계의 현상에 대해 무조건적인 수용자세가 아니라 왜 그러한지에 대해 반향적으로 사고하며 진리를 추구하는 자세를 말한다. 끈기성이란 과제집착력과 지구력을 가지고 과학적 탐구과정의 처음부터 끝까지 문제 해결을 위해 매진하는 성향을 말하며, 협동성은 과학의 전 과정에서 다른 사람과의 협의와 토론을 바탕으로 탐구하는 자세를 말한다.

(2) 활동명, 활동목표와 방법 계획하기

과학 활동의 활동명은 주로 과학실험의 주제가 드러나도록 정하는데, 예를 들어 빛과 그림자, 물에 뜨는 것과 가라앉는 것, 나의 몸 등이 그것이다.

활동목표는 해당 활동을 통해 유아가 경험하게 될 지식, 기술, 태도 및 가치를 작성하며, 활동목표가 정해지면 활동의 도입, 전개, 마무리의 전체 흐름과 교사 발문의 구체적인 내용이 결정된다. 예를 들어, 활동목표가 '높이에 따라 자동차가 굴러가는 길이가 다르다'라면 활동은 자동차가 굴러갈 길의 높이를 변형시키면서 높을 때와 낮을 때 어떻게 다르게 굴러가는지 길이를 측정하면서 비교하는 방식으로 이루어질 것이며, 교사의 발문은 이러한 개념을 생각하도록 '자동차를 더 멀리 가게 하려면 어떻게 하면 좋을까? 길의 높이를 높이려면 어떻게 하면 될까? 길의 높이가 낮아지면 어떻게 될까?' 등으로 질문하게 될 것이다.

활동방법은 각 활동의 내용과 유형별로 달라지겠으나 먼저 유아가 실험 과정 전반에 능동적으로 참여할 수 있는 방법을 모색한다. 활동을 할 때는 유아에게 예측하고 실험하고 결과를 도출하도록 하는데, 가설을 수립하고 결과를 예측하는 단계에서 점차 유아 스스로 가설을 설정하도록 한다. 실험을 처음 진행한다면 교사가 활동목표에 따라 가설을 설정하고 유아는 실험을 통해 검증하게 되지만, 점차 유아의 흥미에 따라 가설 설정 및 결과 예측, 실험을 통한 검증 모두 유아가 하도록 한다. 가설의 내용을 세울 때는 쉬운 것에서 점차 어려운 것으로 단계적인 진행을 한다.

교사가 미리 사전실험을 실시하여 실험에서 성공할 수 있는 조건이 어떤 것들인지를 잘 알고 있어야 본 실험 때 원하는 결과를 도출할 수 있다. 또한, 실험 과정에서 발생할 수 있는 사고에 대해 미리 대비하여 안전에 대한 사전설명을 유아들에게 충분히 하면서 규칙을 생각하며 실험을 하도록 지도한다. 수업을 진행하면서도 유아가 제안하는 아이디어가 실험 설계에서 잘 작동하지 않을 수 있더라도 가급적 유아의 아이디어와 발상을 허용한다.

(3) 과학순서도 만들기

과학 활동도 요리처럼 순서도를 만들어서 유아가 순서도를 보며 실험에 참여할 수 있도록 한다. 과학순서도는 요리순서도와 유사하여 준비물과 과학실험 순서를 그림과 글자로 만든다. 과학순서도 외에 필요시 가설과 결과를 표시해 볼 수 있는 결과표도 만들 수 있다.

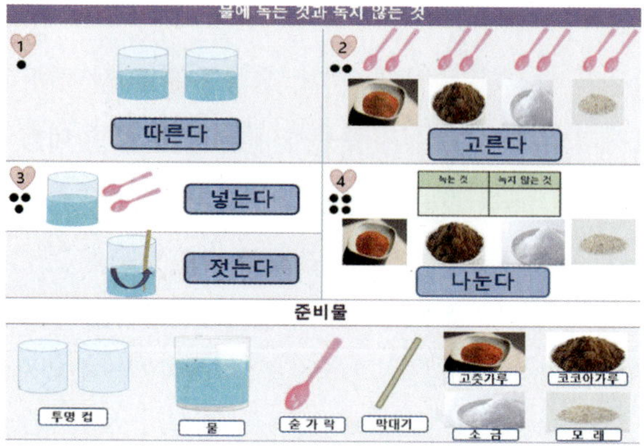

[그림 11-1] 과학순서도

2) 과학 활동의 실행

(1) 도입

- 주의집중하기: 과학 활동 주제에 대해 흥미와 관심을 유발할 수 있도록 수수께끼나 동화, 노래, 그림 맞추기 등 도입을 위한 주의집중을 한다. 예를 들어, 빛과 그림자를 알아보는 실험이라면 어두운 교실에서 빛으로 그림자가 형성되게 하면서 어떤 모양인지 맞혀 보며 도입해 볼 수도 있다.
- 유아의 사전경험과 연계하기: 과학 활동의 주제에 대한 주의집중을 했다면 해당 주제를 유아의 사전경험과 연결하여 유아들이 친숙하고 이해 가능한 개념으로 과학 활동의 주제를 마주할 수 있도록 돕는다. 예를 들어, '그림자를 본 적이 있니? 그림자는 언제 생기니?' 등의 발문을 할 수 있다.

  또한, '그럼 이것도 쇠같이 보이는데 이건 물에 뜰 것 같니, 가라앉을 것 같니? 왜 그렇게 생각하니? 우리 다 같이 알아보자. / 노란 것은 모두 신맛일까? 노란색인데 시지 않은 것은 없을까? 우리 함께 찾아보자.' 등 유아에게 인지적 갈등을 일으키는 질문을 해서 유아의 궁금증을 극대화시키고 과학 활동에 참여하고 싶은 호기심과 동기 유발을 한다.
- 활동목표 소개하기: 유아의 사전경험과 연계한 후에는 '그래서 오늘은 우리가

빛으로 그림자를 만들어 볼 거야. 오늘은 어떻게 하면 자동차를 멀리 가게 할 수 있을지 알아볼 거야.' 등 활동목표를 간단히 소개하며 활동으로 들어간다.

(2) 전개

- 과학순서도를 보며 준비물 알아보기: 과학순서도를 함께 보면서 어떤 준비물이 있는지 알아본다. '이 실험을 하려면 어떤 준비물이 필요하니? 이것들로 어떤 실험을 할 수 있을까?' 등과 같이 유아가 그림과 글자를 힌트로 대답하도록 하고 교사는 유아가 이야기한 준비물의 실물을 들어 보이며 확인한다.
- 안전에 대한 주의사항 확인하기: 만약, 위험한 도구가 있는 실험의 경우 먼저 주의사항을 상기시켜서 안전하게 실험하도록 한다. 예를 들어, "여기 프라이팬이 달구어질 때 매우 뜨거우니 절대 손을 대지 않고 눈으로만 관찰해 보자. / 이 실험을 하려면 어떤 점들을 주의해야 할까? / 경사로나 자동차를 사용할 때 주의할 점은 무엇일까?"와 같이 말하며 주의시킨다.
- 결과에 대해 예측하고 가설 세우기: 이 실험을 하면 어떤 결과가 나올지 유아들이 먼저 예측해 보도록 하고 나름대로의 가설을 먼저 세워보도록 한다. '여기 물에 뜨는 것과 가라앉는 것을 분류하는 판이 있어. 여기에 너희가 생각할 때 뜰 것으로 생각되는 물체와 가라앉을 것으로 생각되는 물체를 붙여서 나눠 보자. / 너희가 말한 대로 길을 기울이면 자동차가 어떻게 될까? 자동차가 더 빠르게 움직이게 하려면 어떻게 해야 할까?' 등과 같이 발문할 수 있다.

〈물질 분류해 보기〉

	녹는 것		녹지 않는 것	
예측	 소금	 고춧가루	 코코아가루	 모래
결과				

[그림 11-2] 예측 및 결과표

- 순서대로 실험 진행하기: 예측한 가설을 염두하면서 순서대로 실험을 진행한다. 교사는 그때그때 필요한 주의사항을 이야기하면서 안전하게 활동할 수 있도록 한다. '제일 먼저 무엇을 해야 하니? 그다음은 무엇을 하지? 길의 높이를 다르게 하려면 어떤 방법이 있을까? 두 길 중 어떤 길에서 자동차가 더 빨리 달릴 것 같니? 서로 다른 재질의 길에서 자동차를 굴려보면 어떤 면에서 자동차가 더 빨리 달릴 것 같니? 왜 그렇게 생각하니?' 등의 다양한 발문으로 유아가 실험을 하면서 과학적 사고를 지속하도록 한다. 이러한 질문을 할 때 과학적 기술과 관련되어 질문을 할 수 있는데 그 내용은 〈표 11-3〉과 같다.

〈표 11-3〉 과학 활동에서 이용하는 과학적 기술

구분		내용
관심 갖기		과학 활동은 사물이나 현상에 관심을 가지는 것에서 시작된다. 여기서 관심은 일시적인 것이 아닌 지속적인 관심을 의미하며, 관심을 가지는 사물이나 사건에 대해 "왜?"라는 의문을 제기함으로써 이후의 활동이 진행되게 된다.
방법	사실에 대한 이해	유아가 관심을 가지게 된 사물 또는 그것과 연관된 사물들을 보면서 사물의 특성을 파악하고 사물에 대해 이해하게 된다. 관찰과 탐색을 통한 사실의 이해는 유아가 과학적 개념을 정립하는 데 반드시 필요한 기술이다.
	자료 수집	사실에 대한 이해가 정립되면 유아는 이해를 토대로 가설을 세우며 이후의 결과를 예측하려고 노력한다. 이를 돕기 위해 교사와 유아가 함께 적절한 자료가 무엇인지 연구하고 직접 찾아보는 기술이 필요하다.
	비교/분류하기	유아가 모은 자료를 일정한 준거를 기준으로 나누어 보는 것이다. 유아는 사물 간의 유사점과 차이점을 알아보고 이를 범주화하면서 새로운 도식을 형성한다.
	원인과 결과 알아보기	원인과 결과를 알아보기 위해서는 일반적으로 실험을 한다. 가설을 검증하기 위해서 유아는 적합하다고 판단되는 방법을 찾아 실험적 처치를 하게 되고 이를 통해 인과관계의 흐름을 파악할 수 있다.
표현 및 기록		탐구 결과를 기록하고 전달하는 과정을 통해 개념과 관계에 대한 지식이 확장되고 다른 사람과 발견한 것을 공유할 수 있다. 탐구 결과의 기록 및 전달은 그림, 실험 차트, 그래프와 책 등 다양한 형태로 이루어지며, 때로 '생성물' 자체가 기록되기도 한다.
해석		과학 탐구의 최종적 단계로서 수집된 자료를 설명하면서 시작되며, 가설과 자료를 관계 짓는 것으로 진행되고 결과를 일반화하는 것으로 마무리된다.

출처: 이정환, 김희진(2013).

- 실험결과를 보고 해석하기: 다양하게 실험을 하면서 알게 된 실험결과를 이야기해 보고 이 실험결과를 통해 도출할 수 있는 결론을 생각해 본다. "어떤 것이 뜨고 어떤 것이 가라앉니? 우리가 예측했던 것과 어떤 점이 같니? 어떤 것이 예측했던 것과 다르니? 왜 그럴까? 결과표에 예측했던 것과 달리 실험결과는 어땠는지를 표시해 보자."과 같이 발문하여 실험결과가 예측한 내용과 어떤 점이 같고 어떤 점이 다른지도 함께 생각하여 가설에 따른 결과를 해석해 본다.

(3) 마무리

- 과학 활동에 대한 평가하기: 오늘 한 실험 전반에 대한 평가를 한다. '자동차 굴리기를 해 보았는데 어땠니? 오늘 실험을 하면서 새롭게 알게 된 점이 무엇이니? 어떤 길에서 가장 빠르게 내려왔니? 다음에 물에 뜨는지, 가라앉는지를 더 알아보고 싶은 물체는 어떤 것이 있니? 실험결과를 결과표에 기록했는데 결과를 기록할 수 있는 다른 방법에는 어떤 것들이 있을까?'와 같이 실험과정을 회상해 볼 수 있는 발문이나 실험결과를 정리할 수 있는 질문을 하면서 실험에 대해 생각해 보도록 한다.
- 전이활동으로 전개하기: 다음 활동으로의 자연스러운 전이활동으로 연결한다.

3) 과학 활동의 평가

과학 활동 수업에 대한 평가내용은 다음의 표와 같다. 이 표의 내용을 살펴보면 과학 활동 시 고려해야 할 사항들을 알 수 있다.

범주	내용	평가
실험 선정	주제와 연계되는가?	
	유아의 발달에 적합한가?	
	교육적 가치가 있는가?	
매체	안전을 고려하였는가?	
	사용된 도구가 실험에 적절한가?	
	실험도구가 유아 수준에 적절한가?	
실험 지도 과정	관찰하는 시간을 갖는가?	
	실험 방법을 고민해 보는가?	
	준비물 및 도구를 탐색하는 시간을 갖는가?	
	예측할 기회를 주는가?	
	실험할 기회를 주는가?	
	기록할 기회를 주는가?	
	실험 결과에 대하여 설명해 주는가?	
	추론할 기회를 주는가?	
마무리	실험 내용을 종합하는가?	
	실험시간이 끝났음을 알리고 다음 활동을 소개하는가?	

출처: 교육부(2000).

3. 과학 활동의 활동교육계획안 예시

활동명	여러 가지 방법으로 소리 만들기 (만 4세)	활동 유형	과학(35분)
생활주제	환경과 생활	소주제	여러 가지 소리
목표	• 주변에 있는 다양한 물체를 이용하여 소리를 만들어 본다. • 소리를 만들어 내는 여러 가지 방법을 알아본다.		
교육과정 관련요소	탐구생활 – 탐구과정 즐기기 – 물체와 물질에 대해 알아보기 – 간단한 도구와 기계 활용하기 – 사물과 현상에 지속적인 관심가지기 언어생활 – 생각과 느낌 말하기		
과학교육 주요개념	• 소리는 다양한 방법으로 발생한다. • 주변의 여러 가지 물건도 마찰에 의해 소리를 낼 수 있다.		
활동 자료	교사 준비물: 낮은 책상, 교실에 있는 여러 가지 물건, 다양한 리듬악기(트라이앵글, 귀로, 마라카스, 샌드블록, 핑거심벌즈) 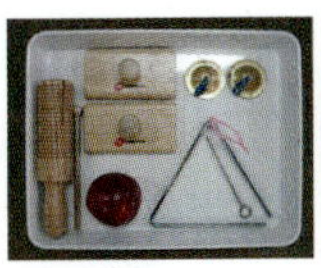 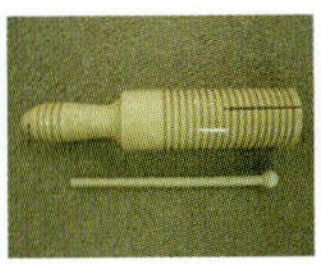    		
대형	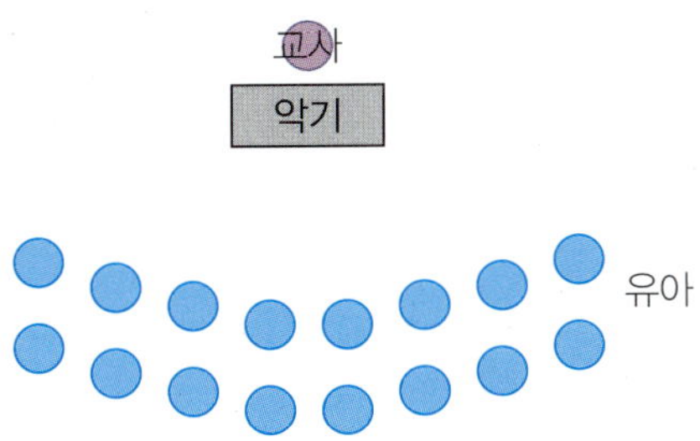	 	

활동 순서	주의집중: 자리 바꾸기 (소리 내는 방법이 다른 악기 5종) ↓ 도입: 소리 내는 방법이 다른 악기 5종의 연주방법 이야기 나누기 ↓ 전개: 교실에서 다양한 방법으로 소리 만들기 ↓ 마무리: 활동 평가하기(소리 만든 경험 소개 및 평가)	
활동 내용		
주의집중	**○ 유아들이 거의 모이면 트라이앵글, 귀로, 마라카스, 핑거심벌즈, 샌드블록 등의 악기를 이용하여 자리 바꾸기를 하며 주의집중한다.** – 얘들아, 선생님이 무엇을 가지고 왔는지 볼까? (바구니에서 악기를 하나씩 꺼내어 유아들이 볼 수 있도록 낮은 책상 위에 올려놓는다.) – (유아들이 악기 이름을 이야기하면 정확하게 다시 뒤따라 이야기해 준다. 악기를 다 꺼내어 한 줄로 놓은 후에는) 여기 있는 악기들을 너희들이 눈을 감고 있으면 선생님이 순서를 바꾸어 놓을 테니까 잘 맞춰 볼 수 있겠니? – 자, 이제 눈 감아 보자. – (순서를 2~3가지 정도 바꾸어 놓은 후 유아들이 맞추어 볼 수 있도록 한다.) – ○○이가 한번 이야기해 줄까? – 어때? 너희들 생각도 같니? – 그래. 잘 기억하고 있었구나.	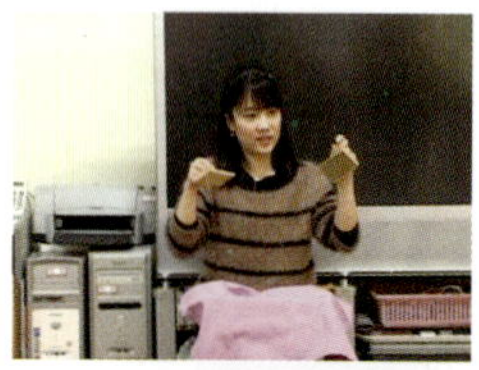 
도입	**○ 각각의 악기를 소리 내는 특징적인 방법을 회상하며 이야기해 본다.** – 이 악기들을 소리 내는 방법을 알고 있니? – (트라이앵글을 집어 들며) 그럼, 이 트라이앵글은 어떻게 소리를 내는 악기니? – (유아들의 이야기를 정리하며 실제로 소리 내어 본다) 그래. 트라이앵글은 이 파란 통을 채로 치면서 소리를 내지? 그럼, 마라카스는?(이와 같은 순서대로 다른 악기들	

활동 내용		
도입	의 소리 내는 방법을 이야기 나눈다.) (이하 중략) - (트라이앵글: 채로 치기 / 귀로: 긁기 / 마라카스: 흔들기/ 핑거심벌즈: 서로 부딪치기 / 샌드블록: 서로 비비기 등) ○ **소리를 내는 다양한 방법을 다시 확인해 본다.** - 그래. (차례로 특정 방법에 따라 악기 소리를 내며) 우리들이 살펴본 것처럼 악기 중에는 채로 두드려서, 손으로 쳐서, 흔들어서, 서로 부딪쳐서, 서로 비벼서 소리 내는 방법 등 여러 가지가 있었어.	
전개	○ **교실에 있는 여러 가지 물건을 이용해서도 다양하게 소리를 만들어 낼 수 있을지 간단하게 이야기 나눈다.** - 그런데 서로 부딪치거나 손으로 두드리거나, 서로 비비거나, 두드리거나 했을 때 소리를 내는 물건이 이 악기들만 있을까? 다른 물건으로는 소리를 낼 수 없니? - 그래? 그런 정말 그런지 ㅇㅇ이가 가지고 와서 직접 보여 줄 수 있니? - 그래. 너희들 말처럼 ㅇㅇ이가 블록을 서로 부딪쳐서 소리를 만들어 내었구나.(또 다른 방법이 있는지 같은 순서에 따라 직접 해 보일 수 있도록 한다. 같은 물건으로도 다른 방법으로 소리 낼 수 있는지 확인하며 다양하게 이야기할 수 있도록 격려한다.) (이하 중략) ○ **함께 각자 여러 가지 물건을 이용해 다양한 방법으로 소리를 내어볼 것을 알린다.** - 그럼, 이제 너희들 모두가 각자 교실을 둘러보면서 소리를 만들어 볼 거야. 서로 부딪치고, 비비고, 흔들거나 또 다른 재미있는 방법으로 소리를 만들 수 있는지 찾아보자.	

활동 내용		
전개	○ **소리 나는 물건을 찾아 모일 때의 약속을 정한다.** - 교실에서 물건으로 소리를 만들어 볼 때에는 어떤 약속을 지키면 좋을까? - 깨지거나 부딪쳐서 망가지지 않도록 조심하고, 또? - 소리를 만들어 볼 때 너무 큰 소리로 하면 어떻게 될까? - 소리 크기는 적당히 하면 다른 소리를 찾는 친구들에게 방해가 되지 않고 서로 좋겠지? - 친구의 몸에 자기 마음대로 부딪치거나 비벼서 기분이 나쁘게 하지 않도록 해야겠구나. - 그럼, 우리들이 함께 이야기 나눈 약속을 잘 지키면서 소리를 만들어 보자. 그리고 너희가 만든 소리 중에 한 가지씩 직접 물건을 가져와서 친구들에게 소개해 줄 건데, 선생님이 (트라이앵글을 보이며) 이 트라이앵글을 이렇게 (트라이앵글을 세 번 치며) 세 번 치면 모이도록 하자. ○ **유아들을 그룹핑하여 보낸다.** - 의자에 앉았던 아이는 자기가 앉았던 의자는 정리하고 소리를 만들어 보도록 하는데, 그럼 조형 영역에서 소리를 만들어 보고 싶은 아이들 먼저 일어나 보자. - 역할영역의 여러 가지 물건으로 소리를 만들어 보고 싶은 아이들 일어나 볼까? (이하 중략) ○ **자유롭게 교실에 있는 여러 가지 물건을 이용하여 소리를 만들어 보도록 상호작용한다.** - (유아들이 더욱 다양한 방법으로 소리를 만들어 볼 수 있도록 상호작용한다.) - ○○이는 바퀴 블록으로 소리를 만들어 보고 있구나. 어떻게 소리를 만들고 싶니? 바퀴를 굴리면 소리가 날까? - 가위랑 색연필을 부딪치고 있구나. 가위만으로는 소리를 만들 수 없을까? 종이를 오릴 때 어떤 소리가 나는지 들어 본 적 있니?	 

	활동 내용	
전개	- 재미있다. 문을 두드려서도 소리를 만들 수 있네. 그런데 어디를 두드려도 소리가 다 똑같니? 어떻게 다르니? - 블록을 서로 부딪쳐서도 소리를 만들 수 있구나. 그런데 혹시 블록을 비벼서 소리를 만들어 본 적 있니? 어떤 소리가 나니? ○ **약속한 신호(트라이앵글)를 주어 만들어 본 소리 중 친구들에게 소개해 주고 싶은 것을 직접 가지고 모일 수 있도록 한다.** - (트라이앵글을 세 번 치며) 이제 자기가 소리 만든 것 중에서 친구들에게 소개해 주고 싶은 것을 가지고 모이자. - 바닥에 자리가 없는 아이들은 의자도 함께 가지고 모여 볼까? - (소리를 만들어 본 물건과 의자를 함께 가지고 모이는 유아의 경우, 물건이 작다면 의자 위에 올려 이동할 수 있도록 돕는다.) ○ **4~5명의 유아들이 함께 앞으로 나와 각자가 가져온 것, 소리 내는 방법을 발표해 본다.** - 그럼, (오른쪽에 앉은 유아들을 가리키며) 이 쪽에 앉아 있는 ○○이, △△이, ▽▽이, ◇◇이, ㅁㅁ이가 소리 만드는 물건을 가지고 나와서 소개해 볼까? - (가지고 나와 교사의 양 옆에 선 후, 차례로 소개해 본다.) - ○○이와 △△이는 똑같이 거북이 블록을 가지고 왔는데, ○○ 이는 블록을 부딪쳐서 소리 내고, △△는 손으로 비벼서 소리를 만들어 보았네. 같은 것으로 다른 소리를 만들어서 들어 보니 참 재미있구나. - (유아들이 만든 소리를 소개할 때 같은 물건을 다른 방법으로 소리를 만들어 본 경우나, 다른 물건을 같은 방법으로 소리를 만들어 본 경우 등 공통점과 차이점을 비교하며 생각해 볼 수 있도록 이야기 나눈다.)	

활동 내용		
마무리	**○ 각자 발표한 것을 들으며, 새로웠거나 재미있었던 점 등을 이야기 나누며 평가해 본다.** – 이제 모든 아이들이 만든 소리를 잘 들어 보았는데, 신기한 방법으로 소리를 만들었거나 재미있었던 점 있었니? **○ 자유선택활동 시간 중이나 가정에서 다른 물건들을 이용해서 여러 가지 소리를 낼 수 있는 방법을 더 찾으면 소개해 줄 것을 이야기 나눈다.** – 그래. 혹시 다른 방법으로 더 새롭고 재미있게 소리를 만들어 보고 싶은 아이는 오늘 자유놀이시간에 잘 찾아 만들어 보고 소개해 주기로 하자.	
교사를 위한 과학적 개념 (도움말)	소리를 만드는 다양한 방법을 명확하게 구분할 수 있도록 악기를 주의집중 및 도입자료로 활용하였는데, 유아들이 소리에 대한 기본적인 관심이 있는 단계라면 교실 물건 중 한 가지를 이용해 다양하게 소리를 만들어 보는 것으로 대체할 수도 있다. – 소리를 만드는 여러 가지 방법을 말하는 다양한 '단어'와 명확한 구분법을 교사는 사전에 명확히 알아 두어야 할 필요가 있다. 예: 두드리다: 소리가 나도록 잇달아 치거나 때리다. 치다: 손이나 물건 따위를 부딪쳐 소리 나게 하다. 비비다: 두 물체를 맞대어 문지르다. 긁다: 손톱이나 뾰족한 기구 따위로 바닥이나 거죽을 문지르다.	

출처: 서울특별시 유아교육진흥원(2010).

활동명	소리와 진동 (만 5세)	활동 유형	과학
생활주제	환경과 생활	이야기한	소리와 진동
목표	• 진동에 대해 안다. • 다양한 방법으로 진동을 경험한다.		
교육과정 관련요소	탐구생활: 탐구하는 태도 기르기 사물과 현상에 지속적인 관심 가지기 탐구 과정 즐기기		
과학교육 주요개념	• 소리는 진동에 의한 물리적 현상이다. • 진동의 변화는 소리의 변화를 가져온다.		
활동 자료	교사 준비물: 소리굽쇠, 물이 담긴 수조 교실에 있는 여러 가지 물건(실로폰, 트라이앵글, 핸드벨 등 울림이 있는 악기류, 소리가 잘 나는 여러 물건)		
대형	주의집중~도입, 마무리: 대그룹 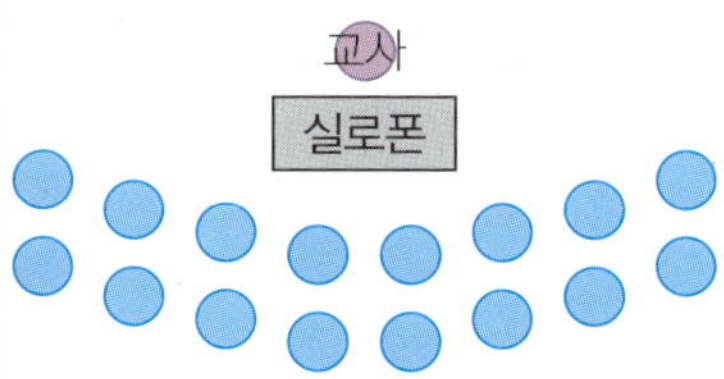 자유선택활동: 과학 영역–소그룹/자유롭게 돌아다니며 탐색하기 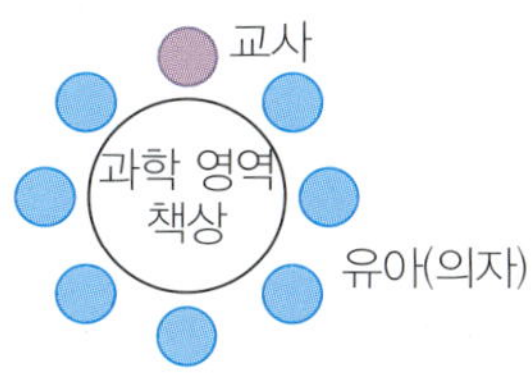	 	
활동 순서	도입: 진동에 관심 가지기 ↓ 전개: 진동 찾기(소그룹 활동–관찰) ↓ 진동 느끼기, 보기 ↓ 소리 크기 조절하기/매질과 진동/울림통과 소리의 음색 ↓ 마무리 : 활동 공유하기		

활동 내용		
도입	○ 진동의 변화에 관심 가지기 • 실로폰 치면서 노래 부르기 - 선생님이 실로폰으로 어떤 노래를 들려줄 거야. 아는 아이들은 함께 불러 보도록 하자. - (노래를 부르다가 노래가 끝나면 손으로 잡아서 실로폰 소리 멈추기) - 실로폰 소리가 어땠니? 〈소리가 멈추었어요, 소리가 딱 끊겼어요.〉 • 실로폰(악기) 소리의 크기 조절하기 - 실로폰 소리가 어떻게 되었는지 선생님이 다시 쳐 볼게. (실로폰을 치다가 손으로 잡아서 소리를 멈춘다.) - 실로폰 소리가 어떻게 되었니? - 실로폰 소리를 멈추게 하기 위해서 어떻게 했니? - 그렇게 하면 왜 실로폰 소리가 멈추는 걸까? 〈유아 대답하기: 대답에 자연스럽게 반응〉 - 왜 소리가 멈추는지 궁금한 아이들은 과학 영역에서 함께 알아보도록 하자.	
전개	○ 진동 찾기 • 진동 탐색하기 - 실로폰 말고 이렇게 손으로 잡거나 하면 소리가 멈추는 것에는 무엇이 있니? - 우리 교실에서 찾아보자. 〈교실을 돌아다니며 찾은 후 다시 과학 영역으로 모이기〉 - 어떤 것들을 찾았니? - 너희가 찾은 것들을 친구들에게 보여 주자. 손으로 잡으면 소리가 어떻게 되니? - 소리는 어떻게 달라졌니? - 그럼 ○○는 소리가 왜 멈추는 걸까? (소리가 달라진 이유는 무엇일까?) - 손으로 잡으면 어떤 일이 벌어지는 걸까?	 

	활동 내용	
전개	• 탐색한 내용 나누기 - 너희가 진동을 이야기하는데 진동이 무엇인지 이야기해 줄 수 있는 아이 있니? - 진동이 무엇일까? - 그럼, 진동을 가장 쉽게 느낄 수 있는 것이 무엇일까? - 말을 할 때 목을 만져 보자. 뭐가 느껴지니? - 이걸 눈으로 볼 수 있는 방법은 없을까? ○ **진동 느끼기, 보기** • 진동 확인하기 - 이걸 눈으로도 볼 수 있단다. - 선생님이 이걸 준비해 왔어. (소리굽쇠 꺼내기) 이게 무엇인지 아는 아이 있니? - 이것의 이름은 '소리굽쇠'라고 한단다. - 이걸 쳐서 소리를 내면 어떻게 될까? - 막 움직일 것 같니? 직접 한번 쳐 보자. - 소리가 나는데 어땠니? 움직이는 게 눈으로 보였니? - 소리굽쇠를 쳐서 소리가 날 때 손으로 잡으면 어떻게 될까? - 손에 느낌이 날까? 한번 직접 잡아 보자. - (소리굽쇠를 친 다음 손으로 잡기) 느낌이 났니? 어떤 느낌이었니? - 그럼, 선생님이 소리굽쇠를 친 다음에 물에 넣어 볼게. 넣으면 어떻게 될까? 어떤 일이 일어날까? 한번 잘 보자. - (소리굽쇠를 친 후 살짝 물에 담그기) - 어떻게 되었니? - 왜 이렇게 움직였을까? - 이렇게 소리가 날 때 움직이는 것을 '진동'이라고 해.	   

활동 내용		
전개	• 소리 크기 조절하기: 진폭 – 지금까지 소리와 진동에 대해서 알아보았는데, 그럼 진동의 크기를 줄여서 소리 크기를 줄일 수 있을까? – 손으로 잡아서 소리가 들리지 않도록 하는 방법 말고 진동을 다르게 바꿔서 소리를 다르게 만드는 방법에는 어떤 것들이 있을까? – (손으로 잡기, 바닥에 대기, 천으로 감싸기 등) – 그럼, 직접 소리 크기를 조절해 보자. – 어떤 방법으로 소리 크기를 조절했는지 이야기해 보자. • 다른 방법으로 소리 변형시키기 – 여기 소리굽쇠를 보니까 밑에 통이 있는데 여기에 만약 다른 물건을 집어넣으면 어떻게 될까? – 소리가 어떻게 될 것 같니? – 무얼 넣어 볼까? – 소리는 어떻게 달라졌니? ○ **소집단 활동 공유하기** • 찾아낸 것 말하기 – 오늘 과학 영역에서 어떤 것들을 했는지 이야기해 보자. – ㅇㅇ는 소리가 날 때 움직이는 것을 찾아내었구나. 뭐라고 말하는지 기억하니? – ㅇㅇ는 소리굽쇠를 이용해서 눈으로 볼 수 있는 진동을 기억하고 있구나. – △△는 진동을 멈추어서 소리를 멈추는 것을 찾아내었구나. – 앞으로 더 하고 싶은 것이 있거나 친구들과 나누어 보고 싶은 것이 있니?	  

활동 내용		
마무리	○ 활동 공유하기 • 활동 나누기 – 지금까지 과학 영역에서 많은 것들을 해 보았는데 어떤 것들을 했는지, 무엇을 알게 되었는지 이야기해 주자. – (유아들의 이야기 듣고 반응하기) – 지금 친구들이 많은 이야기를 했는데 '나는 아직 안 해 봐서 무슨 이야기인지 모르겠어요.' 하는 아이들은 과학 영역에서 계속해 볼 수 있도록 선생님이 준비해 줄게. – 더 알고 싶은 것들이나 다른 궁금한 것들이 있으면 과학 영역에서 더 알아보도록 하자.	
교사를 위한 과학적 개념 (도움말)	– 소리: 물체의 진동에 의해 그 파동이 매질을 통해 귀에 전달되고 그 울림이 인간의 청신경을 자극하여 들리는 것(매질이 없다면 소리는 들리지 않음) – 소리 크기는 진목, 진동수, 음압 레벨(dB)의 문제임 – 소리 크기와 매질의 관계: 고온에서 빠름 종파인 소리의 전달 속도 차이 기체 〈 액체 〈 고체 – (분자 거리가 기체 〉 액체 〉 고체이므로 교란에 더 빨리 반응하고 고체가 액체보다 압축률이 작고 체적 탄성률이 큼) – 매질은 체적 변화에 대한 복원력이 있어야 하는데 진공은 복원력이 없어 소리가 전달되지 못함 – 실로폰을 손으로 잡아 소리를 멈추는 것은 사람의 손이 진동을 흡수하여 진동을 멈추는 것 – 진폭: 소리의 세기 – 진동수(Hz): 소리 높낮이(파장) – 진동 모양/소리맵시: 음색	

출처: 서울특별시 유아교육진흥원(2010).

CHAPTER 12

조형 활동

1. 조형 활동의 개념

조형 활동은 유아들이 그림을 그리거나 판화를 찍는 평면활동과 입체적인 조형물을 만들거나 꾸미는 입체활동을 모두 포함하는 것이다. 이러한 조형 활동은 유아가 개별적으로 하는 활동이 있으며, 협동미술 활동으로서 모둠별 또는 학급 전체가 함께 작품을 완성하는 활동도 있다. 조형 활동은 다양한 색과 형태를 이용하여 시각적으로 유아의 생각과 감정을 나타내는 예술의 한 분야라고 할 수 있다. 조형 활동은 유아가 주도적으로 참여하며, 도구와 재료를 직접 사용하면서 자유로운 탐색과 표현을 할 수 있도록 허용한다. 유아는 다양하고 풍부한 표현방법을 직접 활용해서 작품을 만들어 보는 경험을 통해 자신의 주변 세계에 대해 이해하며 의미를 구성하고 표현할 수 있게 된다. 유아는 조형 활동을 하면서 다양한 재료에 대한 탐색적 경험을 하게 되며, 물리적 변화, 질감과 명암의 차이, 관계성 등의 인지적 개념이 발달한다. 또한, 사고력과 인과관계에 대한 이해력, 호기심, 알고자 하는 태도와 성향을 발달시켜서 인지적 발달을 도모할 수 있다.

2019 개정 누리과정에서 조형 활동은 예술경험 영역으로서, 해당 영역의 목표는 다음과 같다(교육부 · 보건복지부, 2019).

영역	목표
예술경험	아름다움과 예술에 관심을 가지고 창의적 표현을 즐긴다. 1. 자연과 생활 및 예술에서 아름다움을 느낀다. 2. 예술을 통해 창의적으로 표현하는 과정을 즐긴다. 3. 다양한 예술 표현을 존중한다.

2019 개정 누리과정에서 예술경험 영역의 내용은 다음과 같으며, 그중 조형 활동의 누리과정 관련요소는 진하기로 표시한다(교육부 · 보건복지부, 2019).

내용범주	내용
아름다움 찾아보기	자연과 생활에서 아름다움을 느끼고 즐긴다.
	예술적 요소에 관심을 갖고 찾아본다.
창의적으로 표현하기	노래를 즐겨 부른다.
	신체, 사물, 악기로 간단한 소리와 리듬을 만들어 본다.
	신체나 도구를 활용하여 움직임과 춤으로 자유롭게 표현한다.
	다양한 미술 도구를 활용하여 움직임과 춤으로 자유롭게 표현한다.
	극놀이로 경험이나 이야기를 표현한다.
예술 감상하기	다양한 예술을 감상하며 상상하기를 즐긴다.
	서로 다른 예술 표현을 존중한다.
	우리나라 전통 예술에 관심을 갖고 친숙해진다.

개정 누리과정에서 조형 활동의 교육적 가치는 다음과 같다.

- 조형 활동은 시각적 요소를 기초로 하여 아름다움을 인지하도록 하며, 유아의 생각과 느낌을 심미적인 방식으로 표현하는 능력을 함양한다.
- 유아로 하여금 미술적 자기표현의 욕구를 충족하도록 하며, 주변 사물에 대한 지각능력과 창의성을 향상시킨다.
- 생활 속에서 미술을 즐기고 활용하며 향유할 수 있는 미술적 안목을 키우도록 돕는다.
- 다양한 재료를 직접 만지고 조작하면서 소근육 발달과 눈과 손의 협응능력을 이루게 되며, 오감을 이용한 감각적 발달을 도모한다.
- 조형 활동에 참여하는 과정에서 정서적 카타르시스를 경험하며, 심리적 이완을 통해 스트레스가 해소되며, 심리적 만족감과 안정적 정서를 경험하게 한다.
- 협동작품을 만들면서 타인과의 관계를 인식하게 되며, 의견 나누기, 기다리기, 공유하기, 협력하기 등 유아의 사회적 기술을 발달시킨다.

2. 조형 활동의 계획 · 실행 · 평가

유아의 놀이를 지원하기 위한 활동으로서의 조형 활동을 하려면, 교사로서 어떻게 수업을 준비하고 계획할 것인지, 조형 활동의 도입, 전개, 마무리를 통해 어떻게 유아를 대상으로 진행할 것인지, 그리고 조형 활동에 대한 교수자로서의 평가를 어떻게 해야 할지 알아보려고 한다.

1) 조형 활동의 계획

① 조형 활동 선정하기: 유아의 놀이주제에 적합한 활동으로 정하되 유아의 연령과 발달 수준을 고려하여 선정한다. 놀이주제에 따라 조형 활동의 주제를 선정하면 어떠한 미술 장르를 경험하도록 할지 결정한다. 유아들과 해 볼 수 있는 조형 활동의 미술 장르로는 회화, 조소, 만들기와 꾸미기, 판화, 염색 등의 활동이 있다. 유아를 대상으로 하는 판화활동의 경우에는 다음의 〈표 12-1〉과 같이 계획해 볼 수 있다.

〈표 12-1〉 판화활동의 예시

1학기		2학기	
• 봄꽃 고무판화 (볼록판화) • 봄꽃 스텐실 (공판화)	• 동전 베껴내기 (볼록판화) • 채소 찍기 (볼록판화)	• 우리 탈 스텐실 (공판화) • 탁본 (평판화)	• 나뭇잎 베껴내기 (평판화) • 나뭇잎 찍기 (볼록판화)

출처: 이정환, 김희진(2013).

② 활동명, 활동목표와 방법 계획하기: 활동명은 주로 만드는 작품의 주제를 중심으로 정한다. 활동목표는 해당 조형 활동을 하면서 유아가 경험하게 될 내용으로 정한다. 그 후엔 도입, 전개, 마무리 수업 진행에 대해 생각해 보면서 어떠한 방법으로 조형작품 만들기 또는 그리기를 할지 결정한다. 그리고 활동

목표와 활동방법에 적합한 작업공간과 보관장소를 미리 계획한다. 예를 들어, 학급 전체가 바닷속 꾸미기를 한다면 큰 책상이나 바닥에 큰 공간을 계획한다. 만약, 물감을 사용하는 작품이나 점토를 이용한 작품이라면 완성된 작품을 말릴 수 있는 건조대나 서늘하고 바람이 선선하게 부는 그늘진 공간을 준비하고 어디에 건조대를 놓아둘지 공간을 계획한다.

〈표 12-2〉 미술 활동의 형식별 의미

분류		일반적인 의미	유아 미술에서의 의미
회화		평면에 그리는 모든 그림과 작업	유아가 그리고 색칠하는 모든 평면 작업
조소	조각	덩어리(돌, 나무 등)를 깎아서 만드는 형태의 작업	유아 미술 활동에서는 조각칼을 사용하지 않으므로 거의 작업하지 않음
	소조	뼈대에 찰흙, 석고 등을 빚거나 붙여 가며 만드는 입체 작업	유아 미술 활동에서는 주로 소조(찰흙으로 빚기) 활동이 이루어짐
소묘		선으로 그리는 활동	유아가 단색의 사인펜이나 연필을 사용해 관심 있는 사물을 자세히 그리는 활동
판화		어떤 면에 무늬를 새겨서 찍어내는 것	유아가 고무나 나무 등에 새겨진 것을 찍어내기, 판화 판으로 찍기, 베껴내기 등의 작업
콜라주		화면에 종이, 인쇄물, 사진 등을 오려 붙이고 일부에 가필하여 만든 작품	유아가 잡지, 신문, 색종이 등을 이용해 구성하는 작업
직조		종이나 실을 이용해 직각으로 교차해 짜는 직업	유아가 종이, 실을 이용하여 하는 작업
공예 및 설치 미술		물건을 만들고 구성하는 일 미술작품을 공간과 어울리게 구성하는 일	다양한 폐품 등을 이용해 만들기 공예작품을 전시함으로써 새로운 구성물처럼 구성하기

출처: 이정환, 김희진(2013).

③ 재료 및 도구 정하기: 학급의 공동작업을 진행할 때는 유아마다 가지고 있는 개성이 발현되기 어려울 수 있으므로 표현 재료를 다양하게 제공하여 융통성 있게 표현할 수 있도록 격려한다. 예를 들어, 그리기의 경우에는 다양한 재질과 크기, 모양의 종이를 제공하여 유아 스스로 선택하여 사용하도록 하는데, 사포, 호일, 비닐 등 다양한 재료를 준다. 색을 다양하게 칠해서 표현하는 작

품의 경우에는 채색도구인 크레파스, 색연필, 사인펜, 매직, 물감 등을 다양하게 준비하여 유아의 선택권을 존중하고 다양하게 표현해 보도록 격려한다.

④ 순서도 만들기: 순서도에는 조형 활동에 필요한 준비물과 순서별 만드는 방법이 포함된다. 순서는 숫자와 점으로 함께 표시하여 수를 읽지 못하는 유아도 점의 개수를 보고 순서를 인지하도록 한다. 각 순서의 작업은 사진이나 그림을 이용해서 유아가 직관적으로 이해하도록 하면서 동시에 동사 위주의 짧은 글자도 함께 작성한다. 교사가 사전에 조형 활동을 미리 해 본다면 그때 사진을 찍어 둔 것으로 순서도를 만들어서 사용해도 좋다.

⑤ 작품 전시방법 계획하기: 전시는 유아들과 의논하여 유아들이 원하는 대로 하는 것이 가장 좋다. 유아들의 작품을 모아 교실 환경구성을 할 때도 교사가 하기보다는 유아들과 논의해서 유아들이 직접 자기 작품을 원하는 위치에 부착하도록 한다. 예를 들어, 여름방학이 지나고 새 학기에 들어서서 바닷속 풍경을 다 같이 협동작품으로 만든다면 물미역의 표현, 바닷속 생물을 각각 유아들이 개별적으로 그려 잘라 둔 다음에 함께 교실 한 켠에 유아들 스스로 원하는 위치를 정해 자기 작품을 직접 부착하도록 격려한다. 유아들은 스스로 작품 전시를 했다는 것에 대해 자긍심을 갖게 되며, 해당 작품에 대해 더욱 애호하는 마음을 갖게 된다.

때로는 다른 학급의 유아들이나 학부모 등을 초대하여 전시회를 열기도 한다. 이때는 전시회 이름은 무엇으로 할지, 언제 몇 시에 할지, 전시할 작품의 배치는 어떻게 할지, 관람 동선을 어떻게 하며, 초대장은 누가 만들지 등 전시회의 시작부터 끝까지 유아들이 주도적으로 참여하도록 함께 논의하며 진행한다. 전시회를 모두 마친 후에는 유아들과 함께 평가하면서 좋았던 점, 칭찬하고 싶은 점, 다음에 다시 한다면 어떤 점을 바꾸고 싶은지 등에 대해 이야기하도록 발문한다. 특히, 완성된 작품은 유치원 공용공간이나 교실 안에, 또는 가정에 전시할 수도 있다.

2) 조형 활동의 실행

(1) 도입

- 주의집중으로 동기유발하기: 조형 활동을 소개하기 전에 조형 활동의 주제나 내용과 관련된 수수께끼나 손유희, 노래 부르기 등 주의집중으로 유아의 흥미를 유발한다.
- 주제에 대한 유아의 사전경험 상기시키기: 주의집중으로 흥미를 유발한 후 해당 주제에 대해 유아가 경험해 본 적이 있는지를 묻는 발문을 통해서 조형 활동과 유아의 사전경험을 연결시킨다. 유아가 표현할 대상의 특징이나 색, 형태, 느낌에 대해 생각해 볼 수 있도록 발문한다. 예 "가을이 되어 단풍으로 색이 변한 나뭇잎을 본 적이 있니? 어땠니?"
- 조형 활동을 안내하기: 오늘 진행할 조형 활동의 활동목표나 활동명, 활동주제를 소개한다. 예 "오늘은 단풍잎으로 찍기를 해 볼 거야."

(2) 전개

- 재료 및 도구 탐색하기: 재료를 탐색할 때는 가급적 유아들이 이미 알고 있는 사전지식과 사전경험을 기반으로 재료의 이름은 무엇이며, 이 재료는 어디에 사용하는 것인지 등에 대해 알아본다. 예 "이 재료의 이름은 무엇이니? 이 재료는 무엇을 할 때 사용하는 것이니?"

  또한, 새롭게 소개되는 도구가 있다면 도구 사용법에 대해서도 설명한다. 만약, 처음으로 붓이나 물감을 사용하는 조형 활동을 한다면 붓의 크기가 서로 다른 점을 살펴보고 굵은 붓과 얇은 붓은 각각 어떤 그림을 그릴 때 사용할지 생각해 본다. 그리고 붓의 물 농도 조절방법, 물감, 팔레트, 물통 사용방법, 물을 사용하는 작품 말리는 방법, 주의사항 등에 대해 소개한다.

  공판화를 하기 위해 찍기용 스펀지를 사용하여 물감을 묻혀 찍어야 한다면 각 색깔별 스펀지가 섞이지 않도록 주의사항을 이야기해 준다. 만약, 색의 혼합을 경험하도록 하는 조형 활동이라면 어느 팔레트에서 섞어 볼 수 있는지를 알려 주어 준비된 도구를 적절히 사용하도록 안내하고 탐색해 본다.
재료와 도구를 탐색한 후에는 이 재료와 도구로 무엇을 어떻게 꾸밀 수 있을지에 대해 생각해 본다. 예 "이 재료를 사용해서 우리 얼굴 중 어느 부분을 표현하면 좋을까? 웃는 입을 표현하려면 어떤 재료를 사용할 수 있을까? 코는 무엇으로 표현해 볼까? 이 재료는 무엇을 이용해서 붙일 수 있을까?"

- 만드는 방법 알아보기: 교사가 방법을 일일이 알려 주는 설명식보다는 순서도를 이용해서 유아들이 어떻게 하는지를 알아가도록 진행한다. 순서도는 유아의 연령과 발달 수준을 고려하여 그림 위주로 하고 숫자와 글자는 최소한으로 작성한다. 순서도는 요리 활동이나 과학 활동의 순서도와 유사한 방식이므로 본 교재의 해당 페이지를 참고하도록 한다. 예 "① 종이 뒷면에 이름을 적는다. ② 색지를 구긴다. ③ 색지를 풀로 원하는 곳에 붙인다. ④ 색지 붙인 것을 이용해서 그린다."

  조형 활동 수업은 크게 두 가지 방식이 있다. 하나는 대집단으로 순서도를 보면서 만드는 방법을 시범을 보이며 알아본 후 소집단으로 조형 영역에서 유아 스스로 순서도를 보며 개별활동을 진행하는 방법이다. 또 다른 하나는 처음부터 소집단으로 교사와 함께 순서도를 보며 만들기를 진행하는 방법이다. 학급의 교사 수와 유아들의 성향을 고려하여 위의 두 가지 중 적절한 방법을 선정하여 수업한다.
- 주의사항 알아보기: 조형 활동의 특성상 반드시 상기해야 할 주의사항을 생각해 보도록 발문하는데, 가급적 순서도를 보며 순서대로 만드는 방법을 알아볼 때 해당 순서에서 주의사항을 함께 언급하는 것이 효과적이다. 예 "점토사람을 다 만든 다음에 이름은 어떻게 표시할까? 그래. 조각종이에 이름을 쓴 다음에 그 위에 점토사람을 올려놓고 말리면 누가 만든 작품인지 알 수 있겠구나!"
- 실제로 만들어 보기: 대집단으로 순서도를 보면서 시범을 보일 때도 가급적 교사보다는 유아가 나와서 시범을 보일 수 있도록 한다. 소집단으로 직접 만

들기를 할 때는 한 번에 작업할 유아의 수를 고려하여 재료와 도구를 넉넉히 제공한다. 또한, 작품을 만드는 유아들에게 지속적으로 상호작용을 한다. 예 "털실로 머리카락을 표현하면 어떤 느낌일까? 어떤 재료를 이용할 거니? 어떤 표정으로 꾸며 보고 싶니?"

유아가 작품을 만드는 동안에 교사는 세심하게 관찰하면서 도움이 필요한 유아에게는 언어적 · 행동적 도움 또는 아이디어의 실마리를 제공하여 창의적이고 독창적인 표현을 하도록 격려한다. 작품이 완성되면 개별 아동은 자신의 이름을 작품에 표시해 두도록 지도하며, 아직 표현이 미숙한 어린 연령의 유아에게는 작품에서 표현하고자 하는 내용이 무엇인지 물어보고 연필로 작품 한 켠에 적어 주는 것이 좋다.

- 도구 및 주변 정리하기: 작품이 완성되면 말리기 위해 건조대 위에 올려놓거나 미리 완성작을 놓기로 약속한 장소에 전시한다. 사용한 미술재료나 도구는 유아 스스로 정리하도록 한다. 예 "자기 자리는 스스로 정리하자. ○○는 책상 위의 풀을 정리해 주자. ㅁㅁ는 색연필을 정리해 보자."

(3) 마무리

- 조형 활동에 대한 평가하기: 작품을 만들면서 좋았던 점이나 느낀 점에 한정하지 말고 활동목표와 관련된 질문을 통해 평가한다. 학급 전체가 참여한 협동작품인 경우에는 함께 작품의 제목을 지어 볼 수도 있으며, 조형적 요소를 중심으로 표현상의 특징 등에 대해 알아보고 미술작품이라는 결과물보다는 조형 활동의 과정 중에 유아가 보여 준 태도에 대해서도 평가한다. 예 "오늘 ~을 해 보았는데 어땠니? 어떤 재료를 이용해서 만들었니? 어떤 도구를 이용해서 만들었니? 색이 섞이면서 새로운 색이 되는 것을 보았니? 어떤 색들을 만들어 볼 수 있었니?"
- 전이활동으로 전개하기: 조형 활동이 끝난 후의 일과를 소개하고 유아들이 자연스럽게 다음 일과로 전이할 수 있도록 돕는다.

3) 조형 활동의 평가

조형 활동 수업에 대한 평가내용은 다음의 표와 같다. 이 표의 내용을 살펴보면 요리 수업 시 고려해야 할 사항들을 알 수 있다.

범주	내용	평가
조형 활동 선정	주제와 연계되는가?	
	유아의 발달에 적합한가?	
	교육적으로 가치가 있는가?	
환경	작업하는 유아들이 손쉽게 자료를 꺼내 쓸 수 있는가?	
	필요한 자료들이 모두 준비되어 있는가?	
	작업 후 건조시키거나 전시할 장소가 마련되어 있는가?	
조형 활동 지도 과정	도입을 실시하는가?	
	활동에 필요한 자료를 소개하는가?	
	활동의 방법에 대해서 유아들과 토의하는가?	
	창의적인 표현을 격려하는가?	
	정리시간을 갖는가?	
평가	개별 또는 집단으로 작품을 평가하는가?	
전시	유아의 요구에 따라 작품을 전시 또는 보관하는가?	

출처: 교육부(2000).

CHAPTER 13

미술 감상

1. 미술 감상의 개념

미술 감상 활동은 유아들이 자연스럽게 접하게 되는 주변 환경이나 자연과 사물, 다양한 미술작품을 보면서 아름다움을 느끼고 작품의 가치를 발견하는 활동이다(서동미 외, 2009). 사람마다 아름다움에 대한 기준은 다르며 아름답다고 느끼는 대상이나 형태는 감상하는 사람에 따라 모두 다르기 때문에 주관적이다. 그러므로 미술 감상을 할 때 정해진 분석이나 절대적인 평가를 하기보다는 유아 개개인이 느끼는 대로 상대적인 생각이나 느낌을 중심으로 이루어지도록 한다.

미술 감상을 통해 유아는 자신의 작품과 타인의 작품, 전통문화 예술품과 세계 여러 나라의 작품 등을 다양하게 접하게 되면서 미술적 표현기법, 재료, 도구, 느낌과 표현내용에 대해 서로의 생각을 나누고 작품에 대한 개인적 판단을 형성하면서 가치를 내면화하게 된다. 작품을 감상하고 비교하거나 평가하는 경험을 통해 유아 스스로 미술작품을 보는 안목을 기를 수 있고 상상력을 발휘하며 참신한 표현을 하려고 시도할 때 창의적인 표현의 밑바탕이 될 수 있다.

2019 개정 누리과정에서 미술 감상 활동은 예술경험 영역으로서, 해당 영역의 목표는 다음과 같다(교육부 · 보건복지부, 2019).

영역	목표
예술경험	아름다움과 예술에 관심을 가지고 창의적 표현을 즐긴다. 1. 자연과 생활 및 예술에서 아름다움을 느낀다. 2. 예술을 통해 창의적으로 표현하는 과정을 즐긴다. 3. 다양한 예술 표현을 존중한다.

2019 개정 누리과정에서 예술경험 영역의 내용은 다음과 같으며, 그중 미술 감상의 누리과정 관련요소는 진하기로 표시한다(교육부 · 보건복지부, 2019). 미술 감상을 하게 될 작품의 주제에 따라 '아름다움 찾아보기' 중 '자연과 생활에서 아름다움을 느끼고 즐긴다', '예술 감상하기' 중 '우리나라 전통 예술에 관심을 갖고 친숙해진다'가 포함될 수도 있다.

내용범주	내용
아름다움 찾아보기	자연과 생활에서 아름다움을 느끼고 즐긴다.
	예술적 요소에 관심을 갖고 찾아본다.
창의적으로 표현하기	노래를 즐겨 부른다.
	신체, 사물, 악기로 간단한 소리와 리듬을 만들어 본다.
	신체나 도구를 활용하여 움직임과 춤으로 자유롭게 표현한다.
	다양한 미술 도구를 활용하여 움직임과 춤으로 자유롭게 표현한다.
	극놀이로 경험이나 이야기를 표현한다.
예술 감상하기	다양한 예술을 감상하며 상상하기를 즐긴다.
	서로 다른 예술 표현을 존중한다.
	우리나라 전통 예술에 관심을 갖고 친숙해진다.

미술 감상을 통해 유아는 심미적인 경험을 할 수 있으며, 미술작품이 가지고 있는 미술적 요소에 대해 생각하고 탐색해 볼 수 있다. 개정 누리과정에서 미술 감상의 교육적 가치는 다음과 같다.

- 미술 감상 활동은 주변 세계나 자연 속에서 미적인 요소를 발견하며, 미적 아름다움을 즐기게 한다.
- 미술작품에 대한 해석적 의미를 분석하면서 그림 속 이야기를 상상해 보고 발산적 사고를 해 보는 인지적 사고능력을 향상시킬 수 있다.
- 미술 감상은 유아가 자신의 주변에 있는 다양한 조형적이고 시각적인 언어를 읽고 그 의미를 이해하여 해독할 수 있게 한다.
- 미술작품에 대해 관찰하고 분석하는 과정에서 활발한 언어적 상호작용을 하며 어휘능력이 향상된다.
- 미술작품을 감상하면서 색, 형태, 질감, 공간 등 미술적 요소를 탐색하면서 참의성과 표현력을 증진시킨다.
- 미술작품이 가지고 있는 색과 형태, 질감과 공간 등에 대해 유아의 주관적인 생각과 느낌을 기반으로 평가하면서 미적인 요소를 인식하여 새로운 미술 표현에 반영할 수 있다.

- 동일한 미술작품에 대해 유아 자신과 타인의 느낌이나 감상 내용이 다를 수 있다는 것을 경험하게 되며, 다른 사람의 생각과 의견에 대해 존중하는 마음을 가질 수 있다.

2. 미술 감상의 계획 · 실행 · 평가

유아의 놀이를 지원하기 위한 활동으로서의 미술 감상을 하려면, 교사로서 어떻게 수업을 준비하고 계획할 것인지, 미술 감상 활동의 도입, 전개, 마무리를 통해 어떻게 유아를 대상으로 진행할 것인지, 그리고 미술 감상 활동에 대한 교수자로서의 평가를 어떻게 해야 할지 알아보려고 한다.

1) 미술 감상의 계획

(1) 감상할 미술작품 선정하기

유아의 놀이주제와 연관이 있으며, 유아의 흥미와 발달 수준에 맞는 작품으로 선정한다. 미술작품이 교육적으로 특별히 문제 있는 내용을 담고 있지 않다면 최대한 다양한 미술작품을 편견 없이 감상해 보는 것이 좋다. 대체로 미술작품은 미술적 요소나 원리가 포함되어 있고 유아의 경험과 연결될 수 있는 내용이 적합하고 작품 내에 풍부한 이야기가 들어 있어서 유아가 마음껏 다양한 생각을 해 볼 수 있는 작품이 좋다. 특히, 미술의 기본요소인 선, 색, 형태, 명암, 질감, 공간을 내포하고 있거나 미술적 원리인 균형, 강조, 움직임, 조화, 리듬, 반복, 패턴이 잘 드러나는 작품을 선정하도록 한다.

(2) 활동명, 활동목표와 방법 계획하기

활동명은 대체로 미술작품의 제목으로 하며, 활동목표는 미술작품에 대해 어떠한 미술적 요소나 원리를 중심으로 감상할 것인지, 어떠한 해석적 의미를 분석할 것인지를 정한 후에 이러한 내용의 활동목표를 수립한다. 미술 감상 활동에서는 작품의 전체적인 느낌이나 분위기, 미술적 요소나 원리 등 미술적 형식, 작품의 주제와 내용 또는 의미, 작품에 사용된 재료나 미술 도구 또는 표현 기법, 미술작품을 감상하고 문화적으로 향유하려는 태도 등을 내용으로 다룰 수 있다. 다음은 김홍도의 「씨름」 미술작품을 감상하기로 계획할 때 분석해 보기로 정한 미술적 요소나 원리, 해석적 의미 분석 내용에 따라 수립해 볼 수 있는 활동목표의 예시이다. 동일한 작품에 대해서도 어떠한 미술적 요소에 중점을 둘 것인지 정함에 따라 활동목표가 달라지며, 해당 활동목표에 따라 교사의 수업 진행 시 하게 되는 발문의 내용도 달라진다.

김홍도의 「씨름」 미술 감상 활동 계획 시		
1	미술적 요소/원리, 해석적 의미 분석 내용	• 형태, 움직임 • 옛날 사람들의 생활 모습 알아보기
	활동목표	• 김홍도의 「씨름」 작품의 형태와 움직임에 관심을 가진다. • 작품 속 사람들의 생각과 느낌을 상상해 본다. • 옛날 사람들의 생활 모습에 관심을 가진다.
2	미술적 요소/원리, 해석적 의미 분석 내용	• 색, 선 • 씨름 놀이 알아보기
	활동목표	• 「씨름」 작품에 사용된 색과 선에 대해 생각해 본다. • 씨름하는 모습을 신체로 표현해 본다. • 씨름 경기를 그린 작품에 관심을 가진다.

미술 감상 시 감상하는 미술작품을 보면 어떠한 미술적 요소나 원리를 중심으로 감상해야 할지 정하게 된다. 다음의 〈표 13-1〉은 미술 감상 시 고려할 수 있는 미술적 요소나 원리에 따라 교사가 사용할 수 있는 발문의 예시를 나타내고 있다.

〈표 13-1〉 미술적 요소/원리 분석을 위한 발문의 예시

미술적 요소/원리	발문의 예시
색	작품에서 가장 많이 보이는 색은 어떤 색이니? 햇빛 속에 있는 것처럼 따뜻한 느낌의 색은 어떤 색이니? 차가운 느낌의 색은 어떤 색이니? 고갱의 「타히티 풍경」과 마티스의 「붉은색의 조화」 비교하기. 마티스의 작품에서는 어떤 색을 볼 수 있니? 노랑이 많이 쓰인 고갱의 작품은 어떤 느낌이 드니?
선	우리가 선을 그려 본다면 위아래로 뻗은 선을 찾아볼 수 있니? 누워 있는 것 같은 선이 있다면 어디니? 작가가 굵은 선과 가는 선을 모두 사용한 곳은 어디니? 그림의 한쪽 끝에서 반대쪽으로 그어진 선을 대각선이라고 하는데 어느 그림이 가장 대각선 같니? 몬드리안의 「빨강, 파랑, 노랑의 구성」과 고흐의 「별이 빛나는 밤」 비교하기. 가는 선과 굵은 선을 찾아보자. 느낌이 어떻게 다르니? 빨리 움직이는 선은 어디 있니? 부드러운 느낌의 선을 찾아보자.
형태(모양)	이 그림에서 어떤 모양이 보이니? 나뭇잎 모양을 찾아볼까? 어느 그림이 제일 둥글게 보이니? 어느 그림에 세모 모양이 가장 많이 있니? 몬드리안의 「빨강, 파랑, 노랑의 구성」과 고흐의 「별이 빛나는 밤」 비교하기. 몬드리안의 작품에서 어떤 모양을 발견할 수 있니? 동그라미를 많이 사용한 작품은 무엇이니?
질감	그림의 모래를 손으로 만져 본다면 어떤 느낌일 것 같니? 고흐의 그림에서 붓이 움직인 것 같이 보이는 부분은 어디니? 그 부분을 만지면 어떤 느낌이 날 것 같니? 표면이 부드럽게 표현된 곳은 어디니? 울퉁불퉁하게 표현된 그림은 어느 것이니? 거칠게 표현된 그림은 어느 것이니? 무엇으로 만든 작품 같니? 부드러운 느낌이 드는 작품은 어떤 것이니?
공간	사람들이 많이 있는데 어떤 사람이 가장 멀리 있는 것처럼 보이니? 왜 그럴까? 고흐의 침실에 있는 의자 중에서 어느 의자가 더 커 보이니(더 가까워 보이니)? 왜 그럴까? (드가의 「무대연습」) 이 곳은 어디인 것 같니? 작가는 이 그림을 어디서 보고 그린 것 같니? 만약, 앞에서 보고 그린다면 그림이 어떻게 달라질까?
균형	작품의 중심에는 무엇이 있니? 작가가 양쪽 끝에 무엇을 놓아두었니? 그림 양쪽 중 어느 쪽이 더 무거워 보이니?
명암	작품의 어느 부분이 어둡게 표현되었니? 이 작품의 어느 부분이 밝은 분위기니? 작품에서 어둠을 만들려면 어떻게 표현할 수 있을까? 어떤 한 색에 흰색을 섞어서 연하고 밝은색을 만든다고 해. 어느 부분이 연하고 밝으니?
강조	이 그림에서 제일 눈에 띄는 곳은 어디니? 왜 먼저 눈에 띄었을까?

활동목표가 정해지면 이에 따라 적합한 활동방법을 정한다. 미술 감상의 활동방법은 작품 하나를 선정하여 분석할 것인지, 두 가지 이상의 서로 다른 미술적 요소를 담고 있는 작품을 선정하여 함께 비교할 것인지 정한다. 유아교육기관에서는 주

로 토의에 의한 분석이나 비교의 방법을 이용하여 미술 감상을 진행한다. 이 밖에 게임으로 명화 퍼즐 맞추기나 미술관 현장체험학습을 통한 감상, 또는 미술 관련 분야의 큐레이터나 전문가를 초빙하여 작품을 감상할 수도 있다. 또는 특정 화가의 다양한 작품을 보면서 작품의 유사점이나 차이점을 생각해 보고 유아 나름대로 준거를 정해 분류해 볼 수도 있고 특정 장르의 작품을 다양하게 보면서 분류해 볼 수도 있다. 예를 들어, 렘브란트의 「초상화」를 감상하면서 렘브란트의 다른 작품들도 함께 감상하고 분류해 볼 수 있거나, 렘브란트의 「초상화」를 감상하면서 「초상화」를 그린 국내외 여러 화가의 작품을 감상하면서 비교, 분류해 볼 수도 있다. 다음의 〈표 13-2〉는 미술 감상 활동의 활동방법 종류를 표로 정리한 것이다.

〈표 13-2〉 활동방법의 종류

미술 감상 활동방법의 종류		내용
토의를 통한 감상	분석	하나의 미술작품을 중심으로 미술적 요소나 원리, 해석적 의미를 분석함
	비교	두 개 이상의 미술작품을 중심으로 유사점 또는 차이점을 비교함
	분류	동일 작가의 여러 작품을, 또는 동일 작품주제나 장르의 여러 작가 작품을 비교하며 유사점이나 차이점을 생각해 보고 유아가 정한 기준에 따라 분류함
미술 전문기관을 통한 감상	미술관 견학	현장체험학습을 미술관으로 직접 가서 미술작품을 감상하고 돌아온 후 해당 작품 관련 이야기 나누기를 함
	미술 전문가 초빙	미술관 큐레이터 또는 화가를 초빙하여 해당 작품에 대한 설명을 듣고 질문도 해 봄
게임을 통한 감상	퍼즐 맞추기	수 · 조작 영역의 교구로서 제공하여 명화나 미술작품을 퍼즐로 맞추는 놀이. 미술 감상 활동을 미리 하고 해당 작품을 교구로 제공하여 확장활동으로 게임을 해 볼 수 있음
	게임 활동	미술작품의 조각 그림을 맞춰서 전체 그림을 완성하는 편게임을 함. 미술 감상 활동으로서는 작품을 감상한 후 확장활동으로 많이 함
전시에 의한 감상	미술 전시회	유아들의 작품을 전시하면서 작품명, 작품내용도 적고 공간을 구성하여 미술작품들을 전시함. 다른 학급 유아나 학부모를 초청하여 전시회를 진행한 후 평가함

(3) 교수-학습 자료 준비하기

미술작품은 모든 유아가 잘 볼 수 있는 크기의 자료로 준비하는데 최근에는 빔프로젝터를 이용해서 미술작품 이미지를 벽면에 투사한 후 감상하는 방법을 많이 사용한다. 미술작품의 이미지 크기가 커지므로 대집단 활동 시 모든 유아가 작품을 잘 보고 감상할 수 있다는 장점이 있기 때문이다. 그러나 투사되면서 본래의 작품 색상이 흐려지거나 변질되어 보일 수 있으므로 교실 조명의 밝기를 조절하여 원작의 색상에 가깝도록 한다. 미술 감상을 위한 교수-학습 자료는 전형적인 사각형의 작품 형태로 준비할 수도 있지만 병풍이나 포스터 형태, 또는 모두 함께 보기 충분한 크기의 책 형태로 제공할 수도 있다. 미술 감상 활동을 하게 될 집단의 크기, 작품의 형태, 감상의 방법에 맞게 가장 적합한 형태의 자료를 준비한다. 최근 멀티미디어 기술의 발달로 인해 빛을 이용한 사진작품에 대한 감상도 미술 감상의 일환으로 다룰 수 있다. 환경적 이슈를 다루고 있는 사진이라든지 광고 포스터 등에 담긴 사진을 감상하면서 다양한 사회적 이슈와 문화적 내용을 생각해 볼 수도 있다.

(4) 주의집중, 전이활동, 사후/확장활동 계획하기

미술 감상 활동은 정적인 활동이므로 동적인 활동의 사이에 계획해 볼 수 있으며, 어떻게 주의집중하고 활동을 시작할 것인지, 활동이 끝나고 어떻게 전이할 것인지도 계획한다. 미술 감상을 한 작품은 다른 영역과의 통합적 활용을 할 수 있도록 확장활동을 생각해 보고 정한다. 예를 들어, 김홍도의 「씨름」을 감상한 후 확장활동으로 실제 씨름 동작을 신체표현으로 해 보거나 씨름하는 모습을 그려 볼 수 있다.

2) 미술 감상 활동의 실행

(1) 도입

- 주의집중: 미술작품의 주제나 핵심내용을 중심으로 주의집중을 하여 유아의 흥미와 관심을 불러일으킨다. 예를 들어, 마티스의 「금붕어」 작품을 감상한다

면 금붕어 앞글자인 ㄱㅂㅇ만 가지고 어떤 말일지 만들어 보는 수수께끼를 해 볼 수도 있고 금붕어 그림을 부분만 보여 주며 부분과 전체 활동을 통해 어떤 그림일지 맞혀 볼 수도 있다.

- 활동목표와 함께 오늘의 활동을 소개하기: 주의집중을 하고 나면 오늘의 활동을 소개하며 도입을 마무리하고 전개로 넘어갈 수 있다. 예 "그래서 오늘은 금붕어가 나오는 미술작품을 감상해 볼 거야."

(2) 전개

- 감상할 미술작품의 작품명, 화가, 작품에 관련된 배경 등 소개하기: 이것은 전개의 전반부에서 작품 감상 전에 할 수도 있고 작품 감상을 모두 한 후 전개 마지막 단계에서 이 작품의 제목이 무엇일지 추론해 보도록 하면서 소개할 수도 있다. 유아를 대상으로 하는 미술 감상에서 작가가 누구이며 작가의 일대기가 어떤지에 대해 지나치게 자세한 내용은 비중 상 그리 중요하지 않다. 작품에 대해 간단한 작품명과 작가 이름 정도만 소개해도 충분하며, 이 작품을 그린 뚜렷한 시대 · 문화적 배경이 있다거나 작품 관련 이야기가 있다면 간략히 알려 주면서 유아의 흥미를 높일 수 있다.
- 관찰을 통해 미술작품에서 보이는 것들을 중심으로 탐색하기: 유아들에게 미술작품을 보여 주고 어떤 느낌인지, 분위기가 어떤지 등을 질문하며, 미술작품에서 어떤 것들이 보이는지 발문한다. 이러한 질문은 유아로 하여금 작품을 자세히 바라보면서 세밀히 관찰하게 되고 그림에서 보이는 이미지들을 모두 말하면서 관찰력이 향상된다. 예 "그림을 보니 어떤 느낌이 드니? 그림에서 어떤 것들이 보이니?"
- 미술적 요소나 원리에 대해 분석하기: 미술작품에 대해 세세히 관찰하고 나면 미술적 요소나 원리 중 해당 미술작품에서 두드러지게 탐색 가능한 미술적 요소에 대해 생각해 본다. 예 "그림에서 가장 많이 보이는 색은 어떤 색이니? 그림에서 보이는 모양은 어떤 모양이니? 그림의 왼쪽과 오른쪽에 모두

있는 것은 무엇이니?"

- 그림 속에 담겨 있을 만한 이야기를 생각하면서 해석적 의미 분석하기: 그림마다 담고 있는 스토리를 찾아보고 그림에서 느껴지는 생각과 느낌을 그대로 편하게 이야기하도록 한다. 정답이 없기 때문에 유아가 그림을 보면서 떠오르는 직관적인 대답을 해도 된다. 교사는 유아가 어떠한 발언을 하든지 최대한 허용하고 존중한다. 예 "이 화가는 왜 이 그림을 그렸을까? 이 그림 전에는 어떤 일이 있었을까? 이 그림 다음에는 어떤 일이 일어날 것 같니? 이 그림에서 사람들은 어떤 생각을 하고 있는 것 같니?"

다음은 미술 감상 활동의 전개 과정에서 다룰 수 있는 내용을 정리한 것이다. 유아들과 미술 감상 활동을 할 때 작품에 대해 이야기 나누는 과정에서 필드만(Feldman, 1970)의 토의법을 활용할 수 있다. 필드만의 미술 감상 활동 방법으로 제안된 네 가지 단계는 기술-분석-해석-평가로서, 다음의 〈표 13-3〉과 같다.

〈표 13-3〉 Feldman의 미술 감상 4단계

단계	내용	질문 예시
기술하기	미술작품에서 객관적이고 시각적인 요인을 이야기해 보는 과정. 유아들에게 작품을 자세히 살펴본 후 작품 속에서 본 것들을 모두 나열하게 하는 과정	• 그림 속에서 본 것을 모두 이야기해 보자. • 그림을 1분 동안 자세히 보자. • 이제는 모두 눈을 감고 무엇이 떠오르는지 이야기해 보자.
분석하기	미술적 요소 및 원리에 대해 이야기 나누는 과정. 작품의 구성요소를 살펴보도록 하여 미술작품에 나타난 특징, 관계, 조직에 대해 이야기함. 선, 색, 형태, 모양, 질감, 공간 등 미술적 요소 분석	• 눈으로 이 선을 따라가 보자. • 빨간색 모양을 볼 때마다 손뼉을 쳐 보자. • 저 산들은 어떤 색이니? • 굵은 선은 어떤 붓으로 그렸을까? • 무엇으로 그렸을까?
해석하기	작품의 내용 및 작가의 의도에 대해 이야기 나누는 과정. 미적 대상의 특징과 의미를 전체적으로 관련지어 작품의 의미를 발견하고 이해하도록 하는 가치 전환적인 과정	• (풍경화를 보며) 네가 이곳에 있다면 어떤 향기가 날 것 같니? • 이 그림 전에 무슨 일이 일어났을까? • 그림을 그린 작가는 어떤 제목을 붙였을 것 같니?

단계	내용	질문 예시
평가하기	미술작품에 대한 유아 개인적 판단을 발견하도록 돕는 과정. 자신의 세계와 미술을 관련시키도록 하여 미술작품을 더 잘 이해할 수 있도록 돕는 과정	• 가장 재미있는/마음에 드는 부분은 어디니? • 혹시 바꾸고 싶은 부분이 있니? • 이 그림을 우리 교실에 붙여 놓는다면 어디에 붙이면 좋을까?

다음의 〈표 13-4〉는 유아를 대상으로 활동하기 적합한 미술작품과 그 미술작품을 통해 생각해 볼 만한 미술적 요소나 원리, 그리고 교사의 발문의 예시를 나타내고 있다. 한 활동에서 미술작품에 대해 다음 표의 미술적 요소나 원리를 참고하여 그중 2~4개 정도 선택한 후 수업 중에 유아들과 생각해 볼 수 있다.

〈표 13-4〉 미술작품과 미술적 요소 및 원리

미술작품	화가와 작품명	미술적 요소 및 원리
	이중섭 「황소」	• 색: 어떤 색이 보이니? • 질감: 붓으로 꺾으면서 표현한 곳이 어디니? 그곳의 느낌이 어떠니? • 움직임: 이 황소는 가만히 있는 것 같니, 움직이고 있는 것 같니? 왜 그렇게 생각했니? • 강조: 이 그림에서 가장 먼저 눈에 띄는 것은 무엇이니?
	김홍도 「씨름」	• 색: 이 그림은 어떤 색이 보이니? • 형태: 이 그림을 보면 어떤 모양이 생각나니? • 움직임: 움직이고 있는 사람들은 누구니? 어떻게 움직이고 있니? 어떤 점 때문에 움직인다고 느껴지니? • 도구(재료): 이 그림은 어떤 미술 도구로 그린 것 같니? 왜 그렇게 생각했니?
	김득신 「파적도」	• 선: 이 그림은 굵은 붓으로 그린 것 같니, 가는 붓으로 그린 것 같니? 왜 그렇게 생각했니? • 색: 어떤 색이 보이니? 이 그림은 무슨 색으로 그린 것 같니? • 움직임: 그림에서 움직이고 있다고 생각하는 것은 어떤 것들이니? 왜 그렇게 생각했니? • 공간: 가장 멀리 있는 건 누구니? 가장 가까이 있는 것은 무엇이니? 왜 그렇게 생각했니? 어디가 집 안이고 어디가 밖인 것 같니? 왜 그렇게 생각하니?

미술작품	화가와 작품명	미술적 요소 및 원리
	앙리 마티스 「금붕어」	• 색: 어떤 색이 보이니? 이 그림에서 가장 많이 보이는 색은 무엇이니? • 형태: 이 그림에서는 어떤 모양이 보이니? 무엇무엇이 동그란 모양을 생각나게 하니? • 질감: 어항을 만져 본다면 느낌이 어떨 것 같니? 파란 철제의자를 만진다면 어떤 느낌일까? • 균형: 탁자 위의 두 작은 화분 중 하나가 없다면 어떤 느낌일까? 화분이 양쪽으로 두 개 있으니 느낌이 어떠니?
	프레드릭 모건 「사과 따기」	• 선: 그림에서 가로 선이 보이는 곳이 있니? 어디니? 세로 선이 보이는 곳은 어디니? • 색: 어떤 색이 가장 많이 보이니? • 무게감: 사과를 들고 있는 사람들은 가벼울 것 같으니, 무거울 것 같으니? 왜 그렇게 생각했니? (천이 아래로 축 늘어져 있는 모양을 보고 추론 가능함) • 원근: 앞에 있는 여자아이와 오른쪽 뒤에 있는 아이의 크기가 어떠니? 왜 그럴까?
	앙리 루소 「공놀이하는 사람들」	• 선: 나무를 따라 선을 그어 보자. 어떤 선이 보이니? • 명암: 그림에서 어두운 부분은 어디니? 빛이 비치는 것처럼 밝은 부분은 어디니? • 움직임: 이 사람들은 가만히 있니, 움직이고 있니? 왜 그렇게 생각했니? • 원근: 맨 앞의 사람과 맨 뒤의 사람의 크기가 어떠니? 맨 앞의 나무와 뒤의 나무 크기가 어떠니? 왜 그런 것 같니?

(3) 마무리

- 미술 감상 활동에 대한 평가하기: 위의 전개 부분에서 분석한 내용들을 토대로 미술작품에 대한 유아의 평가를 한다. 미술작품을 감상하면서 그림이 좋은지, 어떠한 점이 좋은지 등 유아 스스로도 다른 사람의 작품을 감상하면서 평가해 보는 기회를 가진다. 미술작품에 대한 평가는 정답이 없기 때문에 유아가 느끼는 대로 자유롭게 이야기하도록 허용한다. 예 "그림이 좋니? 어떤 점이 좋았니? 만약, 너희가 화가가 돼서 그림을 바꾼다면 어떤 점을 바꾸고 싶니?"
- 확장활동 소개하기: 미술 감상을 한 작품을 활용해서 다양한 확장활동을 계획해 볼 수 있다. 언어 영역과 연계하여 작품 속 주요 용어를 그림과 함께 쓰면서 단어책을 만들어 볼 수도 있고 미술작품을 그린 작가에게 편지를 쓰는 활동을 할 수도 있다. 작품 속에 어떠한 소리가 있었다면 음률 영역에서 해당 소리를 악기로 만들어 보거나 미술작품을 감상하면서 떠오른 느낌을 음악으로 표현해 볼 수도 있다. 인형극 영역에서 미술작품 속 이야기를 바탕으로 인형극을 공연해 볼 수도 있고 수·조작 영역에서 감상한 미술작품 퍼즐 맞추기 또는 미술작품 속 이야기를 바탕으로 만든 교구를 활용한 게임을 해 볼 수도 있다. 미술 감상 작품과 가장 적절하게 연계될 수 있는 확장활동을 계획하여 소개해 볼 수도 있고, 유아들에게 오늘 감상한 그림을 이용해서 어떤 놀이를 해 보고 싶은지 물어봐서 유아들이 확장활동 또는 확장 놀이를 계획해 보도록 한다.
- 전이활동으로 전개하기: 미술 감상 활동이 끝난 후의 일과를 소개하고 유아들이 자연스럽게 다음 일과로 전이할 수 있도록 돕는다.

3) 미술 감상의 평가

미술 감상 수업에 대한 평가내용은 다음의 표와 같다. 이 표의 내용을 살펴보면 미술 감상 수업 시 고려해야 할 사항들을 알 수 있다.

범주		내용	평가
수업설계		주제와 연계되는가?	
		유아의 경험과 연계되는가?	
		유아의 발달에 적합한가?	
		목표 진술은 적절하며, 평가의 요소를 고려하는가?	
		도입, 전개, 마무리 구성이 적절한가?	
교수-학습 활동	미술 감상 활동 지도과정	본시 수업과 관련된 도입을 하는가?	
		작품을 관찰하는 시간을 주는가?	
		미적 요소와 원리에 대한 내용이 반영되고 있는가?	
		미술과 다른 교과가 적절하게 통합을 이루고 있는가?	
		작품 내용에 대해 이야기 나누는가?	
		작품에 대해 내면화하고 있는가?	
평가 활동		목표, 내용, 과정을 고려한 평가가 이루어지고 있는가?	
		교과 및 주제 관련 목표에 대한 평가를 하는가?	
		감상 활동이 끝났음을 알리고 다음 활동을 소개하는가?	
학습 자료 활용		유아들의 흥미를 끌고 매력적인가?	
		매체 조작을 자연스럽게 잘하는가?	

출처: 강민정 외(2018).

3. 미술 감상 활동의 활동교육계획안 예시

<table>
<tr><td>수업일시</td><td>9월 2주</td><td>수업장소</td><td colspan="2">교실</td></tr>
<tr><td>놀이주제</td><td>전통 놀이</td><td>대상연령</td><td colspan="2">만 5세</td></tr>
<tr><td>활동시간</td><td>20분</td><td>활동유형</td><td colspan="2">미술 감상</td></tr>
<tr><td rowspan="2">활동명</td><td rowspan="2">김홍도의 「씨름」</td><td>집단크기</td><td colspan="2">대집단</td></tr>
<tr><td>대형</td><td colspan="2">반원형</td></tr>
<tr><td>활동계획 배경
(놀이와의 연계)</td><td colspan="4">유아들의 놀이와 이야기 주제에 추석 행사 때 했던 비석치기, 투호 던지기 등의 전통놀이가 계속 언급이 되었고 그중 씨름에 가장 큰 흥미를 보이는 것을 관찰한 교사는 유아들의 흥미를 바탕으로 우리나라 전통놀이 중 하나인 '씨름'을 주제로 한 명화 감상을 계획하게 되었다.</td></tr>
<tr><td>활동목표</td><td colspan="4">- 김홍도의 「씨름」 작품을 감상하며 그림 속 이야기를 상상해 본다.
- 김홍도의 「씨름」 작품에 나타난 미술적 기법을 이해한다.
- 붓과 먹물로 그린 그림에 관심을 가진다.</td></tr>
<tr><td>누리과정
관련요소</td><td colspan="4">• 의사소통 〉 듣기와 말하기 〉 자신의 경험, 느낌, 생각을 말한다.
• 사회관계 〉 사회에 관심 가지기 〉 우리나라에 대해 자부심을 가진다.
• 예술경험 〉 예술 감상하기 〉 우리나라 전통 예술에 관심을 갖고 친숙해진다.
• 예술경험 〉 예술 감상하기 〉 다양한 예술을 감상하여 상상하기를 즐긴다.</td></tr>
<tr><td>준비물</td><td colspan="4">김홍도의 「씨름」 작품</td></tr>
<tr><td>사전활동</td><td colspan="4">씨름 경기에 대해 이야기 나누기</td></tr>
<tr><td>절차</td><td colspan="3">활동내용</td><td>준비물 및 유의점</td></tr>
<tr><td>도입
(3분)</td><td colspan="3">○ 가운데가 가려져 있는 김홍도의 「씨름」을 보고 가운데 그려져 있는 그림을 예상한다.
T: 성결반~ 이 그림에 있는 사람들은 지금 무얼 하고 있는 것 같니?
C: 모여 있어요. / 뭘 보고 있어요. / 가운데에서 가수가 노래 부르는 것을 보고 있는 것 같아요.
T: 아~ 그렇게 생각할 수도 있겠다. 이 가운데에는 어떤 모습이 들어가 있을까?
C: 가수가 노래 부르는 모습이요! / 뽀로로가 있어요. / 춤추는 거요.</td><td></td></tr>
</table>

절차	활동내용	준비물 및 유의점
도입 (3분)	T: 정말 그런지 한번 보자. 얘들아, 무엇을 하고 있어? 아까 너희들이 말한 것을 하고 있니? C: 씨름을 하고 있어요! / 저희가 저번에 배웠던 거예요! T: 맞아. 바로 이 부분에 들어갈 그림은 씨름이야. 오늘은 우리가 씨름하는 그림을 감상해 볼 거야.	김홍도 「씨름」
전개 (12분)	○ **「씨름」에 대해 이야기 나눈다.** T: 우리가 오늘 감상할 그림은 김홍도 작가의 「씨름」이라는 작품이야. 그림에서 어떤 것들이 보여? C: 모자가 보여요. T: 아~ 모자가 보이는구나! 이건 옛날에 사람들이 쓰는 것인데 뭐라고 부르는지 아니? C: 모르겠어요. T: 이건 옛날 사람들이 머리에 쓰던 '갓'이라고 해. 그런데 사람들이 갓을 머리에 쓰고 있니? C: 아니요! 바닥에 내려놓았어요. / 쓰고 있는 사람도 있어요. T: 그러면 왜 갓을 벗어서 내려놨을까? C: 더워서요! / 불편해서 그랬을 것 같아요. T: 더워서 불편했을까? 그러면 지금은 어느 계절인 것 같아? C: 갓을 내려놓았으니까 여름이요. / 부채가 있으니까 여름인 것 같아요. / 그런데 긴팔을 입고 있어요. 덥지 않을까요? T: 정말 여름인데 긴팔 옷을 입은 것 같구나. 왜 사람들은 우리처럼 반팔을 안 입고 긴 옷을 입고 있을까? C: 반팔이 없어요. / 음.. 날씨가 많이 덥지 않아서? T: 맞아. 옛날엔 옷이 귀해서 지금처럼 옷이 많지 않았고, 지금처럼 나무를 베지 않아 나무와 숲이 많아서 지금보다 날씨가 선선했기 때문이야. T: 또 그림에서 보이는 것이 있니? C: 어떤 사람은 목에 뭘 메고 있어요. 그래서 물건을 팔고 있는 것 같아요. T: 목에 뭘 메고 있는 이 사람 말하는 거니? 무엇을 팔고 있는 걸까?	유아들이 작품에 대한 느낌이나 생각을 자유롭게 표현하고 감상과정 자체를 즐길 수 있도록 수용적이고 개방적인 분위기를 조성한다.

절차	활동내용	준비물 및 유의점
전개 (12분)	C: 음.. 더우니까 물? / 사탕이 있을 것 같아요. / 아이스크림이요. T: 그렇구나~ 그렇다면 사람들은 왜 씨름을 보고 있는 걸까? C: 심심해서요. / 씨름을 하고 있으니까 구경하는 거 아닐까요? / 축제를 하고 있는 거 아닐까요? T: 그럴까? 사람들의 표정은 어때? C: 놀란 것 같아요. / 누가 이기나 보고 있는 것 같아요~ T: 이 사람들은 지금 어떤 생각을 하고 있을까? C: 누가 이기나 궁금해 하고 있는 것 같아요. T: 그럴 수도 있겠다. 그러면 이 그림의 앉아 있는 사람들을 마음속으로 이어 본다면 어떤 모양으로 앉아 있니? C: 동그라미요! T: 그렇구나. 큰 동그라미 모양으로 앉아 있구나. 그러면 씨름하는 사람들은 어떤 모양인 것 같아? C: 가운데 씨름 하는 사람들은 X자 모양 같아요. T: 아~ 다양한 모양이 보이는구나. 그럼, 이 그림의 선들은 어떤 느낌이야? C: 부드러운 느낌이에요. / 바람에 휘날리는 느낌이 들어요. / 둥글둥글해요. T: 아~ 그렇게 다양한 느낌이 드는구나! 그러면 이 그림은 무엇으로 그린 그림일까? C: 색연필이요. / 연필이요! / 붓이요. / 볼펜이요. / 물감이요. T: 이 그림은 먹물과 붓을 이용해서 그린 그림이야. 먹물과 붓을 아는 사람 있니? C: 네. 글씨도 쓰고, 그림도 그릴 수 있어요. T: 맞아. 먹물과 붓은 우리가 지금 글과 그림을 쓰고 그릴 때 사용하는 연필처럼 옛날에는 붓으로 글씨를 쓰고 그림도 그렸어. T: 그러면 이 그림은 옛날에 그린 그림일까? 지금 그린 그림일까?	

절차	활동내용	준비물 및 유의점
전개 (12분)	C: 옛날에 사용했던 붓으로 그림을 그렸으니까 옛날에 그린 그림이에요. T: 맞아. 이 그림을 그린 김홍도 작가는 옛날에 살던 조선 시대 사람이야. 그러면 이 그림은 무슨 색으로 그린 것 같아? C: 검은색으로 그린 것 같아요./ 그런데 살구색도 보여요! T: 그렇구나~ 색이 검은색, 살구색 두 가지가 보이는구나. 이 그림은 검은색 먹물 한 가지 색으로 그린 그림이야. 그런데 왜 살구색도 같이 보일까? C: 살구색 종이를 쓴 것 같아요. / 배경색을 살구색으로 칠했어요. T: 그럴 수도 있지만, 이 작품은 오래되어서 색깔이 누레진 거야. T: 그러면 이 그림에서 씨름하는 사람들은 가만히 있는 것 같니, 움직이는 것 같니? C: 다리 모양이 움직이는 것 같아요. T: 왜 움직인다고 생각했어? C: 씨름하고 있잖아요. 제가 씨름을 했을 때도 다리가 많이 움직였거든요. T: 아~ 그렇겠다. 그러면 김홍도 작가는 왜 이런 그림을 그렸을까? C: 심심해서요. / 씨름하는 게 재밌어 보이니까요. /사람들의 일을 기억하고 싶어서요. T: 아~ 그랬을 수도 있겠다. 이렇게 사람들의 생활을 그린 그림을 풍속화라고 해. 좀 어려운 말이지? 다 같이 말해볼까? 풍속화. 특히, 김홍도 작가는 사람들이 어떻게 사는지에 대한 그런 생활 모습을 그림으로 많이 그렸어. T: 너희들이 작가라면, 이 그림을 그릴 때 또 어떤 것을 그려 넣고 싶어? C: 응원하고 있는 치어리더요. / 씨름 대회 상금으로 가져가는 소를 그려 넣을래요.	

절차	활동내용	준비물 및 유의점
마무리 (5분)	○ 미술작품을 감상하면서 느낀 점이나 생각한 것들에 관해 이야기 나눈다. T: 오늘 김홍도의 「씨름」을 감상해 보았는데 어떤 느낌이 들었어? C: 저도 친구들이랑 씨름놀이 하고 싶어요. / 재밌어요. T: 감상 활동을 하면서 어떤 점이 가장 재미있었니? C: 그림에 나온 사람들의 표정들 보는 게 너무 재밌었어요. / 저는 씨름을 왜 하고 있는지 서로 이야기 나누는 게 재밌었어요. T: 그렇구나~ 또 어떤 느낌이 들었어? C: 옛날 사람들이 뭐 하고 지내는지 알 수 있어서 좋았어요. T: 정말 중요한 이야기를 해 주었어. 「씨름」과 같은 풍속화를 보면 그 시대 사람들이 어떻게 살았는지 알 수 있지. T: 성결반! 다음 시간은 어떤 시간이지? C: 간식시간이요! T: 맞아. 간식을 먹기 위해 무엇을 해야 할까? C: 손을 씻고 와요! T: 그래. 선생님 앞에 있는 어린이부터 출발~	
사후/확장활동	붓과 먹물로 그리기	
평가	• 김홍도의 「씨름」 작품을 감상하며 그림 속 이야기를 상상해 보았는가? • 김홍도의 「씨름」 작품에 나타난 미술적 기법을 이해하였는가? • 붓과 먹물로 그린 그림에 관심을 가졌는가? • 풍속화는 사람들의 사는 모습을 그린 것임을 아는가?	

CHAPTER 14

바깥놀이

1. 바깥놀이의 개념

바깥놀이란, 일과 중 실외공간에서 이루어지는 모든 놀이와 활동을 말한다. 개정 누리과정에는 총론의 II. 누리과정의 운영 중 1. 편성 · 운영의 라항에 "하루 일과에서 바깥놀이를 포함하여 유아의 놀이가 충분히 이루어지도록 편성하여 운영한다(교육부 · 보건복지부, 2019, p. 7)"라고 되어 있으며, 2. 교수-학습의 다항에 "유아가 다양한 놀이와 활동을 경험할 수 있도록 실내외 환경을 구성한다(교육부 · 보건복지부, 2019, p. 8)"라고 되어 있다. 즉, 매일의 일과에서 날씨를 고려하여 황사, 미세먼지나 우천 시, 또는 자외선 지수가 특별히 높은 날이 아니라면 항상 바깥놀이를 포함해야 하며, 유아의 다양한 놀이를 위한 바깥놀이 공간은 다양한 흥미영역이 포함되도록 구성해야 한다. 만약, 날씨로 인해 부득이하게 바깥놀이가 어렵다면 그날은 실내 신체활동을 계획하여 유아들이 마음껏 뛰어놀 수 있는 시간을 확보하도록 한다. 눈이나 비가 오는 날도 자연의 변화를 몸소 경험할 수 있는 바깥놀이를 편성하여 유아가 자연스럽게 주변 환경과 세계를 이해할 수 있도록 한다.

유아는 바깥놀이에서 자신의 신체를 크게 움직여 보기도 하며 걷고 뛰는 등 대근육 운동놀이를 할 수 있으며, 미끄럼틀, 그네, 시소 등 놀이기구나 시설을 활용한 운동도 경험할 수 있다. 이밖에 물놀이나 모래놀이, 동식물 관찰하기, 자연물을 활용한 상상놀이나 역할놀이, 전래놀이 등 다양한 놀이를 경험해 볼 수 있다. 바깥놀이에서 실컷 뛰어놀면서 유아는 에너지를 발산하고 다시 실내 교실에서 차분하게 놀이할 수 있는 정서적 균형을 이룰 수 있다. 따라서 교사는 바깥놀이의 중요성과 필요성, 교육적 가치를 깊이 이해하고 유아가 충분한 바깥놀이시간을 가질 수 있도록 최대한 교육계획에 반영한다.

2019 개정 누리과정에서 바깥놀이는 주로 신체 · 운동건강 영역과 자연탐구 영역에 해당하며, 그 외 놀이주제에 따라 다른 영역의 목표와 내용범주, 내용이 관련될 수도 있다. 바깥놀이에 주된 영역인 신체 · 운동건강 영역과 자연탐구 영역의 목표는 다음과 같다(교육부 · 보건복지부, 2019).

영역	목표
신체운동 · 건강	실내외에서 신체활동을 즐기고, 건강하고 안전한 생활을 한다. 1. 신체활동에 즐겁게 참여한다. 2. 건강한 생활습관을 기른다. 3. 안전한 생활습관을 기른다.
자연탐구	탐구하는 과정을 즐기고, 자연과 더불어 살아가는 태도를 가진다. 1. 일상에서 호기심을 가지고 탐구하는 과정을 즐긴다. 2. 생활 속의 문제를 수학적 · 과학적으로 탐구한다. 3. 생명과 자연을 존중한다.

2019 개정 누리과정에서 신체 · 운동건강 영역과 자연탐구 영역의 내용은 다음과 같으며, 그중 바깥놀이의 누리과정 관련요소는 진하기로 표시한다(교육부 · 보건복지부, 2019).

내용범주	내용
신체활동 즐기기	**신체를 인식하고 움직인다.**
	신체 움직임을 조절한다.
	기초적인 이동운동, 제자리 운동, 도구를 이용한 운동을 한다.
	실내외 신체활동에 자발적으로 참여한다.
건강하게 생활하기	자신의 몸과 주변을 깨끗이 한다.
	몸에 좋은 음식에 관심을 가지고 바른 태도로 즐겁게 먹는다.
	하루 일과에서 적당한 휴식을 취한다.
	질병을 예방하는 방법을 알고 실천한다.
안전하게 생활하기	일상에서 안전하게 놀이하고 생활한다.
	TV, 컴퓨터, 스마트폰 등을 바르게 사용한다.
	교통안전 규칙을 지킨다.
	안전사고, 화재, 재난, 학대, 유괴 등에 대처하는 방법을 경험한다.

내용범주	내용
탐구과정 즐기기	주변 세계와 자연에 대해 지속적으로 호기심을 가진다.
	궁금한 것을 탐구하는 과정에 즐겁게 참여한다.
	탐구과정에서 서로 다른 생각에 관심을 가진다.
생활 속에서 탐구하기	물체의 특성과 변화를 여러 가지 방법으로 탐색한다.
	물체를 세어 수량을 알아본다.
	물체의 위치와 방향, 모양을 알고 구별한다.
	일상에서 길이, 무게 등의 속성을 비교한다.
	주변에서 반복되는 규칙을 찾는다.
	일상에서 모은 자료를 기준에 따라 분류한다
	도구와 기계에 대해 관심을 가진다.
자연과 더불어 살기	주변의 동식물에 관심을 가진다.
	생명과 자연환경을 소중히 여긴다.
	날씨와 계절의 변화를 생활과 관련짓는다.

바깥놀이를 통해 유아는 다양한 놀이 경험을 하면서 주변 환경을 직접적으로 탐색해 볼 수 있다. 개정 누리과정에서 바깥놀이의 교육적 가치는 다음과 같다.

- 비구조화된 놀이 공간에서 유아의 내적 동기와 흥미에 기초한 자발적 놀이가 이루어질 수 있으므로 놀이의 즐거움을 경험할 수 있다.
- 실내에서 집중하며 놀이할 때 생긴 긴장이나 억압으로부터 해방감을 느낄 수 있고 정서적 긴장감을 해소할 수 있다.
- 실내에서 공간적 제약으로 인해 하지 못했던 것을 바깥놀이 공간에서 실컷 소리 지르고 구르고 뛰어놀며 다양하게 표현하며 놀이할 수 있다.
- 유아 주변 세계의 자연환경과 날씨를 직접적으로 경험하며 자연의 변화를 느낄 수 있다.
- 물놀이, 모래놀이 등 자신을 둘러싼 주변 환경을 탐색하면서 물리적 개념을 놀이를 통해 경험할 수 있다.
- 대근육을 활발히 움직이면서 몸의 균형, 운동방향과 속도, 마찰 등 기초적인 물리적 개념을 몸소 경험하고 신체조절능력을 도모할 수 있으며, 심신의 건

강과 전인적 성장을 이룰 수 있다.

- 유아가 다양한 동식물을 직접 만나 생명의 소중함을 배우고 자연과 친밀해질 수 있으며, 관찰력과 호기심을 키울 수 있다.
- 놀이 중 타인과의 다양한 상호작용을 통해 사회적 기술을 익히게 되며, 다른 사람의 감정을 공감하고 배려하는 마음을 형성할 수 있다.
- 다양한 상상놀이와 역할놀이 상황에서 신체를 크게 움직이며 규칙이 있는 놀이에 참여하면서 타인의 생각을 이해하고 인지적 발달을 이룰 수 있다.
- 유아 내면의 잠재되어 있던 에너지를 발산하면서 정서적 안정감을 경험하고 놀이를 통한 만족감과 충만감을 느낄 수 있다.
- 유아 자신뿐만 아니라 타인의 안전을 위해 지켜야 할 규칙과 약속이 있음을 이해하며, 해야 할 행동과 하지 말아야 할 행동을 구분하고 배울 수 있다.

2. 바깥놀이의 계획 · 실행 · 평가

유아의 놀이를 지원하기 위한 활동으로서의 바깥놀이를 하려면, 교사로서 무엇을 준비하고 계획할 것인지, 바깥놀이는 어떻게 유아를 대상으로 진행할 것인지, 그리고 바깥놀이에 대한 교수자로서의 평가를 어떻게 해야 할지 알아보려고 한다.

1) 바깥놀이의 계획

바깥놀이시간의 계획은 유아의 연령과 발달, 계절 및 날씨, 유아의 상태, 유아 놀이와의 연관성, 유아교육기관의 시설 여건, 실내 신체표현 활동과의 균형, 다른 학급의 바깥놀이시간과 공간 분배 등을 고려하여 정한다. 예를 들어, 급식 전에 40분 바깥놀이를 한 후 하원 전 20분을 한다거나, 오전 실내 신체활동 20분을 했다면 오후 바깥놀이 40분 이상을 운영하는 방식으로 계획할 수 있다.

① 신체활동: 다양한 대 · 소근육 활동을 실시할 수 있는데 공, 풍선, 훌라후프,

평균대 등을 활용한 신체활동을 계획하여 실행할 수 있다. 다양한 도구를 이용하여 도구와 관련된 물리적 개념을 탐색해 보거나 도구를 이용한 신체표현이나 게임도 계획할 수 있다. 예 보자기로 두 명의 유아가 공 운반하기, 배드민턴 채로 풍선 치기, 목표물에 공 넣기, 투호 던지기, 비석치기

② 표현활동: 실내에서 하기에는 공간적 제약이 있는 표현활동을 바깥놀이 공간에서 계획하고 실행할 수 있다. 시끄럽고 큰 소리가 나는 악기의 소리를 탐색하거나 음악에 따라 몸을 크게 움직이는 활동 등은 실외 공간에서 충분히 할 수 있기 때문이다. 또한, 모래로 그림 그리기, 공을 굴려서 물감 그림 그리기 등은 바깥놀이 영역에서 마음껏 표현해 볼 수 있으며 나뭇잎, 꽃잎, 물을 이용한 조형 활동도 가능하다. 예 나뭇가지로 그림 그리기, 분무기 그림, 꽃물들이기

③ 탐색활동: 실내에서 하기에 어려움이 있는 탐색은 바깥놀이에서 계획해 볼 수 있다. 밀가루 탐색, 천연 염색하며 탐색하기, 핑거페인팅, 물감으로 발바닥 찍기 등은 모두 넓은 공간의 실외에서 하기에 적합하므로 바깥놀이 활동으로 계획하여 실행할 수 있다.

④ 교실 놀이와 연계된 활동: 교실에서 놀이하거나 활동한 것과 연결하여 실외에서 적용하거나 실험해 보는 놀이를 계획해 볼 수 있다. 예를 들어, 유아가 자유놀이시간에 방아깨비를 관찰하려고 방아깨비가 살 수 있는 집을 상자로 만들었다면 바깥놀이시간에 해당 상자를 들고 나가 방아깨비를 잡아넣고 관찰해 보도록 할 수 있다. 또한, 낙하산, 종이비행기, 팽이, 바람개비 등을 조형영역에서 만들었다면 이를 바깥놀이 때 가지고 나와서 직접 이용하며 실험해 볼 수도 있다.

⑤ 자유로운 바깥놀이 활동: 바깥놀이는 교사가 계획한 활동이 있다고 하더라도 유아들이 자유롭게 자신의 흥미와 요구에 따라 놀이하도록 허용한다. 따라서 사전 계획한 활동에 흥미를 가지고 참여하는 유아는 함께 활동하지만 그 밖의 유아들이 일상적인 바깥놀이 공간 자체에서의 놀이를 즐긴다면 그 자체로도 가치 있으니 허용하고 지원하도록 한다.

2) 바깥놀이의 실행

(1) 도입

- 정리 및 화장실 다녀오기: 교실 놀이를 정리하고 바깥놀이 가기 전에 화장실을 다녀오게 한다.
- 복도에 줄 서기: 바깥놀이 준비를 하기 위해 복도 장을 거쳐 복도에 한 줄 서기를 한다. 추운 날에는 복도의 장에서 외투와 모자, 장갑 등을 착용하도록 하고, 자외선이 강한 여름에는 모자를 쓰고 자외선 차단제를 바를 수 있도록 한다.
- 현관에서 신발 갈아 신기: 유아가 신발을 갈아 신게 될 현관 크기를 고려하여 적절한 유아의 수를 현관으로 보낸다. 현관이 작을 경우에는 1~2명의 유아를 호명하여 현관에서 신발을 갈아 신고 나가게 하고, 다음 1~2명의 유아를 호명하는 식으로 내보낸다. 현관이 클 경우에는 한 번에 7~8명의 유아를 보내서 신발을 갈아 신게 하는 등 현관 크기에 따라 안전하게 신을 갈아 신을 수 있는 인원을 배분하여 보내도록 한다.
- 바깥놀이 영역으로 나가기: 신발을 갈아 신은 유아들은 자유롭게 바깥놀이 영역으로 가서 놀이를 시작할 수도 있고, 현관과 바깥놀이 공간이 분리된 환경의 경우에는 현관 밖에 줄 서 있는 유아들을 인솔하여 바깥놀이 영역으로 이동한다. 바깥놀이를 들어가기 전에 탬버린을 치거나 교사와 하이파이브 하고 들어가게 하는 방법도 있다. 이때 탬버린은 유아의 키 높이에서 점프하여 칠 수 있는 도전적인 높이로 제공하여 유아들이 높이 뛰기를 할 수 있도록 지원할 수 있다.

(2) 전개

- 자유롭게 바깥놀이를 하도록 전체 영역을 오픈하며, 특히 놀이를 시작하지 못하는 유아가 있거나 갈등상황에 있는 유아는 교사가 개입하여 문제를 해결

하고 자발적인 놀이에 몰입하도록 한다.

- 유아의 교실 내 놀이주제와 연결된 바깥놀이 활동을 계획한 경우에는 해당 자료를 이용하여 유아와 상호작용한다. 예 바람이 부는 날 스카프 날리기, 복합놀이 시설에 올라가 낙하산 날리기, 교실에서 만든 종이비행기 날리기, 자연물 이용한 염색놀이

(3) 마무리

- 바깥놀이시간이 끝나면 정리를 알리며 줄을 서서 교실로 이동한다. 이때 교사는 교실 출입문과 가장 먼 곳부터 바깥놀이 영역을 크게 한 바퀴 돌며 교실로 들어갈 경로를 따라 이동하며 마무리 할 수 있다.
- [그림 14-1]은 바깥놀이를 정리하면서 교실로 이동하는 동선을 그린 것이다. 교사는 물놀이 영역부터 시작하여 해당 영역의 유아들에게 정리를 알리고 정리가 끝난 아이들은 교사 앞에 줄을 서서 다음 영역인 복합놀이시설 영역으로 교사와 함께 이동한다. 복합놀이시설 영역을 정리정돈 한 후 유아들이 계속 누적되어 줄을 서며 모래놀이 영역 순으로 이동하면서 정리한다.

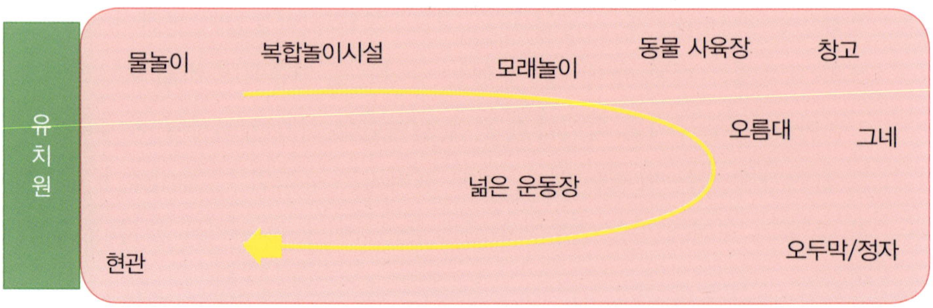

[그림 14-1] 바깥놀이 정리 및 교실로의 이동

- 이처럼 이동하게 되면 바깥놀이 영역 구석구석 정리 상황을 점검할 수 있으며, 동시에 구석에서 놀이하여 보이지 않는 유아까지도 함께 줄을 세워 교실로 데리고 들어갈 수 있다.

- 이와 같이 각 영역의 정리를 하면서 정리가 끝난 영역의 유아들이 추가로 줄을 서면서 교실 출입문까지 남은 공간에서는 간단한 신체활동을 할 수 있다. 예를 들어, 점프하며 가기, 오리걸음으로 걷기, 교사가 들고 있는 탬버린을 치고 들어가기 등을 한다.

3) 바깥놀이의 평가

바깥놀이에 대한 평가내용은 다음의 표와 같다. 이 표의 내용을 살펴보면 바깥놀이 시 고려해야 할 사항들을 알 수 있다.

범주	내용	평가
바깥놀이 선정	놀이주제와 연계되는가?	
	유아의 발달에 적합한가?	
	유아들의 동기와 관련 있는가?	
	교육적 가치가 있는가?	
환경	적절한 매체(사진, 동영상 자료 등)를 사용하는가?	
	바깥놀이에 필요한 자료들이 모두 준비되어 있는가?	
	바깥놀이터에 위험한 요소는 없는가?	
도입	주제를 고려한 주의집중을 하는가?	
	대형 정돈을 하는가?	
	동기유발(혹은 사전경험 회상)을 하는가?	
	활동 안내를 하는가?	
바깥놀이 활동 지도과정	바깥놀이 영역에 제시된 자료를 탐색하는가?	
	유아가 자료의 종류를 스스로 선택하게 하는가?	
	유아가 원하는 구성물을 만들도록 격려하는가?	
	바깥놀이에 필요한 약속을 정하는가?	
	친구와 협동하여 바깥놀이를 확장할 것을 격려하는가?	
	구성물을 전시 · 소개하는가?	
	정리시간을 갖는가?	

범주	내용	평가
발문	유아의 수준을 고려하여 발문하고 응답할 시간을 적당하게 주는가?	
	유아의 다양한 반응을 유도하는 발문을 하는가?	
	유아의 대답과 오답에 대한 응답 처리가 적절한가?	
	언어 · 비언어적 표현을 사용하여 칭찬과 격려를 자주 하는가?	
마무리	바깥놀이에 대한 평가를 하는가?	
	바깥놀이가 끝났음을 알리고 다음 활동을 소개하는가?	

출처: 강민정 외(2018).

3. 바깥놀이 공간의 환경구성

유아의 놀이를 지원하기 위한 바깥놀이 공간은 안전하고 위생적이며 유아의 자발적이고 비구조화된 다양한 놀이가 가능하도록 구성되어야 한다. 이를 위해 매일 교사는 아침 출근길에 바깥놀이터를 돌아보면서 놀이터 및 놀잇감의 청결 상태와 파손 여부를 확인하는 것이 좋다. 한편, 유아교육기관에서는 바깥놀이터 시설관리인을 지정하여 업무를 분장하고 관련 연수를 받도록 해야 하며, 놀이터 시설물의 상황을 점검한 일지를 작성하고 문제 발생 시 신속하게 보수 · 관리할 수 있도록 한다. 또한, 관할기관으로부터 3년에 한 번씩 정기적인 실외 놀이시설 안전점검을 받아야 한다. 만약, 유아교육기관 형편상 바람직한 실외 놀이환경을 구비하기 어려운 환경적 제약을 가지고 있다면, 유치원 인근의 공원이나 놀이터, 뒷산 등을 활용하여 바깥놀이를 계획하고 운영할 수 있다.

다음의 〈표 14-1〉은 유아교육기관의 바깥놀이 공간이 구비해야 할 실외 놀이 환경구성이다. 실내 놀이공간도 다양한 흥미영역으로 구성되는 것처럼, 바깥놀이 공간 역시 다양한 흥미영역을 포함하도록 설계한다.

〈표 14-1〉 바깥놀이 공간의 환경구성

영역	바깥놀이 공간별 내용
복합놀이시설 영역	• 복합놀이시설을 이용한 놀이가 가능한 공간 • 바깥놀이 공간의 가장 넓은 부분을 차지하는 영역으로, 오르기, 미끄러지기, 구르기, 매달리기 등 신체활동이 이루어짐 • 그네, 시소, 미끄럼틀 등 놀이시설을 이용하여 놀이할 수 있음 • 조용한 휴식공간과 떨어진 공간에 위치하는 것이 좋음
모래놀이 영역	• 위생적인 모래를 활용한 놀이가 가능한 공간 • 물을 이용한 모래놀이가 가능하도록 수도와 가깝게 배치 • 덤프트럭, 삽, 통, 체, 다양한 크기와 모양의 틀 등 • 근처에 극화놀이 소품이 있으면 놀이가 더 구체화될 수 있음
물놀이 영역	• 물을 이용한 다양한 놀이가 가능한 공간 • 다양한 크기와 모양의 통, 각종 호스류, 물뿌리개 등 • 유아가 선 채로 놀이할 수 있는 높이가 적당함
자연탐구 영역	• 동식물을 관찰하고 기르면서 자연을 보호하고 아끼는 마음을 가질 수 있는 공간 • 식물의 성장과 변화를 관찰하도록 사계절 내내 꽃과 열매를 관찰할 수 있는 꽃나무나 유실수를 계절별로 안배하여 심기 • 동물 기르기 영역은 물과 사료 공급이 쉬운 곳으로 하여 유아가 직접 먹이를 주고 관찰할 수 있도록 함 • 동물사육장, 텃밭이나 화분, 꽃밭이나 나무, 풀 등
비구조화된 영역	• 유아가 마음껏 뛰어놀 수 있는 넓은 공간 • 달리기, 뛰기, 잡기 등 다양한 대근육 신체활동이 이루어짐 • 넓은 잔디밭, 운동장 등
휴식 영역	• 조용한 놀이를 하거나 쉬고 싶은 유아를 위한 공간 • 그늘이 있으면 좋으며, 바깥놀이 공간이 잘 보이는 곳에 위치 • 나무 그늘, 정자, 지붕 있는 테라스, 비치파라솔, 텐트 등

CHAPTER 15

현장체험

1. 현장체험의 개념

현장체험이란, 유아가 유치원 밖의 특정한 장소를 방문하여 다양한 경험을 할 수 있는 활동으로, 현장학습, 현장체험학습, 현장체험, 견학이라는 용어가 혼용되어 사용되고 있다. 유아는 직접 경험을 통해 주변 세계와 환경을 알아가는 존재이므로 어린 시절 다양한 현장체험을 계획하고 운영하는 것은 교육적으로 매우 가치 있다. 특히, 유아의 놀이주제와 연관된 현장체험을 계획하고 실행함으로써 유아가 지식과 정보의 내면화를 이루고 놀이의 확장과 심화가 이루어지도록 지원할 수 있다.

현장체험은 가깝게 우리 동네 돌아보기, 시장 다녀오기, 가을 동산 산책하기부터 시작하여 동물원, 소방서, 경찰서, 병원, 은행, 우체국, 방송국, 도서관 등의 지역사회 기관, 어린이박물관, 자연사박물관, 민속박물관, 미술관, 교통안전체험관, 남산한옥마을, 국립과학관, 직업체험관 등 체험할 수 있는 기관, 인형극, 뮤지컬, 영화 관람 등 예술 경험을 할 수 있는 기관, 실내놀이터, 눈썰매장, 감각놀이체험전 등 다양한 놀이 경험을 할 수 있는 등 다양하게 진행할 수 있다.

현장체험을 통해 유아는 다양한 직접적 경험을 실제로 하면서 자신의 주변 세계를 이해하고 탐색해 볼 수 있다. 개정 누리과정에서 현장체험의 교육적 가치는 다음과 같다.

- 놀이주제와 관련된 장소를 직접 가 보고 해당 활동을 경험하면서 지식의 구조화를 이룰 수 있다.
- 정제된 지식의 일방적 전달이 아닌 유아 스스로의 직접 체험을 통한 배움의 경험을 가질 수 있다.
- 실외 현장체험지에서 지켜야 할 약속과 예절을 알게 되며, 이를 지키면서 다른 사람과 더불어 살아가기 위한 방법을 터득할 수 있다.
- 책이나 자료에서 간접 경험했던 지식이나 사실을 실제 보고 듣고 만져 보며 느끼면서 지식의 내면화를 이룰 수 있다.
- 다양한 자연현상과 사회현상을 체험하면서 주변 세계에 대해 알아가게 되며,

우주와 세계의 구성원으로서의 소속감을 형성한다.

- 다양한 직업세계에 대한 이해를 넓히며, 사회구성원으로서 알아야 할 지식, 기술, 태도를 형성한다.
- 관찰, 자료수집, 추론, 결론 등 과학적 과정기술을 적용하여 활동하면서 능동적인 학습 경험을 한다.

2. 현장체험의 계획 · 실행 · 평가

유아의 직접 경험을 지원하기 위한 현장체험을 하려면, 교사로서 어떻게 계획하고 준비할 것인지, 현장체험은 어떻게 유아를 대상으로 진행할 것인지, 그리고 현장체험에 대한 교수자로서의 평가를 어떻게 해야 할지 알아보려고 한다.

1) 현장체험의 계획

① 현장체험 장소 정하기: 놀이주제와 관련하여 적당한 현장체험 장소를 정하면 원장(감)과 협의하여 현장체험 장소 및 대강의 일시를 최종 결정한다.

② 현장체험 기관 섭외하기: 해당 기관에 미리 연락을 취하여 현장체험의 목적과 참여 인원, 연령에 대해 안내하고 어떠한 체험을 희망하는지 구체적인 체험 내용과 소요시간 등을 확인한다. 현장체험 기관의 담당자와 직접 연락하여 사전답사와 현장체험 일정을 모두 확정한다. 가급적 유아의 방문에 대해 호의적이고 교육활동에의 참여를 희망하는 기관으로 선정하는 것이 좋다.

③ 공문 발송하기: 현장에 대한 사전답사 및 현장체험 일시 및 참여 인원, 내용에 대한 공문을 발송한다.

④ 사전답사하기: 사전에 교사 2인 정도가 현장을 답사하여 담당자와 유아들의 체험동선을 미리 협의하고 상세한 현장체험 계획을 공유한다. 미리 가 보면서 교통편에 따른 이동 소요시간도 계산해 보고 적절한 교통편을 고려하며 사전

예약의 필요성이나 입장료, 안전을 주의해야 할 곳이 있는지 등을 확인한다. 현장학습 장소에서의 동선을 고려하여 계획(버스 내릴 곳, 모일 곳, 점심 먹을 곳, 화장실 위치, 체험 기다릴 곳, 우천 시 활동 가능 여부 등)한다. 사전답사 시 미리 해당 장소의 사진을 찍어 오면 유아와의 사전 이야기 나누기 할 때 활용할 수 있다.

⑤ 가정안내문 발송 및 동의서 받기: 적어도 2주 전에 가정통신문을 통해서 현장체험 장소, 일시, 준비물을 포함한 사항을 가정에 안내하며, 자녀의 참가에 대한 동의를 적어도 일주일 전까지 받는다. 특히, 도시락 지참 여부, 유아의 준비물, 의복, 신발, 출발 및 도착시간, 조정된 등 · 하원 시간 등을 분명히 명시한다. 만약, 해당 현장체험일 특별한 가정 행사 등으로 불참 시 해당 유아는 다른 학급에서 돌봄을 받을 수 있도록 한다.

⑥ 일일 보조교사 교육 및 교통편 예약하기: 현장체험 장소에 따라 일일 보조교사가 필요한 경우 학부모의 자원을 받거나 실습생, 보조교사 등을 활용할 수 있다. 이들에 대한 사전 교육은 현장체험 일시 및 장소, 내용을 소개하고 진행순서 및 동선을 중심으로 각 일일 보조교사의 역할을 상세히 안내한다. 특별히 학부모 자원봉사를 이용할 경우, 학부모와 자녀는 다른 조로 배치하여 부모님이 참여할 수 없는 유아도 모두 즐겁게 참여할 수 있도록 배려하고 이를 사전에 일일 보조교사에게 설명한다. 유아와의 상호작용 방법, 복장 등의 준비물, 담당할 유아의 이름과 얼굴 익히기 등을 안내한다.

⑦ 교사 협의하기: 교통체증으로 인해 도착시간이 지연될 경우 연락망 구축, 갑작스러운 날씨 변화 시 대안 활동 계획, 현장학습지에서의 돌발상황에 대한 비상대책 수립(응급상황 시 병원 연락처 등) 등을 사전에 논의하고 역할 분담하여 정한다.

⑧ 준비물 준비하기: 현장체험지에 가져갈 물품(비상 상비약, 교직원 및 학부모 비상연락처, 비상금, 핸드폰, 사진기, 배터리, 유아용 생수 및 여벌 옷, 간식 등)을 미리 준비하면서 빠진 것이 없는지 사전에 점검한다. 당일 유아에게 착용시킬 이름표도 확인한다.

가정통신문

부모님께.

안녕하십니까? 본 유치원에서는 어린이들의 '우리 이웃'에 대한 학습 활동의 일환으로 다음과 같이 견학을 가고자 합니다.

일시: 20○○년 ○○월 ○○일
출발시간: 오전 10시 (오전 9시 40분까지 등원 바람)
도착 예정 시간: 오전 11시
장소: 알뜰 슈퍼마켓(○○동 소재)
특기사항(견학에 필요한 물건들): 이름표, 간편한 복장, 약간의 비상금

귀댁 자녀를 견학에 참여시킬 것인지의 여부를 아래 견학 동의서에 표시하신 후 ○○월 ○○일까지 유아 편으로 교사에게 보내 주시기 바랍니다.

20○○년 ○○월 ○○일
○○유치원 원장 ○○○

견학동의서

__________반 유아 이름: __________

슈퍼마켓 현장학습에 참여하는 것을 (　　) 동의합니다.
(　　) 동의하지 않습니다.

20○○년 ○○월 ○○일
○○○의 부모 __________ (인)

[그림 15-1] 현장체험 가정통신문 및 동의서

2) 현장체험의 실행

(1) 사전활동

- 현장체험에 대한 이야기 나누기: 사전답사 때 찍은 사진을 이용하여 유아들이 가게 될 현장체험지에 대해 이야기 나눈다. 특히, 현장체험의 목적, 동선, 주의사항을 중심으로 이야기한다.
  - 왜 ○○에 현장체험을 갈까? (현장체험의 목적 알기)
  - ○○에서 우리는 무엇을 해야 할까? 무엇을 볼 수 있을까? 무엇을 하게 될까? (현장체험의 주요 내용 알기)
  - ○○의 활동을 하려면 무엇을 준비해야 할까? 무엇으로 할 수 있을까? (도구나 준비물 알기)
  - 활동을 어떻게 기록할 수 있을까? (기록하는 방법 알기)
  - 어떤 옷을 입고 가면 좋을까? (적합한 복장 알기)
  - ○○에는 ~~한 위험한 곳이 있어. 안전한 체험이 되려면 우리가 어떻게 해야 할까? (안전한 활동과 장소 알기)
  - 짝의 손을 잡고 한 줄로 다니자. 버스에서 어떻게 하면 안전할까? (주의사항 알기)

(2) 현장체험 당일

- 출석 체크 및 이름표 달기: 현장체험에 동의한 유아가 모두 출석했는지 체크하고 동의하지 않은 유아는 다른 학급에 인계한다. 한 유아씩 이름표를 달아주는데 최근에는 개인정보 등으로 인해 유아의 이름보다는 유치원의 이름과 유치원 연락처, 담임교사 연락처, 유치원 주소를 적은 이름표를 사용한다.
- 주의사항 확인: 현장체험을 위한 약속이나 주의사항을 한 번 더 이야기한다. 버스에서 지켜야 할 약속(안전벨트 착용, 창문 닫기, 버스가 완전히 멈춘 후 일어서기, 작은 소리로 말하기 등), 줄 서서 이동할 때의 약속(짝 친구와 손을

잡고 줄을 잘 따라 걷기 등) 등을 강조하여 이야기한다.

- 화장실 다녀오기: 현장체험은 도보로 이동하거나 버스를 이용하거나 상관없이 출발 전에 꼭 화장실을 다녀오도록 지도한다.
- 인원 체크 및 버스 탑승하기: 버스를 탑승하기 전에 인원 체크를 반드시 한 후 한 명의 유아도 빠지지 않았는지 확인하고 버스 탑승 후 한 번 더 인원 체크한 이후에 출발한다.
- 현장체험: 현장체험지에서 목적과 내용에 적합한 활동을 실시하고 필요시 간식이나 점심 도시락을 먹으며 유치원으로 돌아갈 버스 탑승을 위해 모이기 전에 화장실을 다녀오도록 지도한다. 현장체험 시 줄 서기를 너무 강조하거나 교사의 설명이 너무 많으면 유아가 자기 나름대로 보고 느끼고 생각할 수 있는 경험을 하는 데 방해가 될 수 있으므로 안전한 테두리 안에서 유아의 경험이 자유롭게 이루어질 수 있도록 최대한 고려하며 운영한다.
- 인원 체크 및 버스 탑승하기: 현장체험지에서의 활동을 마치면 다시 버스 탑승 전 인원 체크를 해서 한 유아도 빠짐없이 귀가할 수 있도록 한다. 버스 탑승 후 다시 한번 인원 점검 후 출발한다. 유치원으로 가는 도중 도로 상황에 따라 도착 예정시간을 미리 원에 연락하며, 만약 도착이 지연될 경우 학부모 연락이 이루어지도록 조치한다.
- 귀가 지도하기: 유치원 도착 후 귀가 시 학부모와의 대면 인계를 통해 유아 한 명 한 명의 안전을 확인하며 귀가 지도한다. 종일반 유아의 경우에는 유치원으로 함께 인솔하여 들어간다.

(3) 사후활동

- 현장체험에 대한 평가하기: 현장체험지에서 실행한 활동지가 있을 경우에는 이를 발표하거나 전시하면서 이야기 나눈다. 유아들의 활동지를 서로 공유하면서 같은 점과 다른 점을 생각해 본다. 현장체험에서 보고 느낀 점, 새롭게 알게 된 점, 앞으로 현장체험을 가면 해 보고 싶은 것들에 대해 생각하고 나

누어 본다.

- 관련 사후/확장활동하기: 현장체험지에서 경험한 것을 그림이나 이야기로 표상한다. 현장에서 수집한 자료 등을 활용하여 미술, 게임, 쓰기, 음악, 극화 활동 등 다양하게 표현할 수 있다.
- 감사편지 보내기: 특별히 관공서 등 전시공간이 아닌 장소에 다녀온 경우, 담당자에게 감사편지를 보내면서 유아로 하여금 감사하는 마음을 갖도록 하고 해당 기관과의 지속적인 호혜적 관계 형성을 도모할 수 있다.

3) 현장체험의 평가

현장체험에 대한 평가내용은 다음의 표와 같다. 이 표의 내용을 살펴보면 현장체험 시 고려해야 할 사항들을 알 수 있다.

내용	평가
현장체험 시기는 적절했는가?	
현장체험의 목표를 확인했는가?	
실행 가능한 프로그램을 계획했는가?	
현장체험 장소까지 이동시간은 적절했는가?	
차량 운행은 잘 이루어졌는가?	
수시로 인원을 점검했는가?	
유아의 안전을 위해 노력했는가?	
유아들에게 필요한 현장체험이었는가?	
유아들이 대상에 관심을 보였는가?	
유아와의 상호작용은 잘 이루어졌는가?	
모두에게 즐거운 현장체험이었는가?	

출처: 심성경 외(2017).

참고문헌

강민정, 김민희, 배소연(2018). 영 · 유아 교수-학습 방법. 경기: 공동체.

교육부(2019). 2019 개정 누리과정 고시문. 교육부 · 보건복지부.

교육부(2019). 2019 개정 누리과정 놀이실행자료. 교육부 · 보건복지부.

교육부(2000). 유아교사교육 프로그램. 교육부.

김은희, 유준호(2012). 유아교사가 인식하는 실외놀이의 어려움과 활성화 방안. 유아교육학논집, 16(4), 27-52.

김진영, 엄정애, 이승연(2007). 유아교사를 위한 유아음악교육. 경기: 양서원.

김진희, 강미영(2020). 놀이중심 교육과정을 실행하는 교사를 위한 유아교과교육론. 경기: 공동체.

남기원, 김남연, 박선영, 고선아, 이은형(2017). 유아교과교육론. 서울: 학지사.

민정선(2019). 공립유치원 임용고시 대비 수업실연을 위한 이론과 실제. 서울: 학지사.

박선희, 이송은(2000). 유아를 위한 문학활동: 구연에 기초한 유치원 교육과정 통합 활동자료. 서울: 정민사.

박은혜(2002). 지식 기반 사회에서의 유아 교사의 지식. 서울: 창지사.

박은혜, 신은수(2012). 2011 국제표준교육분류 0단계(ISCED)에 기초한 누리과정의 유아교육제도로서의 의미. 유아교육학논집, 16(2), 341-356.

서울특별시 유아교육진흥원(2010). 유아교육프로그램 개발 연구. 서울: 유아교육진흥원.

서정숙(2005). 그림책으로 하는 유아 문학 교육. 서울: 창지사.

신은미, 양옥승(2008). 유치원 교육과정에서 교사의 힘, 지식에 관한 연구. 한국교원교육연구, 25(3), 185-210.

신은수(2000). 상호작용이론에 기초한 유아교육과정의 운영 및 활동의 실제. 서울: 학지사.

신화식, 윤선희, 최경숙, 정은주, 오은순, 이성희, 황현주, 박해미, 고은님, 박희숙(2015). 영유아 교과교육론. 경기: 양서원.

양옥승(2004). 유아기 때부터 시작하는 자유선택교육. 서울: 학지사.

엄정애(2009). 영유아놀이와 교육. 경기: 교문사.

오문자, 동은유치원, 문성유치원, 시연유치원, 한미유치원(2006). 레지오 접근법과 우리 어린이. 경기: 양서원.

유정선, 엄정애(2004). 서울시 사립유치원의 실외놀이 실태와 교사의 인식. 교육과학연구, 35(1), 39-57.

유혜령, 강은희, 박지영(2009). 유아 교수공학과 교수학습방법. 서울: 창지사.

이경미(2009). 유아교육기관에서 유아가 경험하는 하루 일과에 관한 연구. 이화여자대학교

대학원 박사학위논문.

이경우(1993). 통합적 접근을 위한 동시의 활용 방안. 이화여자대학교 사범대학 인간발달연구소.

이영자, 이기숙, 이정욱(2009). 유아교수학습방법. 서울: 창지사.

이은화, 김희진, 이승연(1996). 기본생활습관 평가척도의 개발을 위한 연구. 유아교육연구, 16(2), 161-177.

이정환, 박은혜(2009). 교사들을 위한 유아 관찰 워크북. 서울: 아이코리아.

이지현, 전홍주, 박은혜(2012). 3, 4세 유치원 교육과정, 5세 누리과정, 초등 1학년 교육과정 언어교육내용의 연계성 분석. 유아교육학논집, 16(4), 253-279.

임부연, 최남정, 양혜련(2018). 유아교과교육론. 경기: 공동체.

임부연, 최계령, 류미향(2010). 유아교실에서 교수자료의 의미와 활용에 관한 교사의 인식 연구. 유아교육학논집, 14(6), 203-226.

임은미, 배지현, 조유진(2021). 놀며 배우는 유아, 함께 놀며 행복한 부모. 경기: 양서원.

임진형(2011). 유아교원양성과정에서 문제중심학습(PBL) 적용 실행연구. 이화여자대학교 대학원 박사학위논문.

장은주(2009). 유아교육과 음악교육의 통합에 기초한 유아음악교육. 경기: 양서원.

조부경(2007). 예비교사와 현직교사를 위한 유아과학교육. 경기: 양서원.

최은영, 김정원(2009). 영유아 실외놀이 관련 연구 경향 분석: 1998년 이후 국내 논문을 중심으로. 육아지원연구, 4(2), 97-118.

최일선, 조운주(2010). 유아교육 평가의 이론과 실제. 서울: 창지사.

한영주(2012). 점토활동에 나타난 영아의 표상과 도구 사용 방법의 미시발생적(microgenetic) 변화. 이화여자대학교 대학원 석사학위논문.

허미애(2015). 유아교사를 위한 이야기나누기의 이론과 실제. 경기: 공동체.

홍용희(2000). Vygotsky의 사회문화이론과 유아학급에서의 이야기나누기 활동. 교육과학연구, 31(3), 111-126.

홍용희, 박은혜, 김희진, 이지현(1997). 이야기나누기에 나타난 유아교사의 실천적 지식에 대한 탐구. 유아교육연구, 17(1), 67-85.

Bardige, B. (2009). *Talk to me, baby! How you can support young children's language development*. Baltimore, MD: Brookes Publishing Co.

Borko, H. & Livingstone, C. (1988). Cognition and Improvisation: Differences in mathematics instruction by expert and novice teachers. *American Educational Research*

Journal, 26(4), 473-498.

Bredekamp, S. & Willer, B. (1992). Of ladders and lattices, cores and cones: Conceptualizing an early childhood professional development system. *Young Children, 47*(3), 47-50.

Clarlesworth, R. & Lind, K. K. (2012). *Math and science for young children*(7th Ed.). Belmont, CA: Wadsworth.

Clements, D. H., Samara, J., DiBiase, A. E., & DiBiase, A. (2003). *Engaging young children in mathematics: Standards for early childhood mathematics education*. New York: Routledge.

Davis, J. M. (2010). *Young children and the environment: Early education for sustainability*. Cambridge: Cambridge University Press.

Deiner, P. I. (2008). *Infants & toddlers: Development and curriculum planning*(Ed.). Belmont, CA: Wadsworth.

Edwards, C., Gandimi, I., & Forman, G. (2012). *The hundred language of children: The Reggio Emilia experience in transformation*(3rd Eds.). CA: Praeger.

Eliason, C. & Jenkins, L. (2011). *A Practical Guide to Early Childhood Curriculum*(9th Eds.). New York: Pearson.

Fox, J. E. & Schirmacher, R. (2011). *Art and creative development for young children*(7th Eds.). Belmont, CA: Wadsworth.

Goodman, J. 1986). Teaching preservice teachers a critical approach to curriculum design: A descriptive account. *Curriculum Inquiry, 16*(2), 181-201.

Gonzalez-Mena, J. & Eyer, D. W. (2011). *Infants, toddlers, and caregivers: A curriculum of respectful, responsive, relationship-based care and education*. New York: McGraw-Hill Humanities.

Gordon, E. E. (2003). *A music learning theory for newborn and young children*(3rd Eds.). Chicago: GIA Publications.

Hamilton, C. E. (1994). Moving beyond an initial level of competence as an infant teacher. In S. G. Goffin. & D. E. Day(Eds.). *New perspectives in early childhood teacher eduction*(pp. 75-85). New York: teachers College Press.

Hunting, R., Mousley, J., & Perry, B. (2012). *Young children learning mathematics: A guide for educators and families*. Melbourne, VIC: ACER Press.

Katz, L. G. & Chard, S. (1989). *Engaging children's mind: The project approach*. Norwood, NJ:

Ablex.

Kingore, B. (2007). *Developing portfolios for authentic assessment, pre K-3: Guiding potential in young learners*. Thousand Oaks, CA: Corwin Press.

Martin(1997). Mentoring in one's own classroom: An exploratory study of contexts. *Teaching and Teacher Education, 13*(2), 183-197.

McCarthy, J. (1990). The content of early childhood teacher education program: Pedagogy. In B. Spodek & O. N. Saracho(Eds.). *Early childhood teacher preparation*. Vol. 1. 82-101. New York: Teachers College Press.

National Research Council(2001)

Sabers, D., Cshing, K. S., & Bertliner, D. (1991). Differences among teachers in a task characterized by simultaneity, multidimensionality, and immediacy. *American Educational Research Journal, 28*(1), 63-88.

Seefeldt, C. C. (1997). *Social Studies for the Preschool-primary Child*(5th ed.). Upper Saddle River, New Jersey: Merill Prentice-Hall.

Steliaccio, C. K. & McCarly, M. (1999). *Research in early childhood education*. CA: Wadsworth.

Torrance, E. P. (1972). Can we teach children to think creatively?. *Journal of Creative Behavior, 6*, 11-143.

Vygotsky, L. S. (1978). *Mind in society: The development of higher psychological processes*. Cambridge: Harvard University Press.

Wachowiak, F. & Clements, R. D. (2001). *Emphasis Art*(7th ed.). New York: Addison Wesley Longman.

Worsham, A. M. & Stockton, A. J. (1986). *A model for teaching thinking skills: The inclusive process*. Bloomington, Ind.: Phi Delta Kappa Educational Foundation.

저 · 자 · 소 · 개

임은미

이화여자대학교 유아교육과에서 학사학위를, 동대학 일반대학원에서 석사학위를 받은 후 미국 Indiana University에서 유아교육(Early Childhood Education) 전공, 교육공학(Instructional Systems Technology) 부전공으로 박사학위(Ph.D.)를 취득하면서 미국과 스위스에서 연구하였다. 영국 교육부 교육과정 심의위원을 역임하였고, 서울특별시 유치원 평가위원으로 활동하였으며, 현재 교육과정심의회 심의위원, OMEP 한국위원회 이사, 육아지원학회 서기이사로 활동 중이다. 교육방송 eduTV 「공감」에 출연하여 '자녀와의 소통, 이대로 괜찮은가'라는 주제로 강연하였으며, K-MOOC에서 'KinderTech: 디지털 테크놀로지 시대의 유아교육' 강의를 하고 있다. 최근의 관심 연구분야는 바람직한 부모 · 자녀 관계, 예비교사 대상 유아교과교육론, 우연적 발견 세렌디퍼티(Serendipity), 유아교육에서 테크놀로지의 통합적 활용(Technology Integration)이다. 현재 성결대학교 사범대학 유아교육과 교수로 재직 중이다.

개정 누리과정을 적용한

유아교과교육론

초 판 1쇄 인쇄 2022년 1월 4일
초 판 1쇄 발행 2022년 1월 7일

지 은 이 | 임은미
펴 낸 이 | 김기섭
편 집 인 | 이혜란
펴 낸 곳 | 창지사 www.changjisa.com
08589 서울시 금천구 가산디지털 1로 83 파트너스타워 1차 9층
전화 (02)719-2211~3
팩스 (02)701-9386
등 록 | 1977년 4월 28일 · 제1-421호

ISBN 978-89-426-1490-5 (93370)

값 22,000원